重庆市教委人文社科一般项目
"中共党媒百年斗争思想演迁研究"（项目编号：2

犹疑与坚守
张友渔新闻思想研究

廖芷蘅 著

四川大学出版社

图书在版编目（CIP）数据

犹疑与坚守：张友渔新闻思想研究 / 廖芷蘅著．
成都：四川大学出版社，2025．5．--（博士文库）．
ISBN 978-7-5690-6957-0

Ⅰ．G210

中国国家版本馆 CIP 数据核字第 2024FW1302 号

书　　　名：	犹疑与坚守：张友渔新闻思想研究
	Youyi yu Jianshou: Zhang Youyu Xinwen Sixiang Yanjiu
著　　　者：	廖芷蘅
丛 书 名：	博士文库

丛书策划：张宏辉　欧风偃
选题策划：徐　凯
责任编辑：徐　凯
责任校对：毛张琳
装帧设计：墨创文化
责任印制：李金兰

出版发行：四川大学出版社有限责任公司
　　　　　地址：成都市一环路南一段 24 号（610065）
　　　　　电话：（028）85408311（发行部）、85400276（总编室）
　　　　　电子邮箱：scupress@vip.163.com
　　　　　网址：https://press.scu.edu.cn
印前制作：四川胜翔数码印务设计有限公司
印刷装订：成都金龙印务有限责任公司

成品尺寸：170 mm×240 mm
印　　张：16.75
字　　数：261 千字

版　　次：2025 年 5 月 第 1 版
印　　次：2025 年 5 月 第 1 次印刷
定　　价：78.00 元

本社图书如有印装质量问题，请联系发行部调换

◆ 版权所有　◆ 侵权必究

前　言

张友渔（1899—1992），字友彝、犹疑，中共报人和学者。张友渔一生中关于新闻的专论有三十余篇，内容涉及新闻传播理论、新闻业务、新闻史和新闻自由等方面。1933年，张友渔表述和阐释了"报刊是阶级斗争的武器"的观点，随后他以此为基础，试图分析和解决新闻学中的各类问题，更将其作为中心思想和观念，支撑并构筑了他的新闻思想框架。这使他的新闻思想在当时的新闻学研究群体中呈现出不同的特征。然而，目前学界尚未有对张友渔的新闻思想展开系统整理的相关研究，围绕其新闻思想的分析研究亦不多见，史料运用尚有遗漏，关于他的评价亦存在争议。据此，本书以张友渔为研究中国新闻史人物思想的范例，展开"打深井"的个案研究工作，探究、剖析他的新闻思想生成、传播、衍变与接受的过程，并补全张友渔新闻思想史料，拓宽学界对他的评估空间，深化中国新闻史人物思想个案研究论域。

本书梳理了与张友渔相关的史料，并分析了其新闻思想，主要从以下三个方面展开：

第一，梳理张友渔的新闻生涯，回顾20世纪初的历史背景、政治形势和总体词汇，剖析、呈现张友渔的新闻思想内容，通过引入知识社会学的方法，探究张友渔是如何表述和阐释"报刊是阶级斗争的武器"的，并以此为中心来建构张友渔新闻思想的意图、动机。

第二，从阐释学的视角探析不同的报人群体围绕"报刊是阶级斗争的武器"这一论述的观念互动和意义阐释，尝试回答张友渔的新闻思想观念在传播与衍变过程中所得到的阐释和延伸。

第三，在历史语境中展开思想比较和分析，探讨张友渔的新闻思想在当时的中国新闻学研究群体中所呈现的特征及局限性，思考该如何看待和评价张友渔新闻思想的理论意义与学术价值。

本书致力于对张友渔的新闻思想展开内容整理和观念分析，探察影响其新闻思想生成的社会文化背景与具体的思想资源，考察其新闻思想从"犹疑"到"坚守"的演变，厘清其新闻思想构成的内在理路与言说逻辑，从而呈现张友渔新闻思想的内容架构和主要特征。

另外，鉴于张友渔将"报刊是阶级斗争的武器"作为自己的中心思想和观念支撑，本书的一个重要研究目标就是对"报刊是阶级斗争的武器"进行历史分析，可以发现张友渔表述和阐释观念的意图在于改变"以新闻为本位"时代的"新闻超阶级"观念。

本书还考察了张友渔新闻思想的传播与衍变，辨析、反思了其所产生的历史结果，为中国新闻史人物思想个案研究提供具有一定参考价值的文献。从史料分析的角度对张友渔的新闻思想展开的意义检视与价值重估，揭示了张友渔新闻思想的时代特征与局限性，以及作为"政治新闻人"的张友渔在处理政治问题和学术研究的关系时的复杂心态，拓宽了张友渔新闻思想的评估空间。

张友渔可以说是我国第一个运用马克思主义观点系统研究新闻工作理论与实践的新闻学者，他有效推动了中国马克思主义新闻学和无产阶级新闻事业的形成和发展，对教育事业具有价值引导、文化涵养、精神支撑的作用。回顾张友渔犹疑与坚守的新闻生涯，总结张友渔新闻思想的成果，深入挖掘其中的思政育人元素，有助于构建特色课程思政内容体系。

目 录

绪 论 ………………………………………………………………（ 1 ）

第一章 张友渔的新闻生涯………………………………………（20）
  第一节 家学传承与少时"触报"………………………………（20）
  第二节 从学生报人到职业新闻人………………………………（23）
  第三节 从《世界日报》总主笔到留日新闻学研究生…………（25）
  第四节 从研究新闻学到投身战时新闻实践……………………（27）
  第五节 转向关注新闻法制建设…………………………………（29）
  小 结……………………………………………………………（31）

第二章 张友渔新闻思想的生成背景与来源……………………（33）
  第一节 张友渔新闻思想的社会文化背景………………………（34）
  第二节 张友渔新闻思想的具体来源……………………………（49）
  小 结……………………………………………………………（64）

第三章 张友渔新闻思想的内容架构……………………………（67）
  第一节 张友渔对新闻传播理论的考察与解释…………………（67）
  第二节 张友渔对报刊实践活动的观察与思考…………………（86）
  第三节 张友渔围绕新闻发展史的论述…………………………（112）
  第四节 张友渔关于新闻自由的主张……………………………（126）
  小 结……………………………………………………………（139）

第四章 张友渔的"阶级斗争武器说" …………………… (142)
第一节 "阶级斗争武器说"的历史语境 …………………… (143)
第二节 "阶级斗争武器说"的生成逻辑 …………………… (157)
第三节 "阶级斗争武器说"的传播与衍变 ………………… (179)
第四节 对"阶级斗争武器说"的回顾与反思 ……………… (194)
小　结 …………………………………………………………… (200)

第五章 张友渔新闻思想的价值重估与意义检视 ……… (203)
第一节 张友渔新闻思想的价值重估 ……………………… (203)
第二节 张友渔新闻思想的意义检视 ……………………… (212)
小　结 …………………………………………………………… (219)

结　语 ……………………………………………………………… (220)

参考文献 …………………………………………………………… (225)

附　录 ……………………………………………………………… (256)
一、张友渔新闻学论作概览 ………………………………… (256)
二、北平《世界日报》数位典藏资料照片 ………………… (259)
三、北平《世界日报·新闻学周刊》创刊号影 …………… (260)

后　记 ……………………………………………………………… (261)

绪　论

一、研究缘起

五四新文化运动之后，多重社会思潮交织，中国的政治界和知识界围绕新闻的性质与任务的基本问题产生了不同的看法与论争。1933年，张友渔表述和阐释了"报刊是阶级斗争的武器"的观点（后文简称"阶级斗争武器说"），并以此为基础来看待和分析新闻学中的各类问题，更将其作为中心思想和观念支撑并构筑了他的新闻思想框架。由此，张友渔被学界认为是首位运用马克思主义观点系统研究中国新闻事业问题的中共报人，他的论著《新闻之理论与现象》则成为早期无产阶级新闻学的代表作之一。

张友渔（1899—1992），山西灵石人，原名张象鼎，字友彝、犹疑，中共报人和学者，其关注和研究的方向涉及法学、新闻学和政治学等多重领域。作为报人，张友渔先后为《世界日报》《国民晚报》《泰晤士晚报》《时事新报》《华商报》《新华日报》等多家报纸撰文或工作，留下了大量的报刊言论，全部论述近一千万言。作为学者，张友渔曾赴私立日本大学攻读新闻学专业研究生学位，著有《新闻之理论与现象》和《日本新闻发达史》（上）等，并在燕京大学、中国大学、民国大学等多所高校教授新闻学课程。除了作为报人和学者，张友渔还是一名政治家，长期活跃于政治界，持续关注近现代中国的法制建设、宪政运动和新闻教育工作。

事实上，受第二次世界大战前日本新闻学研究的影响，张友渔所论及的"报纸""报刊""新闻"在概念上并无明显的区别。而在张友渔提出和阐释"阶级斗争武器说"之后，新闻的性质与任务的问题进一步得到了一批近现代报人、学者的关注和讨论，范长江、张闻天、任毕明、梁士纯等人曾先后围绕新闻的阶级性质和斗争功能展开阐释。另外，张友渔尝试将"阶级"作为基本方法论和分析事物的标准来看待和解决新闻学中的各类问题的做法，使他的"阶级斗争武器说"与其说是一种新闻思想观念，不如说是一种以解决问题为目的的通用的新闻理论体系，这让他在当时中国的新闻学研究群体中独树一帜。

方汉奇曾倡导研究新闻史一定要多打深井，多作个案研究。"打深井，意味着开掘要深，要达到前人没有达到的深度，要有重要的新的发现和新的突破。多作个案研究，其中之一就是要加强历史上有重大影响的报刊和报人的个案研究。"[①] 作为 20 世纪三四十年代中国新闻学研究群体的代表人物之一，张友渔的新闻思想观念亟待学界去开掘、研究。将张友渔作为报人个案，开掘和研究其新闻思想具有一定的现实意义和学术价值。

葛兆光认为："思想史的研究不应仅仅是关注思想的'提出'，提出的可能是少数天才，也可能提出了就湮灭了，而同样要关注思想的'实现'，实现了的是在社会生活里面称之为制度、常识和风俗的思想，也就是真正在历史上产生作用的思想。"[②] 因此，张友渔新闻思想的"提出"与"实现"问题便是本书主要关注和探讨的对象。本书重点追问三个问题：张友渔提出和阐释"阶级斗争武器说"并以此建构新闻思想的意图是什么？张友渔的新闻思想在传播与衍变过程中在哪些方面得到了阐释和延伸？张友渔新闻思想的意义与价值何在？

---

① 方汉奇，曹立新. 多打深井多作个案研究——与方汉奇教授谈新闻史研究［J］. 新闻大学，2007（3）.
② 葛兆光. 思想史为何在当代中国如此重要——葛兆光教授在美国普林斯顿大学的讲演［N］. 文汇报，2010-05-22（006）.

二、研究现状及存在的问题

人物思想的个案研究要有适当的站位,要考虑将人物放置在历史语境和社会关系中来考察。由此,对张友渔新闻思想的研究就涉及与张友渔存在实际交往关系的报人的新闻思想或报刊思想,以及与其新闻思想存在关联的报人研究,这些都是本书重点梳理的对象。

(一) 近代报人新闻思想个案研究

目前,学界不乏围绕近代报人思想个案展开的"打深井"的工作,人物的选择较为多元,涉及面较为广泛,研究也各有特色。其中,既有王韬、张季鸾、邵飘萍、邹韬奋等报界名人的思想研究[1];也有梁启超、章太炎、孙中山等近代政界人物的新闻思想研究[2],还有张闻天、范长江、毛泽东等中国共产党人的新闻思想研究[3]。此外,以往一些没有得到足够重视的新闻学人也在近些年引起了学界的关注,"打深井"的报人个案研究论域逐渐拓展。如王继先的《坚守与徘徊:新闻人马星

---

[1] 萧永宏. 王韬与《循环日报》王韬主持循环日报笔政史事考辨 [M]. 北京:学习出版社, 2015;王润泽. 报人时代 张季鸾与《大公报》[M]. 北京:中华书局, 2008;刘宪阁. 报人张季鸾研究 [M]. 长春:吉林大学出版社, 2011;林溪声,张耐冬. 报人时代:邵飘萍与《京报》[M]. 北京:中华书局, 2008;张文明. 邹韬奋新闻出版实践与思想研究 [M]. 北京:社会科学文献出版社, 2015.

[2] 李秀云. 梁启超的新闻舆论监督思想 [J]. 南开学报, 2003 (5);石云艳. 梁启超流亡日本时期的办报活动及其新闻思想 [J]. 南开学报, 2003 (5);宋石男. 梁启超与中国早期新闻思想启蒙 [J]. 社会科学研究, 2009 (5);王磊. 章太炎报刊实践与传播思想研究 [M]. 北京:中国社会科学出版社, 2018;刘继忠. 政治理念·自由主义·民族主义——孙中山新闻思想再评析 [J]. 国际新闻界, 2012, 34 (1);倪延年. 论孙中山先生的新闻民主和法制思想 [J]. 现代传播 (中国传媒大学学报), 2011 (9).

[3] 杨永兴. 张闻天的新闻实践研究 [M]. 北京:光明日报出版社, 2017;蓝鸿文. 范长江记者生涯研究 [M]. 北京:中国人民公安大学出版社, 2009;樊亚平,李向辉. 从"超然""独立"到"新闻参战"——抗战初期范长江职业身份与新闻思想的转变 [J]. 甘肃社会科学, 2018 (2):126-132;刘见初. 毛泽东新闻思想研究 [M]. 北京:新华出版社, 2010;徐华东. 毛泽东新闻思想研究 [M]. 沈阳:东北大学出版社, 2017.

野研究》介绍了国民党报人马星野的新闻实践与活动①；贺心颖的《报人曹聚仁的报刊活动与思想研究》梳理、研究了较有争议的报人曹聚仁在不同阶段的不同角色，探讨了其基本思想的"变"与"不变"的问题。②

1. 与张友渔存在交往关系的报人的个案研究

成舍我是《世界日报》的老板兼社长，与张友渔共事长达十年。在大陆与台湾地区，关于成舍我的研究资料相当丰富，除了传记、回忆录、文集等③，还有不少研究成果，其中，李磊④、李时新⑤、孟鹏⑥、叶韦君⑦、黄志辉⑧、唐志宏⑨等学者围绕成舍我的办报实践和思想展开了深入的探讨。在这些成舍我研究中，不难找到一些与张友渔相关的片段。

张恨水主要负责《世界日报》的副刊编辑工作，张友渔在北平《世界日报》工作期间，二人以副刊《明珠》为中心接触颇多。胡正强、沙永梅、韦金艳、吴宁等学者⑩对张恨水的编辑出版思想进行了整理与探

---

① 王继先. 坚守与徘徊：新闻人马星野研究［M］. 南京：南京师范大学出版社，2018.
② 贺心颖. 报人曹聚仁的报刊活动与思想研究［M］. 北京：中国社会科学出版社，2021.
③ 中国人民大学港澳台新闻研究所. 报海生涯：成舍我百年诞辰纪念文集［M］. 北京：新华出版社，1998；马之骕. 新闻界三老兵：曾虚白·成舍我·马星野奋斗历程［M］. 台北：经世书局，1986；刘家林，王明亮，陈龙等. 成舍我新闻学术论集［M］. 广州：暨南大学出版社，2012；唐志宏. 成舍我先生文集——港台篇 1951—1991［M］. 世新大学舍我纪念馆暨新闻史研究中心，2007.
④ 李磊. 成舍我"二元化"办报思想初探：对上海《立报》发刊辞的解读［J］. 现代传播，2009（5）；李磊. 一篇反映成舍我办报思想的重要文献：对成舍我《中国报纸之将来》的一个解读［J］. 国际新闻界，2009（10）；李磊. 报人成舍我研究［M］. 北京：中国传媒大学出版社，2011.
⑤ 李时新. 上海《立报》史研究（1935—1937）［M］. 广州：暨南大学出版社，2012.
⑥ 孟鹏. 一代报业巨擘成舍我［D］. 北京：中国人民大学，2010.
⑦ 叶韦君. 读者想象与文化实践：上海《立报》研究（1935—1937）［D］. 台北：世新大学，2014.
⑧ 黄志辉. 追梦与幻灭：报人成舍我研究［M］. 北京：中国社会科学出版社，2017.
⑨ 唐志宏. 尝试与突围：成舍我与中国近代报业（1919—1949）［D］. 台北：台湾政治大学，2010.
⑩ 胡正强，沙永梅. 张恨水报刊编辑实践及其思想述论［J］. 湘潭大学社会科学学报，1999（6）；韦金艳. 文学创作中报人角色的凸显——张恨水以新闻思想编副刊［J］. 新闻爱好者，2010（1）；吴宁，张恨水的副刊编辑思想及启示［J］. 青年记者，2015（1）.

讨，从中可以看出张恨水与张友渔在副刊的编辑工作上有不少相同之处。

张友鸾是张友渔在北平《世界日报》工作时的另一位同事，两人交往很深，甚至还尝试过一同创办经营《国民晚报》。学界有关张友渔生平经历的介绍较多，但关于其思想的研究较少，仅有雷漪①、向菊梅②两位学者的文章有所提及，从中可以看出张友鸾与张友渔有一定的共同的新闻理想，但存在根本分歧，这也能解释二人为何在《国民晚报》风波之后分道扬镳。

2. 与张友渔存在一定思想关联的报人的个案研究

在一些中共报人的论述中，可以明显看到与张友渔的新闻思想存在关联的观念。如有关张闻天的新闻思想研究③显示出张闻天在"报刊是阶级斗争的武器"的基础上进一步突出阐释了报刊的政治功能，并强调无产阶级新闻事业应该具备党性。围绕范长江新闻活动和新闻思想的研究④则反映出在抗战时期其对报纸性质的论述和提法虽与张友渔有所不同，但其新闻观念则与张友渔大同小异。

有研究者还提出，张友渔的新闻思想是战时新闻学的直接思想近源。⑤ 如任毕明、杜绍文、梁士纯便是与张友渔存在思想关联的战时新闻学人。任毕明出版了《战时新闻学》，他的战时新闻业务观⑥、战时

---

① 雷漪. 张友鸾抗战时期的新闻写作理论与实践探微 [J]. 西南农业大学学报（社会科学版）2012（1）.
② 向菊梅. 试论张友鸾的新闻实践及其新闻思想 [J]. 东南传播，2012（2）.
③ 陈力丹. 张闻天对马克思主义新闻观的贡献 [J]. 新闻界，2014（21）.
④ 樊亚平，王婷婷. 挽救国运为"体"，职业选择为"用"——范长江步入记者生涯的心路与动力因素探析 [J]. 兰州大学学报（社会科学版），2018（4）；樊亚平，李向辉. 从"超然""独立"到"新闻参战"——抗战初期范长江职业身份与新闻思想的转变 [J]. 甘肃社会科学，2018（2）；樊亚平，李向辉. 抗日民族统一战线下的特殊话语表达——抗战时期范长江在国统区的公开言说与话语策略 [J]. 国际新闻界，2018（10）；蒋晓丽，闻学峰. 报纸三"工具"论——1942年以前范长江对于报纸性质和作用的认识 [J]. 西南民族大学学报（人文社会科学版），2009（10）.
⑤ 庄廷江. "战时新闻学"研究（1936—1945）[M]. 武汉：湖北人民出版社，2014：46.
⑥ 张萌. 浅析任毕明的战时新闻业务观 [J]. 新闻研究导刊，2019（15）.

新闻学理论[①]认为在抗战中新闻的任务更应该是"战斗"而非"斗争"。关于杜绍文[②]的研究则表明在战争救亡的语境下，新闻的任务应从"斗争"转向"战斗"，杜绍文这一观点实质上是对张友渔"阶级斗争武器说"的推进。梁士纯出版了中国首部战时新闻学专著《战时的舆论及其统制》。对梁士纯战时新闻思想的研究[③]反映了梁士纯基本认可张友渔"阶级斗争武器说"的观点，梁士纯指出报刊是（平时的）宣传工具和（战时的）斗争武器，承担着宣传动员和统一舆论的功能。

梳理近代报人新闻思想研究个案，可以发现这些研究从不同的视角、层面，围绕报人的思想进行了深入的考察，但多数集中在对报人新闻活动和新闻思想的归纳和整理上，将报人放在历史语境进行研究的却不多，不同报人思想之间的关联也有待考察，对报人思想观念的分析仍有深化的空间。

（二）关于张友渔新闻活动和新闻思想的研究

通过梳理文献，可知无论在法学领域还是新闻学领域，国内有关张友渔新闻思想的研究都出现得较晚。在这些研究中，涉及张友渔新闻活动及新闻思想的文献可以分为如下几类。

1. 关于张友渔新闻活动和新闻思想的专题研究

关于张友渔新闻活动和新闻思想的专题研究成果较少，当前仅检索到6篇论文，其中5篇为期刊论文，1篇为学位论文。最早对张友渔进行学理性研究的当属石艳红于1998年发表的文章《张友渔新闻性杂文

---

① 王张雅. 浅论任毕明的战时新闻学理论［J］. 新闻研究导刊，2017（14）.
② 蔡罕. 一个战时报人的新闻观察与思考——杜绍文《战时报学讲话》对战时新闻学的贡献［J］. 浙江传媒学院学报，2017（3）；李秀云. 试析杜绍文的新闻学理论建构［J］. 新闻春秋，2016（2）.
③ 王晓乐，赵波. 民国时期公共关系的布道者与践行者：梁士纯生平考述［J］. 新闻与传播研究，2019（7）；刘超凡. 浅析梁士纯的战时舆论观［J］. 新闻研究导刊，2019（10）；任雅婧. 试论梁士纯的战时宣传思想［J］. 新闻研究导刊，2018（7）.

略论——写在张友渔百年诞辰之际》。该文对张友渔在《世界日报》工作十年间所写的杂文进行了分析,认为其新闻性杂文主要有三个特点,即"具有鲜明的战斗性、杂文与新闻紧密结合和善用'新闻技巧'使形式多样。"[1] 可以说这篇文章开启了学界分析张友渔新闻思想的先河。

黄河的硕士学位论文《张友渔新闻活动研究》最早对张友渔的新闻活动进行了简单的纵向梳理。作者将研究焦点放置在张友渔作为报人、社会活动家和新闻学研究专家的三重身份上,以相关史料为研究依据,较为详细、完整地梳理了张友渔的新闻生涯,并进行了简单的评价与总结。[2] 虽然这篇论文篇幅较短,结构简单,研究内容停留在对张友渔新闻活动和理论著述的一般性叙述层面,却不失为研究张友渔的资料性文献。

姚坦的文章《张友渔新闻思想浅析》在史料研究的基础上更进一步,深入考察了张友渔的几个核心新闻观点,跳出了史料论述的简单层面,引入了批判分析的视角,对张友渔新闻思想的评价更为客观。

杨阳、郄丽宁的《张友渔新闻思想探析》一文指出了张友渔的新闻思想极具针对性和实践性。两位作者从张友渔新闻实践活动的研究层面出发,针对他的"报纸是阶级斗争的武器"等六个论断进行了详尽的探讨、归纳和总结。[3]

胡正强的《张友渔的媒介批评实践与思想论略》一文研究了张友渔的媒介批评实践和媒介批评思想,不再是简单总结和笼统归纳,将学界对张友渔的研究提到了一个新的理论高度。[4]

尹丽萍的研究主题更为明确,她的《论民主革命时期张友渔的马克思主义新闻观》一文聚焦于中国的民主革命时期,即中国马克思主义新

---

[1] 石艳红. 张友渔新闻性杂文略论——写在张友渔百年诞辰之际 [J]. 新闻采编, 1998(6).
[2] 黄河. 张友渔新闻活动研究 [D]. 北京:中国人民大学, 2005.
[3] 杨阳, 郄丽宁. 张友渔新闻思想探析 [J]. 新闻世界, 2009(2).
[4] 胡正强. 张友渔的媒介批评实践与思想论略 [J]. 淮阴师范学院学报(哲学社会科学版), 2016, 38(4).

闻理论形成的早期，探讨了张友渔的马克思主义新闻观所呈现的初步成果。①

总的来看，学界对张友渔的新闻活动和新闻思想的专题性研究尚显不足。已有研究主要停留在对张友渔新闻活动的一般性叙述和对其新闻思想的简单归纳总结层面，缺乏深入的考察和剖析；关注点也都集中在对张友渔"报刊是阶级斗争的武器"这一论断的介绍和评价上，对其新闻思想的生成、传播和衍变的研究还有待发掘。

2. 其他研究成果涉及张友渔新闻思想的部分

除了少量关于张友渔新闻活动及其思想的专题性研究，当前还有不少研究成果涉及了张友渔的新闻思想，只是论点较为零散，主要集中在以下三个方面。

（1）对张友渔新闻理论的整体考察和评价

徐培汀、裘正义在《中国新闻传播学说史》中明确肯定了张友渔在马克思主义新闻学研究领域的地位，提出张友渔是我国第一个运用马克思主义观点系统研究新闻工作理论与实践的新闻学者，其《新闻之理论与现象》则是我国早期无产阶级新闻学的代表作。② 这一评价也成为后来学者归纳和评价张友渔新闻活动及其新闻思想的重要依据。

童兵认为："张友渔对许多进步报刊实践经验的理论阐发，明显地呈现出马克思主义的光辉，具有可贵的科学性，这反映了 20 世纪 20—40 年代我国新闻学研究理论水平的提高。"③ 他还提出："张友渔的新闻观点是作为国民党新闻统制的对立面产生的，是人民新闻事业的理论结晶，为马克思主义新闻思想在中国的传播奠定了良好的理论基础。"④

吴汉全指出张友渔以马克思主义为指导来研究中国新闻事业的理论

---

① 尹丽萍. 论民主革命时期张友渔的马克思主义新闻观 [J]. 新西部，2017 (16).
② 徐培汀，裘正义. 中国新闻传播学说史 [M]. 重庆：重庆出版社，1994：345.
③ 戴元光，等. 20 世纪中国新闻学与传播学（理论新闻学卷）[M]. 上海：复旦大学出版社，2001：188—193.
④ 童兵，林涵. 中国理论新闻传播学研究百年回顾 [J]. 新闻与传播研究，2001 (1).

绪 论

与实际，对新闻的定义、性质及类别进行了理论探索，对新闻自由问题作了马克思主义的阐释，推进了马克思主义新闻思想与中国新闻实际的结合。对张友渔有关新闻自由的阐释，吴汉全认为"张友渔的新闻自由观是在国民党新闻统制下，极不自由的环境中所形成的，他鲜明的'新闻自由'阶级性是很有见地的"①。

另有一些研究者对张友渔新闻思想的评价偏于批判，如陈力丹在《马克思主义新闻观思想体系》中认为："张友渔早期的马克思主义新闻论述显然带有绝对化的思维和判断，将相当多中间状态的事物推向敌对的一方，既不符合马克思主义的阶级斗争理论，也不符合党的斗争策略。"②

孟庆鸿通过综合比较，认为"由于现实危机和中国知识分子的实用理性，使唯物史观特别是阶级斗争学说，成为马克思主义在中国最突出的被接受和被实践的部分，这个观点在张友渔那里得到很好的诠释"，并评价张友渔的"阶级斗争武器说""几乎被贯彻到他早期的每一篇新闻学论文中，也因为在各个大学的讲授而流传甚广，成为后来极左新闻思潮的来源之一"③。

李秀云对张友渔新闻理论的批判更为清晰、直接，她认为"正是在张友渔等人大力引介倡导马克思主义新闻观念的努力之下，一度流行的客观主义报道思想逐步淡出中国历史舞台"④。

李映芳较为客观地评价了张友渔的整体马克思主义新闻观，认为其马克思主义新闻论述有利于人们认清各种报纸的阶级背景，其观点缩小了新闻性质的内涵。⑤

---

① 吴汉全. 马克思主义新闻思想中国化的早期探索 [J]. 新闻与传播研究，2011，18 (6).
② 陈力丹. 马克思主义新闻观思想体系 [M]. 北京：中国人民大学出版社，2006：686.
③ 孟庆鸿. 中国早期马克思主义新闻学术范式试探 [J]. 湖南大众传媒职业技术学院学报，2003 (2).
④ 李秀云. 客观主义报道思想在中国的兴衰 [J]. 当代传播，2007 (1).
⑤ 李映芳. 多学科视野的马克思主义中国化研究 [M]. 西安：陕西人民出版社，2007：371-372.

唐海江、廖勇凤评价张友渔为"北平激进报人",分析了他在《世界日报·新闻学周刊》上的论述文本和话语实践,认为其新闻观念带有显著的苏联新闻学话语和统制新闻学话语特征,他的阶级分析显得比较粗糙,整体理解较为宽泛,对大众的解释和民族国家的认同存在偏差。①

朱至刚将张友渔称为"新的新闻学"中人,认为他对历史唯物主义的掌握较其他报人高出不少,指出张友渔虽在历史脉络中从社会演化的角度剖析了新闻事业的性质与功能,在新闻理论上颇有建树,却还没建立起自洽、完备的马克思主义新闻学理论,因为他还没有对无产阶级新闻事业必然具有内在的优越性这一论述给出周全的阐释。②

(2) 关于张友渔"报刊是阶级斗争的武器"的研究

徐培汀、裘正义认为在当时的时代背景之下,张友渔突出了报纸与新闻的阶级斗争作用,用阶级与阶级的斗争观点观察新闻现象,旗帜鲜明,难能可贵。但把报纸和新闻的"性质"简单地说成"阶级斗争的武器"并不科学,这是无产阶级新闻学不够成熟和完善的反映,正如徐培汀等所反思的,"这种反映必然不能真实地表达事情的真相"③。

戴元光较早地探讨了张友渔"报刊是阶级斗争的武器"这一说法的思想渊源,认为主要有三个方面,即受封建文化思想影响、受当时环境影响和受列宁思想影响。④ 此后,戴元光进一步探讨了这一说法所产生的影响,认为中国共产党和毛泽东新闻思想在后来的发展与张友渔的新闻思想有极大的关系。从理论上讲,张友渔新闻思想被中国共产党普遍

---

① 唐海江,廖勇凤. 论1930年代北平新闻学话语的逻辑构成与纠葛——以《世界日报·新闻学周刊》为文本个案 [J]. 国际新闻界,2009 (2).
② 朱至刚. 作为方法论的"阶级":试论1930年代初中国"新的新闻学"的缘起和展开 [J]. 国际新闻界,2019,41 (10).
③ 徐培汀、裘正义. 中国新闻传播学说史 [M]. 重庆:重庆出版社,1994:345.
④ 戴元光,等. 20世纪中国新闻学与传播学(传播学卷)[M]. 上海:复旦大学出版社,2001:74—75.

接受宣告了中国自由传播思想的暂时终结。①

陈力丹认为张友渔的阶级斗争武器论延伸到了他的其他新闻观点那里，包括舆论观、社论观和新闻事业观等，并贯穿其新闻生涯始终。张友渔的新闻思想对中国当时的左翼文化界影响颇深，且影响了中华人民共和国成立后的新闻理论教学。张友渔将阶级斗争武器说套用到对很多事物的认识上，作为对传媒的唯一认识，容易造成对新闻基本职能的认识偏差。②

姜红分析了"阶级斗争武器说"与进化论的关联，认为20世纪30年代后期和40年代，伴随着中国社会环境的急遽变化，激进主义新闻进化观念逐渐占据上风，"阶级斗争武器说"从幕后走上台前。张友渔在"发达史"的名称下将"进化"解释为"阶级斗争"，将"竞争"理解为"阶级对立"，颇耐人寻味。姜红认为张友渔的"阶级斗争武器说"只不过是"新闻是社会进化的工具"的另一种表述罢了。③

庄廷江在考察"战时新闻学"的思想渊源时提出："新闻理论家张友渔'报刊是阶级斗争的武器'思想对战时新闻学的影响是直接的显著的，是'战时新闻学'的思想近源。他的论述与新闻学建立初期时学者的论述完全不同，后者强调保持新闻学独立的学术品格，而张友渔将对政治问题的研究拉回新闻学研究中，虽然偏离了新闻学建立初期时学者们的初衷，却为战时新闻学者们提供了导引。"④

此外，张友渔的社论观和舆论观也被普遍认为带有显著的阶级性。戴元光认为张友渔提出社论应具有指导性，显然根源于他的"报纸是阶级斗争的武器"的观点，这无疑损害了社论作为独立、公正、自由、权

---

① 金冠军，戴元光. 中国传播思想史（现当代卷）[M]. 上海：上海交通大学出版社，2005：153.
② 陈力丹. 马克思主义新闻观思想体系[M]. 北京：中国人民大学出版社，2006：686-687.
③ 姜红. 进化论与现代中国新闻史书写[J]. 新闻与传播研究，2008，15（5）.
④ 庄廷江. "战时新闻学"研究（1936—1945）[M]. 武汉：湖北人民出版社，2014：53-54.

威的言论的本义。① 刘玉凯认为："张友渔的社论具有显著的阶级斗争特色，其论点鲜明、风格泼辣又灵活多变，讲究斗争策略，他将独特的斗争艺术与灵活的写作技巧结合起来，就是他的风格。"② 邵培仁重点探讨了张友渔舆论观的阶级性，指出舆论战就是阶级斗争的主要形式。③

（3）关于张友渔新闻法学思想的研究

当前学界对张友渔法学思想的研究较多，而对其新闻法学思想的研究较少，尚未有专题性研究，所涉及的部分也仅见于张友渔法学思想研究，且停留在简单提及的层面。

郭燕平、贾桂梓主编的《张友渔法学思想与灵石县法治建设》④一书较为全面的地梳理和总结了对张友渔的新闻法学思想。这一成果尽管篇幅有限，且只对张友渔的新闻法学思想进行了一般性的叙述，缺乏学理分析，但不可否认其是后来者研究张友渔新闻法学思想的宝贵材料。

胡正强在专著《中国媒介批评的历史考察》中探讨了张友渔媒介批评的法律视角问题，认为"其在国民党统治时期，因其特殊身份，常站在法律的角度，以故意回避的方式对新闻统制的合法性和主体资格进行暗讽和批评，从而提出法律的范围越扩大，新闻自由的范围越缩小。可见张友渔对于法律与新闻的关系具有精深的思考。"⑤

除了部分专著涉及张友渔的新闻法学思想研究，一些学位论文也对其展开了一定的论述，焦点主要集中在张友渔的出版自由思想上。如魏昆提出："张友渔的出版自由思想主要源于其经常遭到专制政府的威胁与迫害，所产生的切身体会。"⑥ 程从林、陈栗忠等人也都以对张友渔

---

① 戴元光，等. 20世纪中国新闻学与传播学（应用新闻学卷）[M]. 上海：复旦大学出版社，2001：95.
② 程曼丽，乔云霞. 中国新闻传媒人物志（第5辑）[M]. 北京：长城出版社，2014：180.
③ 邵培仁. 媒介舆论学 [M]. 北京：中国传媒大学出版社，2009：80—82.
④ 郭燕平，贾桂梓. 张友渔法学思想与灵石县法治建设 [M]. 北京：中国社会出版社，2008.
⑤ 胡正强. 中国媒介批评的历史考察 [M]. 广州：世界图书出版广东有限公司，2015：158.
⑥ 魏昆. 论民国时期张友渔的民主宪政思想 [D]. 重庆：重庆大学，2007.

的相关论著进行文本解读为基础，针对其新闻出版自由思想展开了探讨。程丛林认为，张友渔的新闻出版思想是从马克思主义唯物史观出发的。陈栗忠则提出："张友渔关于出版自由有自己独到的看法，他所主张的自由谅解主义正好能实现新闻和民主的平衡，既充分发挥新闻的作用，也能很好维护国家的利益。"[①]

总的来看，学界其他研究涉及张友渔新闻思想的部分相较于张友渔新闻思想的专题研究为多。但就研究现状来看，这些研究范围有限，论点比较零散，类别亦不全面。

（三）存在的问题

综合梳理学界已有的文献，尽管尚未有对张友渔的新闻思想展开系统整理的成果，但学者们在研究其他问题时，对涉及张友渔新闻思想的方面进行了考察，他们注意到张友渔的某些观点与不同的时代思想资源的关联，也进行了分析与评价，综合来看，主要存在以下不足。

1. 对张友渔新闻思想的内容归纳不全面

当前学界对张友渔新闻思想内容的研究存在总结归纳不全面的问题。已有研究多介绍归纳1949年以前张友渔的部分新闻思想内容，且多有重复，关联性和衔接性不强。其中，张友渔的社论观、舆论观和新闻事业观等是研究者着重论述的部分，而对其新闻史观、新闻法学观念和新闻自由观念，以及1949年以后的一些新闻思想等的关注不够。

2. 对张友渔的新闻思想评价多于分析和解释

现有研究较多地评价了张友渔的"报刊是阶级斗争的武器"这一论述，但阐释分析并不到位。这些研究对张友渔新闻思想的来源及其

[①] 陈栗忠. 张友渔早期民主思想研究［D］. 长沙：湖南大学，2010.

对战时新闻学的影响、与中共党报思想的关联等虽有涉及，但由于张友渔并不是研究的焦点，研究者注意力有限，只是点到为止，不够深入。

对文献的分析则表明有关张友渔新闻思想的评价存在争议，研究者大都肯定了张友渔在中国新闻史上的影响力，但这种影响力既有正面的也有负面的，尚未有研究者对此展开深入的分析。将张友渔的新闻思想放置在具体的历史语境中进行的研究还有待深入，围绕其新闻思想的产生、传播与衍变等的阐释也有待展开。

3. 在史料发掘和运用方面存在遗漏

目前，学界对张友渔的研究存在史料发掘与运用不全面、不充分的情况。其中，被疏忽与遗漏最多的当属张友渔的《日本新闻发达史》（上）。这是一本由北平世界编译社于1937年出版的探讨日本从新闻起源到资本主义发展期之间的新闻发达问题的专著。该书是张友渔在日本期间多方调查搜集资料撰成的，下卷的相关资料因战乱遗失，未能出版。《日本新闻发达史》（上）反映了20世纪30年代时张友渔的新闻史学思想。

张友渔的专著《新闻之理论与现象》也未得到学界足够的重视与开掘。此书收集了张友渔的47篇新闻论述，仅有11篇文章在20世纪80年代后因被选编入《报人生涯三十年》《张友渔新闻学论文选》等书才得到了研究者的关注与引用。张友渔其他的新闻专论则很少被研究者加入参考文献列表，张友渔翻译的一些文献也被忽略，而这些翻译作品从不同层面反映了张友渔的思想主张与倾向。因此，尽可能多地发掘与运用相关史料，详细、全面地覆盖张友渔新闻思想的各个方面，并据此进行更为深入的剖析，便是本书的重点。

三、研究方法、视角与内容

(一) 主要研究方法

思想的形成与变迁是一个动态过程，人物思想观念的产生与发展亦是一个立体的、流动的变化过程。因此，本书既立足宏观视角，也审视局部，主要采用了以下两种研究方法。

1. 文献研究法

文献释读是研究人物思想的基础。本书以图书馆、档案馆和博物馆为文献依托，尽可能地收集了有关张友渔的各类文献，力求全面掌握一手资料。

本书重点参阅的一手资料是成舍我报业数位典藏资料库中的北平《世界日报》数位典藏资料（1925年3月21日—1937年12月30日），以及北平《世界日报·新闻学周刊》影印版（1933年12月14日—1937年6月10日，共182期；其中张友渔的新闻专论刊载于前31期，即从1933年12月14日至1934年7月19日），对有参阅价值的二手资料亦逐一进行整理、甄别和分类。

就收集的资料种类来看，本书囊括了张友渔各个时期的作品或论述，如其关于报刊实践经验和新闻思想的言论，包括文集、发表在学术刊物上的论文、刊登在报刊上的社论和杂文等，以及他人对张友渔新闻思想的评论、来往书信、著作序言等，对那些可以使张友渔思想直观化、通俗化的一般性资料，如诗词文集、档案资料或汇编集也属于本书的文献收录范围。

在本书的写作过程中，笔者对整理分类后的各类文本进行了全面的研读和评述，力求在此基础上勾勒张友渔新闻思想生成与发展的轨迹，把握其新闻思想的整体面貌。除此之外，笔者还广泛阅读了中国近代史

和思想史的经典著作，试图厘清近代社会思潮的变迁，重新考量张友渔新闻思想的学术价值和现实意义。

2. 比较研究法

在人物思想研究中采用比较研究法既可以支撑研究的主要观点，又可以使人物形象饱满立体。

在写作中，本书采用了纵向比较与横向交错的综合比较法，注重相关性、对应性和重点性比较，一方面比较张友渔从1918年开始在不同时期、不同阶段的报刊工作经验和新闻观念，通过研读文本探究其新闻思想观念的来源和衍变；另一方面，注重共时层面的人物思想比较，将张友渔与同时代的多位报人、学者的新闻思想和理念作比较，重点围绕"阶级斗争武器说"展开这些报人在观念、内容和表达机制等方面所呈现的交融与差异，并将其作为张友渔新闻思想观念变迁的重要影响因素作进一步的考察。

（二）研究视角

研究视角是研究者观察事物的方式和角度，视角不同，研究者所观察到的东西以及在头脑中构建的图景都是不同的。

本书试图在历史发展脉络中透视、分析张友渔的新闻思想和观念，为了深入探究与清晰呈现其观念的生成、传播与衍变，本书尝试引入知识社会学与阐释学的视角，展开具有跨学科意义、情景化理解的当代视野下的思想观念研究。

1. 知识社会学视角

知识社会学关注知识与存在之间的关系，既是一种理论，又是一种历史—社会学的研究方法。本书引入了知识社会学的论域与维度，一方面从观念史研究的角度出发，借用昆廷·斯金纳的"意图"和"语境"以及洛夫乔伊的"单元—观念"（unit-ideas）来探究张友渔的"阶级斗争武器说"生成的历史语境与逻辑理路;另一方面借用卡尔·曼海姆关于"人类的大多数具体论断"[①]的研究视角,尽可能充分地分析张友渔思想观念的结构,探究其思想观念在不同背景下的呈现形式,把握其观念的变动与现实的关联。

2. 阐释学视角

阐释学可视作一种解读与阐释文本的研究方法。近年来,有学者对阐释学中有关观念的阐释过程进行了提炼,认为观念阐释可以分为三个层次,即个人阐释、公共阐释和公理阐释。[②] 其中,"个人阐释主要指个人根据材料得出的观念,公共阐释则被看作社会公认有价值、标准和解释的体系,而公理阐释则涉及规律、理论和方法论"[③]。通过引入阐释学的视角,本书围绕相关文本的观念互动与意义阐释,关注不同报人群体的对话交流,有助于探究张友渔的新闻思想在传播与衍变中产生影响力的原因。

(三)研究内容

本书的主要内容如下:

第一章主要梳理张友渔的新闻生涯。通过细读张友渔的自传、回忆录、口述资料等来考察张友渔的报刊实践、社会活动和政治生活等,探究张友渔进入报业的动机与过程、对报人身份的认知和变化、政治身份转换的动态过程,以及其思想观念来源的多种可能性,从而做到知人论事。

第二章探讨张友渔新闻思想的背景与来源。一方面,对张友渔所处

[①] 卡尔·曼海姆. 意识形态与乌托邦: 知识社会学引论 [M]. 李步楼,等译. 北京: 商务印书馆,2017: 318.
[②] 围绕"公共阐释"和阐释层次等问题的定义、探讨与论争,可参见张江《公共阐释论纲》(《学术研究》,2017 年第 6 期)、周宪《作为阐释学根据的公共理性》(《探索与争鸣》,2020 年第 1 期)、傅其林《究竟什么是公共阐释》(《探索与争鸣》,2020 年第 3 期)等。
[③] 朱孝远. 宗教改革史研究中的公共阐释学 [J]. 历史研究,2018 (1).

时代前后的社会思潮、总体词汇和政治形势等因素进行辨析，找出影响其新闻思想生成的文化背景、历史语境和思想资源；另一方面，在张友渔曾参与的党派组织、社会团体和所供职的报社中，寻找影响其思想生成的环境要素，并深入挖掘张友渔的各类作品和回忆录等一手资料，着重考察影响其思想生成与观念变动的思想近源。

第三章旨在梳理、剖析、呈现张友渔新闻思想的内容架构。张友渔的新闻思想是以"阶级斗争武器说"为基础发展而成的，被学界概括为"阶级斗争新闻学"思想。本章通过文本考辨、话语解析和价值评估等，系统梳理分析了张友渔的新闻理论思想、新闻实务思想、新闻史学思想和新闻自由主张。

第四章主要对张友渔的"阶级斗争武器说"展开分析。首先立足张友渔所撰述的文本自身的言说逻辑，结合其所处时代的政治形势与话语体系，考察"阶级斗争武器说"生成的语境基础，探析张友渔表述和阐释观念的意图。其次，对文本、材料和经验进行考辨，探析不同的报人群体围绕"阶级斗争武器说"的观念互动和意义阐释，分析"阶级斗争武器说"传播与衍变的路径，回顾反思这一理念所引发的历史结果。

第五章主要对张友渔的新闻思想进行价值重估和意义检视。首先探析张友渔围绕"报刊是阶级斗争的武器"这一新闻理论的探索所呈现的特征，追问张友渔以"阶级"为研究方法论的价值和局限性。其次讨论张友渔对无产阶级新闻事业观念的反映和其研究新闻法制问题的意义。

四、研究意义

第一，本书较为系统地梳理并呈现了张友渔的新闻思想内容，对史料的全面收集与利用在学界可以说尚属首例。本书针对前人研究中的一些薄弱环节进行了力所能及的分析，对张友渔的新闻思想进行了系统性的归纳、分类、整理和解析，扩展了新闻史人物思想个案的研究论域。

第二，本书对张友渔的"报刊是阶级斗争的武器"这一观念的生成、传播与衍变展开了思考与分析。通过关注张友渔新闻思想产生的历史语境和发展脉络，探究张友渔新闻思想观念的产生意图，以及其在传播与衍变过程中所得到的阐释，进一步深化张友渔新闻思想的"打深井"研究工作。

第三，鉴于学界围绕张友渔新闻思想的评价存在颇多争议，本书基于大量的一手史料和研究资料，重估了张友渔新闻思想的理论意义与学术价值。在学界对张友渔新闻思想已有评价的基础上，从研究视角切入，扩展了张友渔新闻思想的解释空间和评估向度。

第四，张友渔是我国第一个运用马克思主义观点系统研究新闻工作理论与实践的新闻学者，他有效地推动了中国马克思主义新闻学和无产阶级新闻事业的形成和发展，对教育事业具有价值引导、文化涵养、精神支撑等作用。回顾张友渔犹疑与坚守的新闻生涯，总结提炼其新闻思想，深入挖掘其中的思政育人元素，有助于构建特色课程思政内容体系。

第一章　张友渔的新闻生涯

1899年1月10日，张友渔出生于山西省灵石县一个旧式知识分子家庭；1992年2月26日，张友渔因心脏病复发于北京去世。张友渔的报人实践生涯长达30年，他对新闻领域的关注则持续了一生。张友渔新闻生涯的缘起和报人身份的认同伴随着近代革命的演进和其社会身份的转变。其中，家庭教育、办报实践、赴日学习、参与政治等人生经历为其新闻思想的产生与发展奠定了知识、经验和价值观方面的基础。

本章将张友渔的新闻生涯分为五个阶段：从阅读积累大量经典文献到替父做私塾先生，也即他的少年时代；从中学到大学，为报纸撰稿，开启报人生涯；在《世界日报》工作的十年，从投稿人做到总主笔，其间三次赴日留学，收获了丰富的实践经验与专业知识；抗战时期，以报刊为斗争武器，投身战时新闻实践；1949年以后，开始关注新闻法制建设。

第一节　家学传承与少时"触报"

据张友渔自述，他成为一名报人与家学传承、少时"触报"的经历有极大的关联。如他所说："我过了三十年报人生涯，并不是偶然的，而是有当时的历史背景、社会原因的，并且同家庭出身、本人生活有关联。"① 张友渔出生后，父亲希望他将来能成大器，为他起名象鼎，字有仪，是从《易经》"两仪生四象"而来的。他的祖父原是灵石县首屈一指的富商，拥有钱庄和大片田产，尽管经营了一辈子买卖，他却笃信"万般皆下品，唯有读书高"的理念。因此，张友渔的父亲和三个伯父全都进入私塾读书，谁也没有继承祖父的衣钵。祖父过世后，张氏家道逐渐败落，兄弟们也分了家。张友渔的父亲张映南在分家时得到了东跨院一孔窑洞和西跨院一间瓦房，还有十几亩地，依靠地租生活，他还在灵石县城药王庙办了一个私塾，自己做私塾先生，收入微薄，日子过得却也平稳。

家境虽然贫寒，但并没有影响张映南博览群书，他喜爱买书藏书。张家窑洞里的陈设同一般山西人家不同，书架、衣柜都摆满了各种各样的书。张友渔5岁起便跟着父亲出入私塾，熟读《三字经》《百家姓》《千字文》。7岁时，张友渔读《水浒》《三国演义》入了迷，在课间给同学们"说书"，被周围的大人小孩公认为灵石县的"小说家"。儿时为众人说书的经历，让张友渔在大家的认可、称赞和鼓励之下感受到了一种责任感，也正是这种责任感促使他读书、学习更为努力、认真。

待张友渔年龄稍长，父亲便时常和他议论私塾里的功课。据张友渔回忆，父亲向来要求学生不要一味死记硬背，倡导读书要有自立精神，认为只会背书而不动脑子想是没有出息的。父亲的教学理念让张友渔自小便养成了勤于思考的习惯。在父亲的引导下，张友渔开始研读《十三经》《二十四史》等，渐渐地对"义理之学""考据训诂之学"两个学派的异同有了自己的看法。受父亲影响，张友渔并不赞成程朱学派，且特别喜欢看批评程朱之学的文章。他喜读《庄子》《列子》《左传》《孟子》，不但能把内容记得滚瓜烂熟，还能模仿这些经典撰写文章，私塾同学认为其文有"庄列之风"。

除了父亲潜移默化的影响，张友渔的伯父们在他的成长过程中也发

---

① 张友渔. 报人生涯三十年 [M]. 重庆：重庆出版社，1982：1.

挥了指导和教育作用。他们有时会把几房的孩子组织起来进行家庭考试。在一次家庭考试中,张友渔的二伯父出了一道名为《自立论》的作文题,当堂兄弟们尚在沉思和书写的时候,张友渔已写作完成,而且得了第一名。伯父们夸赞他的文章立意清楚、文理通顺,颇有自立精神。张友渔曾说家庭考试给了他很大的鼓舞和信心,他借此练习写诗,有时写七绝,有时写五律,父亲随时予以指正。很快,他的平仄音律便能合乎规则。可以说,张友渔作文和赋诗的兴趣正是在家庭教育中培养起来的。

12岁时,张友渔代替父亲成了一名私塾先生。辛亥革命后,阎锡山要把山西省建设成模范省,在各县纷纷建立小学,张映南被任命为县模范小学的校长和语文教员。但当时灵石县不少人还不信任这种新式学校,强烈要求张映南的私塾不要关闭。张映南感到十分为难,便想到让张友渔代替自己将私塾办下去。于是张友渔就在私塾教授语文、算术和英文等科目,一边自学一边上课,他不仅学到了更为广泛的知识,还在灵石县师资考试中取得了教师资格,成为当时年龄最小的正式教师。当时的山西除了设立模范小学,还在各县开设阅报室。张友渔是县里阅报室的常客,每天私塾放学后他都会去看报,正是在这里他对时事政治和社会问题产生了浓厚的兴趣。这便是他少年时期"触报"的开始。正如他所回忆的:"我开始从报纸上了解国际国内形势,眼界为之大开,对时事的关心超过了一切。我是灵石县阅览室的常客。看报、思考时局问题,成了我生活中的重要部分。"① 在他看来,青少年时期的家学传承和读报积累对他的报人生涯影响至深,他说:"我后来所以能够用文言给报纸写社论,虽得益于以后的学习,但也得益于童年时期打下的基础。"② 正是青少年时期大量阅读经典文献和作为私塾先生的教学经验,为张友渔此后的报刊实践和新闻教育工作打下了坚实的文字基础,这也成为他新闻思想的文化源泉。

---

① 张友渔. 报人生涯三十年 [M]. 重庆:重庆出版社,1982:2.
② 张友渔. 报人生涯三十年 [M]. 重庆:重庆出版社,1982:1—2.

第二节 从学生报人到职业新闻人

从1918年到1924年，张友渔实现了从学生报人到职业新闻人的身份转换。张友渔的报人生涯开始于1918年，他投身报业的动机主要源于康有为和梁启超的改良主义思想，以及"新闻救国"的理想抱负。而他开始报人生涯的契机也是希望用报纸主持正义、改良社会。在赴太原上中学之前，他为一受骗农民鸣不平而向《山西画报》投稿，发表了首篇文章《新念秧》，他说："这篇稿子可以说是我三十年新闻生活的前奏。我开始新闻生活，是1918年到太原上山西第一师范学校的时候。"[①]

在读书看报的过程中，由于家乡闭塞，信息传播迟缓，辛亥革命后的很长一段时间里，张友渔都没能及时接触三民主义，而是深受康有为、梁启超改良主义思想的影响，认为报纸的性质是超阶级的，可以通过报纸揭露社会黑暗、主持正义、改良国家。一日，他从阅报室回家的路上，听说了一个农民在买卖鸡蛋的过程中被戏弄的事情，对此感到气愤，便模仿《聊斋志异》撰写了一篇以揭露社会黑暗为主题的新闻稿，便是上文提及的《新念秧》，这篇稿件很快就登载于《山西画报》上。在他之前，灵石县从未有青少年在报纸上发表过文章，一时间，张友渔成了县里的名人。《新念秧》的发表让张友渔更为坚定地认为在报纸上揭发坏人坏事是改良社会的一个办法，这是其报人生涯的真正开端。

《新念秧》发表后，在天津的当铺当学徒的堂兄张俊鼎因爱惜张友渔的才华，开始每星期给张友渔寄送天津《益世报》。《益世报》开拓了张友渔的眼界，使他萌生了到北京、上海等大城市念书闯荡的志向。

1918年，张友渔在父亲和好友的资助下，和弟弟张彝鼎一起赴省

---

① 张友渔. 报人生涯三十年[M]. 重庆：重庆出版社，1982：2.

城太原第一师范学校就读。为了贴补生活费用，他开始向报社投稿。《山西日报》《并州新报》邀请他做特约访员固定撰稿，既写通讯，也写副刊文章。对张友渔而言，稿酬固然重要，但他想要依靠写稿、利用报纸改良社会的想法也越来越强烈、明确。他的新闻稿讲求真实，注重实地调查和采访。其中，以揭发灵石县知事贪赃枉法错断案为代表的诸多新闻稿在当地取得了惊人的效果，也让张友渔在太原市报界颇受认可。

张友渔读中学期间，正值五四运动兴起之时。他因对反日运动、民主运动、新文化运动非常积极，学习成绩优异，文章也写得极好，便被推举为学生会会长和山西学生界反帝反封建的新文化运动领导成员之一。他还与同学高沐鸿、张磐石一起创办了共进学社，学社成员有信仰共产主义、三民主义的，有支持胡适派、康梁派的，他们还自办了刊物《共鸣》，自己编写、油印宣传反帝爱国思想的文章，并在校内和其他学校中散发。对于来稿，无论信仰，只要是反帝反封建的稿件均可被采用，这可以说是张友渔办报实践的一个开端。

青少年时期读《太平御览》《太平广记》《大清刑律》时，张友渔就迷上了法学，曾发愿成为包拯那样的"大青天"，以实现救国救民的理想。1923年中学毕业后，张友渔考取了国立法政大学，主修法学专业。为了赚取上大学的生活费用，张友渔持续给各大报纸写稿，并继续担任《并州新报》驻京记者，还兼职为《东方时报》和《世界晚报》副刊《夜光》（主编张恨水）撰写杂文和社论。中学和大学期间为报刊定期撰稿，以及早期的自主办报和结社活动都让张友渔积累了丰富的报刊实践经验，每月几十块钱的收入也基本解决了张友渔大学时期的费用问题，大学毕业后张友渔顺理成章地入职北平《世界日报》，成为一名职业新闻人。从学生报人到职业新闻人的身份转换，是张友渔报人生涯的重要转折。

第三节　从《世界日报》总主笔到留日新闻学研究生

在北平《世界日报》工作的十年时间是张友渔新闻生涯的关键阶段。这十年张友渔既收获了报刊实践经验，还得以赴日留学，成为一名新闻学研究生。来到《世界日报》工作后，张友渔发现北平各个大学的政治氛围都很浓厚，法政大学里也有不少学生参加各色党派，而他由于信仰三民主义，遂加入了国民党。此时，他继续为报纸写稿，但已不完全是经济上的需要，他自述写稿更多的是想在报上发表他的思想，抒发他的情感。

1925年，《世界日报》招聘特约撰稿人，自此张友渔与成舍我开始了长达十年的合作关系。

《世界日报》是报人成舍我创办的。为了适应社会潮流，提高报纸威信，成舍我常在报纸上刊登一些表达对军阀政府和政治时局不满的文章。这为《世界日报》在社会上特别是知识界赢得了不小的声誉，被称为"粉红色"报纸，以张友渔为代表的进步知识分子的文章亦颇受成舍我的认可。张友渔投给《世界日报》的稿件几乎篇篇必登，他与《世界日报》的关系也越来越近，很快便成为报纸的兼职编辑，并负责《教育界》专栏，杂文也照写不误。特别是在报道1926年军阀镇压学潮的"三一八惨案"中，张友渔联系成舍我在《世界日报》连续五天以头版头条进行报道，令报纸名声大振。

在为《世界日报》撰稿的同时，张友渔也为《申报》《大同晚报》《世界晚报》等报纸撰稿，十年间共完成社论、杂文400余篇。

在1927年之前，张友渔因由康有为、梁启超的改良主义思想转信了孙中山的三民主义思想，其间撰文都是站在国民党的立场，借以进行革命活动，表达对现实的不满，批评军阀专横。而在反对段祺瑞政府的激烈斗争中，张友渔逐渐对国民党产生了不满，脱离了三民主义思想，转而结交了不少志同道合、爱国反封建的朋友，并开始接触科学社会主义。1927年，李大钊被绞杀，张友渔深受触动，在好友盛志权的介绍下，他加入了中国共产党，开始接触马克思主义，并于同年盘下《国民晚报》，为中共做宣传之用。张友渔经营《国民晚报》时条件有限，但颇为用心，曾一度为了《国民晚报》而脱离《世界日报》。《国民晚报》也因为张友渔而有了许多独家新闻，如神州新闻社提供的当日新闻，这使《国民晚报》在北平的影响力迅速扩大。尽管如此，受多重现实因素的制约，《国民晚报》不得不于同年11月停办。

加入中国共产党之后，张友渔开始积极参与社会活动，尤其在北平新闻界、文化界活动频繁。1928年，张友渔赴天津担任京津通讯社编辑，后又担任《泰晤士晚报》汉文版总编辑、天津市政府宣传科长。其间，张友渔因在《泰晤士晚报》上报道"皇姑屯事件"而声名大振，该报的社会声望也因此得到提升。到天津三个月之后，张友渔利用天津市政府宣传科长的公开身份，开始联系当时的知识阶层，并协助中共党员开展工作。不过，张友渔不慎暴露了中共地下党员的身份，不得不两次前往日本，并在私立日本大学攻读新闻学专业研究生，也因此才有机会集中、系统地学习新闻学理论，阅读马列主义书籍。在日留学期间，张友渔也为北平《实报》和《世界日报》撰写日本通讯和调查见闻。张友渔的文章既有丰富的材料，又有独特的见解，这使两份报纸的销量直线上升。张友渔留日期间还进行了田野调查工作，实地调查了日本的政治、经济、社会情况，对日本的社会形势和问题展开了研究。

回国后，张友渔在燕京大学新闻系、中国大学、中法大学、北平大学等多所高校担任教授和新闻系主任等职务，主要讲授社论和日本问题。他对社会制度、阶级关系等根本理论问题以马克思主义的观点作了充分的阐述，"报刊是阶级斗争的武器"的观念也因此传播开来。张友渔与成舍我及《世界日报》的关系并未因他留学日本而中断，他利用

《世界日报》的"社论""新闻学周刊""社会科学副刊"来宣传社会主义理论和马克思主义新闻学等，并就报刊舆论、报刊宣传、言论自由、报纸的副刊、报刊的阶级性等问题大量撰文。《新闻的性质和任务》《由消息的真伪谈到天津〈益世报〉的失败》《论统制新闻》等代表性文章都发表在这一时期的《世界日报》上。

从《世界日报》的总主笔到留日新闻学研究生，这十年是张友渔整个新闻生涯中至关重要的时期，也是他在写作上最为高产的时期。在这十年间，张友渔的人生经历和报刊实践活动不仅得到了更新与丰富，赴日系统进修学习和开展田野调查也使他的理论知识水平得以加深，研究视角得以拓宽，原本零散的报刊实践经验也得以与新闻专业知识融汇在一起，形成了他自己独特的新闻思想，社会影响力也进一步扩大。

第四节　从研究新闻学到投身战时新闻实践

从1935年离开《世界日报》到1949年，张友渔主要围绕抗日战争展开新闻实践活动。抗日战争爆发后，张友渔以报刊为斗争武器，展开了一系列战时新闻创作实践。1935年，张友渔第三次赴日学习。他仍然一方面进行政治、经济和社会方面的调查研究，另一方面钻研新闻理论，阅读马克思主义论著。他每天都到上野图书馆阅读资料，并到大阪等地进行实地社会调查，完成了用日文写作的《日本新闻发达史》上册。《何梅协定》签订之后，国内形势发生变化，同年8月张友渔回国，随后到山西讲学。工作之余，张友渔整理旧作，编成《新闻之理论与现象》一书，由太原语文学会出版，他还将《日本新闻发达史》上册加以补充，译成中文，由天津新知识书店出版。《日本新闻发达史》原计划分三卷，但"七七事变"爆发使该书的大量资料遗失，故仅存上册。

回到北平后,张友渔的公开职业仍然是燕京大学新闻系等高校的教授,并领导左翼文化运动,与黄松龄、吴承仕创办同人刊物《时代文化》(后改为《文化动向》),积极联系文化界和知识分子,也为各大报刊撰文。

抗日战争初期,张友渔去往陪都重庆,参加救国会的工作,并参与民主宪政运动。在重庆期间,张友渔为邹韬奋的刊物《全民抗战》撰写了大量文章,还为《中苏文化》《反侵略》《反攻》等刊物撰写了一系列推动民主运动、文化运动的文章,并和沈钧儒、邹韬奋、韩幽桐等共同出版了《我们对"五五宪草"的意见》一书,引起了文化界的广泛注意。1939年9月,董必武通过余心清的关系,推荐张友渔担任国民党《时事新报》重庆版总主笔。张友渔为《时事新报》撰写的社论尽可能地运用马克思主义阶级分析方法,分析抗战的形势和前途,从日本帝国主义的性质入手分析它为何侵略中国,以及全民族统一起来团结抗战的必要性。张友渔虽然不能像担任《世界日报》主笔时那样可以直接展开批评,但他还是通过迂回的论调宣传了中共的不少主张。皖南事变后,张友渔结束了在《时事新报》的工作,与韩幽桐等人去香港帮助廖承志做左翼文化人的疏散工作。

到香港后,张友渔主要通过救国会展开工作。他和邹韬奋、范长江、韩幽桐等成立了救国会香港工作委员会,并参与创办《华商报》,担任主笔,继续宣传民主、团结、抗战。在《华商报》工作期间,张友渔主要负责撰写社论、审定社论和评论文章。社论的内容主要围绕第二次世界大战和中国的民主、抗战问题,表现出爱国主义、民主主义的中间派姿态。另外,张友渔还在邹韬奋主编的《大众生活》等刊物上撰写有关日本问题和民主宪政的文章。

太平洋战争爆发后,香港很快沦陷,《华商报》也随之停办。张友渔夫妇再返重庆,他仍以左派文化人士和救国会领导成员的身份从事民主活动。张友渔在重庆的公开职业是生活书店的总编辑,在主持生活书店的两年时间内,张友渔不但联系了多名作家,出版了大量的马列主义、革命文化书刊（他非常注重这些书的质量，并认真把关，出版的书刊和发表的文章都表现出鲜明的革命观点），还领导生活书店的中共党组织，联系进步作家，团结书店职工，同心协力，时常对中共党员进行政治思想教育，提高其革命觉悟、斗争技术和革命警惕性。[①] 此外，张友渔还断断续续参与《新华日报》的工作。他不仅根据实际形势为《新华日报》增加了《国内述评》栏目，及时系统地向读者介绍抗战情况，积极联系群众展开阶级斗争，还为该报撰写了《斗争才能生存，退缩便是罪恶》《糊涂观念》等社论、杂文。

抗战胜利后，张友渔担任中共四川省委副书记和宣传部部长及新华日报社社长等职务，同时为《华西晚报》《新蜀报》等报刊撰文。抗日战争时期，张友渔的工作非常繁忙，这也使他积累了大量的报刊实践经验，从研究新闻学问题（如新闻统制、新闻自由、新闻政策、新闻事业等），到投身战时新闻实践，成为一名真正的战时新闻人。

第五节　转向关注新闻法制建设

1949年以后，张友渔很少从事新闻业务工作，转而关注新闻法制建设问题。1949年3月17日，张友渔在《人民日报》上发表了他的最后一篇文章《把消费城市变为生产城市》[②]，自此结束了三十年的报人生涯。尽管报刊实践告一段落，但张友渔对新闻领域的关注仍在继续。

中华人民共和国成立后，张友渔调任北京市副市长，全面负责市政府的工作，除此之外，还直接管理新闻出版工作。张友渔将工作重心放在中国的法制建设上，于1954年参加起草了"中华人民共和国宪法"，他还兼任北京政法委员会主任、司法改革委员会主任。1958

---

① 张友渔. 革命文化运动的堡垒 [J]. 出版工作，1982（12）.
② 张友渔. 报人生涯三十年 [M]. 重庆：重庆出版社，1982：18.

年，张友渔卸任北京市副市长，调到中国科学院哲学社会科学部任副主任，并在董必武的倡议和指导下创办了中国第一个法学研究所，兼任所长，指导权威刊物《政法研究》，并分管《新建设》和各研究所出版的学术刊物，其间还撰写了《法学基本知识讲话》。在治学上，张友渔主张"一长多能""博而返约"，不专不行，不博也就不能专，态度则是着重思考、联系实际和下苦功夫。"文化大革命"结束后，张友渔担任中国社会科学院副院长、党组成员兼法学所所长、国务院学位委员会委员、中国法学会会长、中国政法学会会长，继续为推进法学研究和法制建设努力。他参与制定了1982年宪法和民法、刑法等。

  对于新闻出版事业，张友渔也持续关注，尤其是新闻立法、新闻记者责任、法制宣传等问题。他在《新闻研究资料》《新闻记者》《新闻与写作》等学术刊物上发表了《报告文学涉及的法律问题》《希望大家关心新闻立法》《谈新闻立法》等文章。在这些文章中，张友渔提出新闻立法应当是一方面保障新闻自由；另一方面约束有害的媒介现象，如低俗的媒介内容、侵权的媒介行为等。此外，张友渔还特别建议新闻审查工作可以适当放宽一些。张友渔对自己的新闻生涯、新闻作品和新闻理论进行了回忆和总结，结集出版了《报人生涯三十年》《张友渔文选》《张友渔新闻学论文选》《张友渔学术精华录》《张友渔诗文集》《张友渔学术论著自选集》《报刊杂文、通讯和社论》《张友渔回忆录》《张友渔传》等。到了晚年，张友渔仍积极参与新闻出版建设工作，并负责大百科全书社会科学部和法学卷的工作。纵观张友渔的新闻生涯，在社会实践方面，他积极探索，推动了新闻事业的发展与法制建设；在学术研究方面，他涉足法学、新闻学、政治学等学科领域，在学术界产生了极大的影响力。

小　结

总的来看，张友渔新闻生涯的开始和报人身份的认同伴随着近代革命的演进和其社会身份的转变。张友渔投身新闻业的时间（1918年）正是中国新闻职业化兴起之时。一方面，张友渔以新闻为职业是因为青少年时期养成的读报习惯以及早期维新派改良思想的影响。想要通过报刊实现"新闻救国"的理想抱负让他更为重视报刊的独立批评功能，有借新闻改良社会的政治目的。维新派特别是梁启超的报刊"喉舌论"更是为他后来提出"阶级斗争武器说"提供了思想启蒙。另一方面，张友渔以新闻为职业，也与他求学时为了维持生计有关。

张友渔对自我报人身份的认知和职业认同是一个逐渐深化的动态过程。由于成长环境较为封闭，张友渔了解外部世界的手段主要是读书看报，这让他认为报纸是改良社会和参与政治的利器。一方面，张友渔自小发愿成为包拯式的"大青天"，渴望参与国家的法制建设和法治进程。另一方面，在梁启超等一批文人政治家的影响下，早年的张友渔更多的是将报纸作为一种超阶级性的论政手段和独立的社会势力来进行实践探索与理论研究。随着时局的变化，张友渔加入了中国共产党，一边投身于各类政治活动，一边继续开展报刊活动，并三次赴日进修新闻学理论，后来还涉足新闻教育事业。在新闻业深耕多年，张友渔从早期对"新闻救国""政治报国"的期许，发展到后来便对新闻业产生了一定的职业情感和忠诚度。

在赴日本留学成为新闻学专业研究生之后，张友渔学习了一定的新闻学知识和西方的思想观念，原本零散的报刊经验与理论融汇在一起，他的理论水平有了提升，对报纸功能的认知和对自我报人职业身份的价值认同也不同以往。

考察张友渔的从业动机与报人成长历程，可以看出他将报纸作为

"工具"和"武器",带有较为显著的政治意图,其报人身份与职业选择也始终沿着近代革命和政治身份的演进而不断调整,其话语表述方式亦带有比较明显的阶级斗争意识。

阅读张友渔的回忆录和相关理论著述,可知除了对新闻事业投入大量精力和真情实感,他的社论撰写能力和版面编辑水平也得到了认可,其专业化、独立性与自主性逐渐显露。

由此可见,家庭教育、办报实践、赴日学习、参与政治等为张友渔新闻思想的生成与发展奠定了知识、经验、价值观的基础。

第二章　张友渔新闻思想的生成背景与来源

如果说张友渔新闻生涯的种种经历为其新闻思想的生成与发展奠定了知识、经验和价值观基础的话，那么他所处时代的社会思潮、政治形势和总体词汇则在不断的碰撞、交织中共同构成了张友渔新闻思想的产生背景。米歇尔·福柯在《知识考古学》中认为："只有从思想产生的具体背景出发，将思想史研究的话语形式置于产生的增长和发展的境遇中，才能复原话语最完善的形式。"[1] 要想从整体上构建张友渔新闻思想的线性发展过程，将其作品与表达机制、创作习惯和社会活动建立关联是必要的一环。遵循语境化原则，深入探讨张友渔新闻思想产生的历史情境、话语变迁、社会思潮，再依据文本阐释和话语表述，考察影响其新闻思想生成的具体思想来源便是本章要解决的问题。

本章首先对张友渔所处时代前后的社会思潮、总体词汇和政治形势等进行探析，找出影响其新闻思想的文化背景、历史语境和思想资源；接着从张友渔参与过的党派组织、社会团体和供职的报社中，寻求影响其新闻思想的环境要素；再对其各类作品和回忆录等一手文献资料展开深耕，考察影响张友渔新闻思想的生成与观念变动的思想近源。

---

[1] 米歇尔·福柯. 知识考古学 [M]. 谢强，马月，译. 北京：生活·读书·新知三联书店，2003：151—152.

第一节　张友渔新闻思想的社会文化背景

通过考辨张友渔所处时代前后的思想资源、社会运动和政治形势等,并结合张友渔的文本,可以发现影响其新闻思想的产生、延伸的生成语境和学科知识背景是复杂多样的,现代性便是其中的一种。可以说现代性的出现与发展为当时的社会语境、文化语境和学科发展提供了理性、科学、启蒙等要素。马泰·卡林内斯库在《现代性的五副面孔：现代主义、先锋派、颓废、媚俗艺术、后现代主义》中论述了两种截然不同又剧烈冲突的现代性："其中一种是作为文明史阶段的现代性,即资产阶级的现代性。"[①] 晚清的西学东渐促发了中国资产阶级的现代性,也引入了西方资产阶级新闻思想和资产阶级立宪思想等现代性思想。与此同时,文人论政的传统、民族主义意识的凸显以及社会主义思潮的勃兴也为张友渔新闻思想的生成提供了社会语境、文化语境与思想资源。

一、新闻知识的"西学东渐"

新闻知识是新闻思想生成的基础,一种新闻知识可以产生多种专业术语,衍生不同的新闻思想。葛兆光关于"一般知识与思想"的提法,认为可以将人们对报纸和新闻的认识、理解和使用方式作为新闻知识来看待。"这是一种'日用而不知'的普遍知识和思想,一方面背靠人们不言而喻的终极的依据和假设,建立起一整套有效的理解,一方面在日常生活中起着解释与操作的作用,作为人们生活的规则和理由。"[②] 在近代中国,新闻、新闻媒介、新闻活动和新闻事业的相关知识,无疑是

---

① 马泰·卡林内斯库. 现代性的五副面孔：现代主义、先锋派、颓废、媚俗艺术、后现代主义 [M]. 顾爱彬,李瑞华,译. 南京：译林出版社,2015：42-43.
② 葛兆光. 中国思想史导论：思想史的写法 [M]. 上海：复旦大学出版社,2001：14.

与救亡、启蒙、新闻职业化和现代政治等时代主题存在一定的内在联系的。"新闻知识实际上由一种外源性的西学知识逐渐成为一种'默会知识',意即日常生活的知识;再逐渐成为一种'明确知识',即能够被系统加以表述的专业知识。"[1] 事实上,新闻知识的"西学东渐",即新闻知识的引入和专业化过程也是近代中国变迁中数种社会思潮中的一种,回溯与考察其演变进程和话语实践,有助于我们理解张友渔新闻思想来源的具体背景。

尽管在中国历史上早已存在"邸报""辕门抄"之类的旧媒介,但它们主要是封建专制权力的象征,传播范围也极为有限,具有现代性特征的新闻知识主要还是源自欧美和日本,因此新闻知识引入中国的过程也是相关报刊话语"民主化"的进程。在晚清西学东渐的浪潮中,在西方传教士、欧美商人、口岸知识分子和改良主义官僚的引介下,西方新闻知识得以进入中国,并结合中国本土的"清议传统""太史陈风"等既有资源,呈现出既不完全等同于西方新闻知识,又区别于传统邸报知识的现代性特征。在此阶段,受到清廷改良派官僚的影响,新闻知识的吸收和运用总体遵循了"中体西用"的原则。此后,改良运动和革命运动更是将政治宣传与新闻报刊紧密联系起来,因此当时新闻知识的政治性特征鲜明,商业性特征则较为淡薄。另外,为了培养具有政治意识和现代性的合格公民,以梁启超为代表的先进知识分子将学校、报馆和学会视为传播文明和普及知识的三利器展开启蒙宣传。作为政治宣传和开启民智的工具,报纸逐渐成为知识分子了解世界和评议时政的重要媒介,新闻形态从邸报发展到近代报纸,新闻知识也从精英阶层缓慢扩散到普通大众当中,人们开始习惯于通过读报了解外界的动态、讯息,报纸成为日常生活中的"一般知识与思想"。由此可见,新闻知识的引入一定程度上使得"报刊话语的使用,群体声望方面的不平等与不对称,

---

[1] 涂凌波. 现代中国新闻观念的兴起[M]. 北京:中国传媒大学出版社,2016:267.

以及明显的权力标志得以消除,实现了报刊话语的'民主化'"①。

现代新闻知识的引入引发了新闻知识的专业化以及技术性与商业性话语的扩散。1911年之后,"以赴欧美和日本的留学生、知识分子、报人为纽带,新闻知识得以系统性的更新,西方新闻学知识和新闻教育知识使得新闻知识逐渐专业化和系统化"②。在此阶段,中国社会一方面依旧动荡不安,矛盾冲突不断,内忧外患一齐袭来,以新闻报刊为宣传和社会政治改良之利器的"新闻救国"理想依然是多数报人的信仰,新闻知识的政治性和启蒙性持久不衰。另一方面,随着中国社会现代化进程的不断推进,日本作为中西交流的思想文化中转站,各种专业系统的西学知识得以持续引进中国,各类西方社会思潮不断涌入国内。特别是五四新文化运动的推进,新闻知识深受美国实用主义和进步运动的影响,新闻教育和新闻学研究的兴起,商业性大报和民间独立报刊的发展,加之新闻专业主义和报刊自由主义的滥觞,使得新闻知识以专业化和职业化的形式出现,逐渐向着一种"明确知识"的方向发展,即能够被系统地加以表述的专业知识。与此对应的是,一些商业性的报刊话语如"顾客""广告""报业托辣斯",以及技术性的新闻专业术语,如"记者""采访"等也逐渐多了起来,一定程度上可以说新闻话语实践的变迁印证了近代新闻知识专业化的发展进程。

于张友渔而言,近代新闻知识的"西学东渐"和专业化,不仅让他在少年时期对新闻产生了兴趣并进入报业,也让他能够保持兴趣进一步学习专业的新闻知识。如他所言,他刚接触报纸的时候,自己还只是有着用报纸改良社会的理想,并不具备新闻知识。到北京读大学的时候,为了维持生计他开始给多个报刊写稿,"但由于没有新闻专业知识,他很难胜过专业记者,不能写新闻,只能写杂文"③。因此,在新闻知识

---

① 诺曼·费尔克拉夫. 话语与社会变迁 [M]. 殷晓蓉,译. 北京:华夏出版社,2003:187-189.
② 涂凌波. 现代中国新闻观念的兴起 [M]. 北京:中国传媒大学出版社,2016:266.
③ 王迪. 张友渔传 [M]. 北京:北京出版社,1989:30.

引入阶段，以梁启超、孙中山为代表的改良派和革命派，在政治和新闻方面都倾向于政治目标，强调将报纸作为宣传政治和启发民智的工具。从张友渔回忆录的字里行间可以看到，对正处在新闻思想发蒙时期的他而言，梁启超、孙中山等人对报刊的改良、革命功能和宣传的重要性的赞誉和阐述以及二人的新闻实践活动，特别是"喉舌论"的论述，促发了他对新闻功能性的向往和对政治性报刊话语的认知。其后，当新闻开始以技术性和商业性的形式出现时，新闻知识逐渐向着一种"明确知识"的方向发展。据张友渔表述，他虽然一直从事报人工作，但不满足于报刊实践的经验性知识，而是对新闻学研究充满了兴趣，"却一直没有时间也没有机会研究新闻学，到了日本终于有时间研究了"①。可见，张友渔具有长期接触新闻工作的环境和实践机会，受到了新闻职业化氛围和报纸大众化浪潮的影响，浸润在技术性的语言环境与话语秩序之中，在赴日攻读新闻学研究生后，更是收获了更为系统和专业的新闻知识。20世纪30年代之后，张友渔的新闻学论文呈现出一定程度的学理性。可以说近代中国新闻知识"西学东渐"的过程对张友渔产生了极大的影响，催生了他借助报纸改良社会的政治理想，推进了他对报人身份的职业认同，也激发了他对新闻学理层面的求知欲，使他收获了更为专业系统的新闻知识。

二、从"文人论政"到"文人办报"的传统延续

文人论政的传统古已有之，古代士大夫便提倡"天下兴亡，匹夫有责"。在近代中国士大夫向知识分子转型的过程中，报刊也出现了新的政治气象。"在晚清的社会转型时期，知识分子中传统的庙堂意识开始动摇，现代广场意识和民间岗位意识逐渐成为知识分子的主导价值观。"②

---

① 王迪. 张友渔传[M]. 北京：北京出版社，1989：74.
② 张涛甫. 报纸副刊与中国知识分子的现代转型 以《晨报副刊》为例[M]. 桂林：广西师范大学出版社，2007：14.

文人也从最初借助报刊这种载体来抒发言论、评议时政，发展到自己办报，掌握宣传工具，对政府进行舆论监督，借以匡扶社会，实现自己的理想抱负。可以说从"文人论政"到"文人办报"是中国近现代新闻史上颇为值得关注的现象和传统。因此考察从"文人论政"到"文人办报"的传统延续，以及报刊政治意识与政治话语的凸显对近代中国新闻事业的影响，是理解张友渔报刊活动和新闻思想的重要背景材料。

在近代中国从"文人论政"到"文人办报"传统延续的过程中，有诸多内外因素的共同推动。"从内因上讲，它与中国知识分子所独有的清议传统密不可分，这源于儒家的文化传统和这一传统孕育出的入世精神；从外因上讲，它又与西学东渐引入的自由主义报刊理念密切相连，这些理念被一部分先进的中国人所接受，并成为他们手中锐利的思想武器。"[①] 其中，王韬主持《循环日报》立言议事，博采舆评，开创了近代中国文人论政的先河；康有为、梁启超本着士大夫精神，以政治家的身份办报，"以言论动中国"，推进了报章文体改革；"癸丑报灾"导致报刊言论迅速退化，文人论政传统一时陷入低谷；五四新文化运动兴起之后，知识分子以笔为武器，以报刊为言论阵地，为思想解放而战；张季鸾的《大公报》和储安平的《观察》则让文人论政传统发展到高潮，"近代中国的知识分子一直秉持着'以天下为己任'的精神，怀揣儒家'君子群而不党'的理想，个人主义色彩浓厚，论政而不参政，企图以文章报国，以言论救国，像接力棒一样不绝如缕地继承了言论传统"[②]。从"文人论政"到"文人办报"的演进记录并反映了近代中国社会变迁的进程、报刊政治性话语的兴起，以及先进知识分子不畏强权、勇于建言，以报刊为阵地，以一己之力改良社会的决心和勇气。他们的批判性思想化为具有强大冲击力的武器，救亡思想、国家意识、民族观念成为人心所向的潮流，影响了社会生活的各个方面。"作为批判社会当权的、

---

① 袁新洁. "文人论政"传统形成的原因及其主要表现[J]. 社会科学家，2010（1）.
② 李金铨. 文人论政－知识分子与报刊[M]. 桂林：广西师范大学出版社，2008：3-4.

陈腐的、反动的势力之强大武器，新思想、新意识形态为革命制造了新鲜的社会氛围。"① 此外，"文人论政"传统还促进了近代中国报业的发展，推动了新闻业务的改革，对后来的新闻从业者起到了一定的示范作用。

在近代中国"文人论政"传统的感召之下，张友渔实现了从"投稿人"到"总主笔"再到"办报人"身份的转换，开启了办报立言、言论救国的新闻生涯。据张友渔回忆，当时的读书人普遍都有论政议政的风气，他认为"这种关心政治的风气，在当时相当普遍，也有一定的社会历史根源。清末，改革科举制度后，废除八股，考试'经义'，曾增加'策略'。因此，读书人里头普遍注意研究政治时事。我也成为家乡中关心时局的知识青年队伍中的一员"②。在每日读书看报时，他爱读杂文和社论，"对时事政治和社会问题产生了浓厚的兴趣，读了《康梁文集》，又读康有为的《大同书》，梁启超的《饮冰室合集》，康梁二人关于时政的讨论对他影响极大"③。受到文人论政之风的影响，张友渔"开始用改良主义的思想分析政局，忧国忧民，看报、思考时局问题成为他生活中的重要部分"④。于他而言，文人论政传统及其所衍生的现代知识分子精神一方面开拓了他的视野，培养了他关心时政的兴趣，影响了他的职业选择；另一方面，近代"文人论政"和"文人办报"的成功实例，则为他思想的前后变化，特别是新闻观念的进步提供了具有典型意义的现实模板和理论源泉。首先，受论政风气的熏陶，张友渔尤为强调社论的重要性。他认为社论是论及时事且有所解释、批判、主张的论评，在报纸栏目中所占的地位，有时较之新闻记事更为重要。社论代表了报社意见，表现报纸的个性精神，是社会立场的喉舌。这与"文人论政"传统中重视"议"胜而非以"事"长，将报刊言论置于报纸醒目

---

① 李新颖. 解析中国近代报刊的"文人论政"[D]. 哈尔滨：黑龙江大学，2008.
② 张友渔. 报人生涯三十年[M]. 重庆：重庆出版社，1982：2.
③ 王迪. 张友渔传[M]. 北京：北京出版社，1989：12—13.
④ 张友渔. 报人生涯三十年[M]. 重庆：重庆出版社，1982：2.

位置，聘请文笔出色、擅于言论的文人主笔，并作为衡量报纸质量的惯常做法不谋而合。其次，"文人论政"中对言论自由权利的争取让张友渔深受触动。从"文人论政"到"文人办报"是一个曲折的过程，"癸丑报灾""报禁言禁"、新闻检查等无一不是新闻自由的阻碍，当时的文人也做出了反抗。张友渔也在多篇文章和回忆录中表达了对新闻自由权利的呼吁和对文人反抗新闻统制的支援。在"文人论政"的传统下，张友渔更为重视新闻所产生的社会效益，而对经济利益不那么看重。从1905年废除科举制度到五四新文化运动，是传统士大夫向现代知识分子过渡的重要阶段。一方面，文人对西学知识和西方文化兼收并蓄；另一方面，"天下兴亡，匹夫有责"的士大夫意识仍有所保留。无论是论政还是办报，文人的目的并不在于谋取利益，而在于救亡启蒙。张友渔亦是如此，在回忆录中，他谈到自己作为中共地下党员为了传播革命思想而论政办报，"顶着多重压力离开《世界日报》，丢掉了自己主要的薪金收入，接手了靠自己出钱经营、没有分文薪金的《国民晚报》"[①]。可见，受从"文人论政"到"文人办报"的影响，张友渔产生了关心政治时局的兴趣，甚为重视报刊社论的批判性和斗争性，希望以社论来表现报刊的个性精神。而受到论政传统的影响、为争取言论自由而不懈斗争的风气感染和政治性话语的浸润，张友渔试图以报刊为斗争武器，为新闻自由权利奔走疾呼。"文人办报"的风尚同样也促使张友渔展开实践效仿，并切身体会到报刊的阶级斗争武器性质，进而以此为线索进行了深入的思考和探究。

三、近代的民族主义意识逐渐凸显

民族主义是对近代中国影响较大的社会思潮，近代中国知识分子通过运用民族主义不同的功能类型，凸显不同的话语取向，或是激发爱国

---

① 王迪. 张友渔传[M]. 北京：北京出版社，1989：41.

热情，或是传播革命意志，或是尝试建立新国家的概念。正如本尼迪克特·安德森在《想象的共同体：民族主义的起源与散布》中所提出的："民族是一种想象的政治共同体，被设想为一种深刻的，平等的同志爱，驱使着人们甘愿为这个有限的想象去屠杀或从容赴死。"① 在经历了近代中国的历史变局之后，"不仅是受西方外族入侵的刺激，更重要的是国家内部的自我意识的全面改革，'民族主义'的概念从'排满'的小民族主义发展到'建立现代国家'理念，再到国共两党对其背后所选择的意识形态差异"②。由此所带来的近代民族主义话语得到了阶段性的不同诠释与凸显。具体来看，从"华夷之辨"的传统观念到冯桂芬的早期民族意识萌芽，到梁启超首次提出"中华民族"的概念，再到孙中山谈及"民族革命"，大致可以勾勒出民族主义话语在近代中国的凸显和变迁。1920年以后民族主义的取向出现了分化，其中马列主义思想强调将民族主义与无产阶级革命联系起来。因此，民族主义话语的凸显为张友渔将报刊与革命联系起来参与阶级斗争的理念提供了正当性。

中国近代民族主义形成于20世纪初，是在中国传统民族主义和西方近代民族主义的基础上发展起来的。在经过梁启超、章太炎和孙中山等先进知识分子的接受和改造之后，民族主义从单一的强调"夷夏大防"的传统春秋大义，一度在"排满"和"合满"的狭隘民族主义情绪之间争论不休，发展到逐渐形成了建立现代独立、民主和多民族国家的共同愿景。而其中传播媒介与民族主义是相伴相生的，二者之间存在诸多互动关联。一方面，如安德森所提出的："印刷技术的突破是民族主义产生的助推器，18世纪初兴起的两种想象形式——小说与报纸——为重现民族这种想象的共同体提供了技术手段。"③ 马歇尔·麦克卢汉

---

① 本尼迪克特·安德森.想象的共同体：民族主义的起源与散布[M].吴叡人，译.上海：上海人民出版社，2005：5-7.
② 胡婉庭.近代中国"民族主义"一词的兴起与演变——以1901至1935为限[J].东亚观念史集刊，2012（6）.
③ 本尼迪克特·安德森.想象的共同体：民族主义的起源与散布[M].吴睿人译.上海：上海人民出版社，2005：26.

也认为："印刷术在 16 世纪造就了个人主义和民族主义。"[①] 另一方面，作为在近代中国兴起的一大主流社会思潮，民族主义情绪的高涨和民族主义话语的凸显也促进了新闻观念和近代报刊唤醒国民、救亡启蒙的功能转向。在民族主义话语中，"民族自我反省与理性批判是（一国）历史走向世界历史之后出现的一种思想文化现象，它往往与一些民族国家的思想启蒙运动或者重大灾难引起的广泛群众性反思活动联系起来"[②]。在内忧外患的夹击中，民族危机通过报刊的话语表述和扩散传播不断被放大，刺激并警醒了国人，也唤起了爱国主义热情和救亡启蒙意识。与此同时，民族主义话语的导向对近代中国报刊政论的肇兴起到了助推作用。可见"近代报刊的起源与发展，为民族主义传播提供了现实基础和载体平台，其时空转换和时空想象同时也催生了民族观念和国家观念的形成，新知识分子们则通过报刊进行民族国家认同的观念启蒙和舆论造势"[③]。民族主义"想象共同体"的构建和民族主义话语的凸显则对报刊功能的"过渡"和拓展，以及新闻观念取向的重心从政治改良转移到救亡启蒙起到了推动作用。

近代民族主义思潮的勃兴和报刊民族主义意识的凸显对张友渔新闻思想的影响极深。据张友渔回忆，他一直关注国内外形势，"九一八"事变后，"他在日本更为关注社会情况和革命运动情况，同时注意收集日本政治、经济和社会情况的资料，研究日本革命运动的形势和问题，并为报纸写日本问题的社论和通讯，在燕京大学等学校讲授日本问题"[④]。在民族主义的影响下，张友渔以报刊为革命斗争的武器，以文章口号号召民众团结抗日，此类较为通俗的易于传播的民族主义话语主要以张友渔最为擅长的社论和通讯的形式呈现，《不图自强必沦胥以

[①] 马歇尔·麦克卢汉. 理解媒介：论人的延伸［M］. 何道宽，译. 南京：译林出版社，2011：17.

[②] 周建超. 近代中国"人的现代化思想"研究［M］. 北京：社会科学文献出版社，2010.

[③] 姜红. "想象中国"何以可能——晚清报刊与民族主义的兴起［J］. 安徽大学学报（哲学社会科学版），2011，35（1）.

[④] 张友渔. 报人生涯三十年［M］. 重庆：重庆出版社，1982：11.

亡!》《认清敌军主帅!——整个的日本统治阶级》《"谨防扒手""勿遭暗算"!!》等是颇具代表性的作品,它们均刊登于《世界日报》等大报上,以较为通俗的形式向民众宣传抗日救亡。这些都是对近代中国民族主义思潮的回应。在学理层面,张友渔对民族主义问题的分析主要是通过研究中外历史以及日本问题展开的,探讨的是民族兴亡存续之道。张友渔有关民族主义问题的论述多集中于抗日战争时期,主要源于孙中山的三民主义思想,特别是反帝反封建,以建设民族国家为目标的成熟的民族主义思想。《辛亥革命与"日本"》《和平招牌从此粉碎》《要把"东亚新秩序"打成齑粉》《三年来的敌国政潮》等作品是其中的代表作。张友渔站在历史唯物主义的立场,运用阶级分析的方法揭示了帝国主义的威胁,以及社会各阶层的矛盾根源和民族主义斗争深刻化的原因,反映了他作为"先知先觉"的知识分子对近代民族主义这一时代主题的思考和对救亡图存问题的关注。

四、宪政运动推进民主法治思想的启蒙

清末民初的中国正处于前所未有的大变局时期,内忧外患一齐袭来,反帝反封建的双重任务推动着中国蹒跚前行。这一时期各类社会思潮勃发,多种中西文化剧烈碰撞、交融,社会阶级加速分化,民众参政意识增强,宪政运动也随之兴起。近代报刊的发展过程正好与之契合,"民主""自由""人权""共和"这些关键词频繁见诸报端,对于促进近代中国的立宪思想转化为宪政思潮起到了重要作用。宪政运动和立宪思想也借助报刊宣传得以兴盛,催生了政党报刊的改革、时代主题的拓展和社会的变革,推动了民主法治思想的启蒙。

张友渔认为,宪政即民主政治,其主要特征是确立宪法规定国家体制、政权组织以及政府和人民相互之间的权利义务关系,使政府和人民都在这些规定之下享受应有的权利,承担应尽的义务。宪政运动要求实现民主政治的运动。一般来说,宪政运动的产生是以社会内部的资本主

义成分为存在和发展的基础的,它主要取决于内在因素,外来力量则起到了加强或诱导内在因素产生的作用。不同于资本主义社会,近代中国作为一个半殖民地半封建国家,资本主义成分还没有发展到足以冲破封建制度桎梏的程度,帝国主义势力就已开始入侵。在张友渔看来,近代中国的宪政运动,一开始便包含着反封建和反帝国主义的双重意义。可以说近代中国的宪政运动既是民主革命运动,又是民族革命运动。可以看到,从"百日维新"诞生的君主立宪梦与民主共和"宪政蓝图"革命主张之间的激烈论争,到军阀混战时期"立宪"和"毁宪"的继承与背弃,又到试图移植西方制度建设联邦制、省宪和"联省自治"所遭遇的失败,再到南京国民政府沿着"军政""训政""宪政"的路线设计所造成的党治独裁与矛盾混乱,近代中国的宪政运动在不断的探索与挫败中落下了帷幕。

尽管近代中国的宪政运动曲折反复,但其所引发的思想启蒙却深入人心,报刊在其中扮演了至关重要的角色。前面谈到,宪政运动和立宪思想借助报刊宣传得以兴盛,转化为当时的社会思潮,其也催生了政党报刊的改革、时代主题的拓展和社会变革。在宪政运动与报刊宣传的互动过程中,也促进了思想启蒙和制度改革,主要体现在三个以下方面。

首先是人民权利意识的觉醒。在传统中国社会,权利概念早已存在,但在封建制度的强力压制下,人民的权利意识普遍淡薄。随着晚清的西学东渐,西方民主自由的权利观念和法学知识开始传入国内,早期的先进知识分子如严复对西方资产阶级"天赋人权"的学说极为推崇,通过《国闻报》等平台批判封建专制,传播民权思想,以鼓吹维新变法。之后,"梁启超在《新民丛报》发表《新民说》,首先将国民权利思想与国家法律的发展联系起来,认为只有有了发达的权利思想和意识,才有强盛的立宪国家"[①]。总之,20世纪初的启蒙思想家们多以报刊为

---

① 殷啸虎. 近代中国宪政史[M]. 上海:上海人民出版社,1997:26.

媒介平台介绍西方宪政制度，试图唤起人民的权利意识，以培养具有现代性的合格公民。

其次是对民主自由理念的倡导。民主自由理念是近代中国宪政运动中的一项重要内容，也是国民应有的基本条件，其是被作为反对封建专制的思想武器而通过报刊平台进行广泛传播的。在封建统治之下，民主自由平等是难以存在的。随着宪政运动的展开，平等自由的主张逐渐通过报刊的传播深入人心。《国民报》刊登的《说国民》一文较早地提出要摆脱"君权"和"外权"与"无自由之精神者，非国民也"。《新民丛报》刊登的梁启超《新民说》一文则将自由分为政治自由、宗教自由、民族自由和经济自由。到了邹容的《革命军》，他把民主自由视为革命的基本目的。"不自由，毋宁死！"在近代中国宪政运动中，民主自由的思想极具影响力，对于唤醒国民精神发挥了积极的意义。

最后是法治思想的萌芽。宪政的要义系于民主，法治的基石在于民主。民主不是一句口号，而是按照多数人的意志来统治管理国家，公民应该是国家的主人。尽管法治并不等于整个民主政治，但它不仅是民主政治的一种表现形态，更是其重要属性之一。中国自古以来便存在着"人治""法治"的论争，实际上在君主专制政权之下，"法治"不过是帮助君主进行"人治"的手段。在宪政框架内，法治成为维护人民基本权利，保障民主自由的方式。启蒙思想家们以报刊为阵地，宣传先进的法治思想，向公民普及法律常识，同时也因为有法治作为武器，新闻自由才有了实际保障。

近代中国的宪政运动和立宪思潮也影响了张友渔关于新闻自由权利、统制新闻和新闻法制等问题的看法。鸦片战争以后，士大夫开始向近代知识分子转型，在立宪思潮的影响之下，"他们一方面将报刊作为政治动员的一种手段，因此近代中国具有政党机关报性质的报刊在立宪时期得以出现"[1]；另一方面，西方宪政思想中关于言论自由、民主人

---

[1] 邵志择. 近代中国报刊思想的起源与转折 [M]. 杭州：浙江大学出版社，2011：199.

权的政治话语，以及通过公众舆论监督政府的理念，逐渐成为知识分子的共识。他们也尝试在政治权力之外开展报刊活动，以民权政治为基础，对政府权力进行监督。在张友渔看来，宪政作为民主政治，包含了宪法、民主、法治和人权四个要素。因此，有别于单纯呼喊新闻自由的口号，张友渔将新闻自由权利看作人权的重要组成部分来分析，并将新闻自由权利与宪法的制定和实施以及宪政运动的发展进程联系起来，认为个人须在以宪法为根本大法的范围内权衡自己的权利与义务，充分估量自己的行为可能产生的后果之后再作出决策。他看待新闻法制的保障与实施也是如此，倡导要以宪法为依托、以宪法为基础来制定具体的法律和规定。张友渔还在宪政思想框架内，以民主自由为核心，以法治为基础，以保障人的权利为目的，将新闻作为一种工具和武器展开探讨。正如他所言："宪政是'血'和'力'的结晶，宪法中关于人的权利的规定只有经过强力的斗争，才能将握着独裁权力、可以毫无拘束自由行动的统治者给打倒，使他让步，而新闻报刊，正是其中一把锋利无比的刀。"①

五、社会主义思潮的传播与兴起

社会主义思潮的产生促使无产阶级新闻学开始勃兴。中国在巴黎和会上的外交失败，使民族危机与国际矛盾不断加深，西学东渐以来中国知识分子对西方世界政治体系和社会文化的兴趣与信任也受到影响。"批判西方理念与思想成为当时的风气，社会主义吸引人的地方，在于能够提供摒弃'中国昔日传统和西方今日操纵'的实践思想。"②而俄国布尔什维克革命胜利的鼓舞，苏俄主动友好示意，以及列宁理论的引介，使社会主义思潮很快在中国知识界兴起，一批激进的民主

---

① 张友渔. 宪政论丛（上）[M]. 北京：群众出版社，1986：68—69.

② Martin Bernal, *Chinese Socialism to 1907* (Utica, 1976), 111, 137; Maurnce Meisner, *Li Ta-chao and the Origins of Chinese Marxism* (Cambridge, Mass., 1976), 100.

主义者迅速转向社会主义，中国的共产主义运动得以开展，中国共产党也旋即成立。在此情势下，"中国共产党迫切需要自己的新闻舆论工具来传播马克思主义思想，发动和组织工人运动，无产阶级新闻正是在这样的时代浪潮中应运而生的"[①]。随着无产阶级新闻学的勃兴，"阶级斗争""武装斗争"等援引苏俄的革命话语得到了广泛的传播与接受。

有别于西方新闻学术研究传统，在社会主义思潮的影响下，随着中国共产党的成立，无产阶级新闻学被作为指导无产阶级新闻事业的理论纲领而产生，在此过程中，一批早期接触马克思主义的知识分子扮演了引介者与阐释者的角色。在近代中国，"各种外来思想对传统文化和知识造成冲击，也带来传统与改革的论战争辩。知识分子成为变革的最重要的代言人，而由于意识形态、知识、文化、社会和政治路线的不同，1910—20年代他们逐渐明显分化"[②]。其中，马克思主义的信奉者是以李大钊、陈独秀为代表的一批知识分子，他们最早尝试运用马克思主义的观点、理论开展报刊活动，研究新闻现象，这也成为无产阶级新闻学萌发的契机。第一次国共合作失败以后，中国共产党面临发展困境，亟待一套具有实际指导意义和自主性的革命理论。在此形势之下，"马克思主义中所强调的阶级斗争和武装斗争，以及面对资产阶级国家及帝国主义的批判所延伸出来的革命论述，终于开始由理论层面落实到实务层面"[③]。而报刊因为特有的"喉舌"功能，与阶级斗争建立了紧密的联系。此后，"随着左翼文化运动的深入，1931年10月上海成立了中国第一个研究无产阶级新闻学的群众组织——中国新闻学研究会，并且注重宣传革命的新闻理论和实践，尝试建立无产阶级新闻学"[④]。"如何运用马列主义进一步考察新闻现象，改变已有新闻观念，树立新的新闻观

---

① 丁淦林. 中国新闻事业史[M]. 北京：高等教育出版社，2002：199-200.
② 邹谠，著；甘阳，编. 中国革命再阐释[M]. 香港：牛津大学出版社，2002：7.
③ 李英明，赖皆兴. 中共国家观念的建构：从建党到延安整风时期[J]. 展望与探索，2006(2).
④ 张保安. 新闻学概论[M]. 北京：北京广播学院出版社，1985：11.

念,建设马克思主义新闻学理论也提到议事日程上来,因而在此时期马列主义与党报工作的相结合,成为这一阶段的明显趋向。"① 此后,由于时局的转变,新闻报刊的主题转向抗日救亡,新闻学研究的重点也转向战时宣传。到了1942年,延安整风运动又将马列主义与革命斗争经验正式结合起来,强调以理论联系实际,确定了以"全党办报"为核心的无产阶级新闻学。"这不仅标志着无产阶级新闻学理论的形成和成熟,还代表以中共党报理论为核心的无产阶级新闻学理论,扩展至全国,并成为中国新闻学研究的主导范式和主流框架。"②

据张友渔回忆,当时的社会主义思潮的影响力很大,"在五四运动之中,自己就已接触过社会主义,还了解过马克思主义小组的情况,对他们的活动很钦佩,但当时马克思主义著作有限,自己了解不够,思想上还有距离"③。到北平上大学之后,张友渔参加了一些爱国反帝运动,与中共党员有所接触,接着加入中国共产党,对马克思主义的了解更为深入。三次赴日学习新闻学理论和阅读马列主义论著则让张友渔收获更多,并开始关注和研究无产阶级新闻学。可见社会主义思潮和随之兴起的无产阶级新闻对张友渔的影响颇深,首先便是促使他萌生了新闻思想的阶级性观点。在信仰马克思主义之前,张友渔受到中国传统封建思想和改良主义的影响,很长一段时间内他都认为报刊是超阶级性的,对于"阶级""斗争"等话语和理念的接触、理解比较有限。赴日学习新闻学理论和马列主义的经历,特别是与"阶级斗争学说"的接触,以及从"投稿人"到"总主笔"再到"办报人"的长期报刊实践和革命斗争过程,让张友渔逐渐认识到新闻阶级性质的存在。在张友渔看来,这种新闻阶级性质的存在可以为报刊提供参与和帮助革命斗争的力量,他遂将此观念贯穿于各类新闻作品之中。其次是张友渔新闻思想的实践性较为

---

① 马光仁. 上海新闻史(1850—1949)[M]. 上海:复旦大学出版社,2014:647-648.
② 董浩,骆正林. 我国新闻学研究的百年历史回顾与当代发展阐释——兼论我国新闻学研究的三种传统[J]. 新闻界,2019(6).
③ 陈荷夫. 张友渔回忆录[M]. 北京:北京大学出版社,1990:30.

突出，他将新闻理论与报刊实践紧密联系起来。可以看到，无论是研究新闻理论，还是针对新闻现象所作的媒介批评，张友渔都坚持唯物主义反映论的立场，从事实出发。最后张友渔明确了思想上的斗争性。如果说张友渔早期受到梁启超"喉舌论"的影响，在接触新闻报刊的时候，认为报刊是揭露社会黑暗、改良社会和参与政治的工具，具有思想战斗性的雏形的话，那么待他投身无产阶级新闻之后，对报刊战斗性的认知则表现得更为明显。一方面，单从张友渔的新闻作品特别是各类社论的标题来看就极具鼓动性，比如《起来！为争取人身自由而奋斗！》《为主义而战！》《打碎法西斯式的出版法！》等，通篇内容强调的都是针锋相对的斗争。另一方面，张友渔擅长利用社论、通讯展开分析批评，强调增强报刊的战斗力量。因此，社会主义思潮的传播与兴起极大地影响了张友渔新闻思想的发展。

第二节 张友渔新闻思想的具体来源

通过对作品的文本分析和对回忆录的梳理，可以发现张友渔的新闻思想不是由一个个孤立的、单一的观念单元所构成的，而是与近代中国的社会思潮和文化语境相连共通，一些时代思想观念则为他的思想生成提供了具体的理论来源和观念基础。

一、学习传统文化，提供知识储备

据张友渔回忆，"他五岁起便开始跟着父亲在私塾读书，从启蒙的《三字经》《百家姓》《千字文》开始读，受到孔孟之道影响不少"[①]。七岁时张友渔迷上了《水浒传》和《三国演义》等小说，还在课间给同学

---

① 张友渔. 报人生涯三十年[M]. 重庆：重庆出版社，1982：78.

们"说书"。再大一些，张友渔开始阅读四书五经、十三经、二十四史、诗词等，对"义理之学""考据训诂之学"两个学派的异同也有自己的见解。由于不赞成程朱学派，他还很喜欢看批评程朱学派的文章，在这些方面下了很大的功夫，还模仿经典撰文，被私塾同学公认为有"庄烈之风"。到了十二岁时即代替父亲在私塾教书，他在《报人生涯三十年》中回忆道："我后来所以能够用文言给报纸写社论，虽得益于以后的学习，但也得益于童年时期打下的基础。"① 在《当我年轻的时候》一文中，他也认为："实际上，我现在所掌握的一些知识和本领，主要还是靠自学得来的。我的知识、学问，好多是从旧纸堆中得来的。"② 由此可见，童年时期从传统文化中获得的知识极大地影响了张友渔的思想。

更为重要的是，从传统文化中提炼出来的一些话语所引发的思考具有衔接性，成为张友渔步入人生新阶段后接受其他思想的先机。据张友渔回忆，他不得不在幼年时就阅读四书五经，"童年的历史背景和社会环境让他忧国忧民，开始读到《论语》《孟子》之时，认为孔孟之道可以救国。孔子的有关'治国安邦'的见解，尤其是孟子的'民为贵，社稷次之，君为轻'的言论让他很是信服"③。张友渔幼年读书时，正值晚清理学复兴，颓败不堪的清政府便推行程朱理学来立朝纲、序尊卑，将其作为挽救王朝危机和败亡的思想武器。张友渔谈及自己很不喜欢宗儒的理学，尤其是程朱理学，其中的"存天理，灭人欲"，以及伦理道德中的"三纲五常"在他看来都是迂腐的不切实际的东西，他更认同明末清初三大思想家顾炎武、黄宗羲、王夫之的观点。像黄宗羲斥君主专制为"天下之大害"，提出"治法而后治人"的民本思想，顾炎武的"引古以筹今""天下兴亡匹夫有责""因事以制宜"，提出以"众治"代替"独治"，以及王夫之的"平天下者，均天下而已"等关于平等自由、反对专制的主张，"都激发了他很大的兴趣，进而爱读康有为、梁启超

---

① 张友渔. 报人生涯三十年［M］. 重庆：重庆出版社，1982：1-2.
② 陈荷夫. 张友渔回忆录［M］. 北京：北京大学出版社，1990：24.
③ 陈荷夫. 张友渔回忆录［M］. 北京：北京大学出版社，1990：29.

的著作，促使他得以迅速接受改良主义思想"[①]。此外，不同于程朱理学所倡导的"天理""天道"的唯心主义思想，顾炎武、黄宗羲、王夫之等人的思想主张均带有辩证唯物主义色彩，特别是王夫之作为早期的朴素唯物主义者，反对"生而知之"的先验论，提倡通过后天学习观察事物规律，进而认识世界的辩证唯物主义反映论，也为张友渔改变已有的部分认知，转向马列主义与共产主义提供了思想储备。

张友渔的另一个重要的思想来源则是传统文化中的"经世致用"之学。张友渔谈到："自己从小就注意'经世致用'之学，总想在书中找到解决现实问题的答案，这也让他学习注意联系实际。"[②] "经世致用"本是先秦儒家的传统命题，是"修身齐家治国平天下"的政治关怀在思想史上的体现。"经世致用"的概念最早也是由顾炎武、黄宗羲和王夫之等人提出来的，他们倡导关注社会现实，以治事、救世为急务，运用所学知识解决实际问题，反对当时的伪理学不切实际的空虚之见。但在当时的高压政策之下，词章、考据、训诂之学凸显，"经世致用"之学逐渐淡化。到了晚清，清王朝已陷入风雨飘摇之时代危局，为了维护封建统治，经魏源、龚自珍、林则徐等人以及洋务派的大力推崇，"经世致用"思潮再度兴起，成为两次鸦片战争期间的主导思想。"不仅如此，从龚自珍、魏源，到梁启超、康有为、章太炎，都是在'经世致用'的观念影响下，注重事实、历史、经验，主张改革、变法、革命。他们的思想和实践都可以看作是中国这一传统在近代特定条件下的继承和发扬。"[③] 张友渔童年时期正处于政治风云汹涌、国家民族危急的时刻，有志之士都在寻求救亡图存的正确道路，他也不可避免地被卷入时代的旋涡，深切关怀民族命运、国家前途，从小就认同并信奉"经世致用"之学。受此影响，他读书注重联系实际，期望在书中找到解决现实问题的答案，成为报人之后他更加密切注意联系现实社会问题和政治问题。

---

① 陈荷夫. 张友渔回忆录［M］. 北京：北京大学出版社，1990：26.
② 陈荷夫. 张友渔回忆录［M］. 北京：北京大学出版社，1990：26.
③ 李泽厚. 新版中国古代思想史论［M］. 天津：天津社会科学出版社，2008：232.

为了作出正确的判断，寻求有效的答案，他也更积极、更自觉地去学习更多的知识，更为仔细、深入地观察社会现象，研究现实问题，展开新闻实践，提炼归纳新闻思想。他说：

> 学习是为了"致用"，为了工作，为了战斗，为了写出更多更好的文章。而为了工作和战斗更有成效，就需要更多地占有多方面的知识。学习、思考、写作，循环往复，互相促进，每一循环，就必然会向更深更广的领域发展。所以许多同志说我很"博学"，其实就我自己看来，我的学问是新闻记者的水平，博，也许是博，但并不怎么深，不怎么专，用古人的话说是，"袜线之学"不成系统。①

传统文化中一些关于读书和思考方式的经验还帮助张友渔养成了固定的学习和行为习惯，这也成为他在今后的人生中学习新事物、接受新思想、结合现实进行再创作的基础。"'学而后知不足'的道理让他不管读任何书都会提出问题，并且喜欢做翻案文章，不固守陈词旧套，总想有所创新，因此无形中使其知识面愈来愈广，理解程度愈来愈深。"② 此外，"中国对于言论的控制历来严苛，从张友渔对'新闻是阶级斗争的武器'的相关论述中可以看到，其或多或少反映了中国传统文化关于言论自由的消极意识，张友渔无法不打上封建统治文化的思想印记"③。

总的来看，无论是传统文化本身所提供的基础知识，还是与之相关的具有时代衔接性的传统命题，以及古代文人的一些关于读书方式的经验，都对张友渔的人生和思想产生了极大的影响。

---

① 天津人民出版社，编；张友渔，等著. 当我年轻的时候 [M]. 天津：天津人民出版社，1982：7.
② 陈荷夫. 张友渔回忆录 [M]. 北京：北京大学出版社，1990：25.
③ 戴元光，等. 20世纪中国新闻学与传播学（传播学卷）[M]. 上海：复旦大学出版社，2001：74—75.

二、对旧民主主义思想的选择性吸收

对旧民主主义思想的选择性吸收推动了张友渔的报刊实践和新闻思想的生成和发展。张友渔认为，以康有为、梁启超的改良主义思想以及孙中山的三民主义为代表的旧民主主义革命思想对青少年时期的他影响很深。他回忆自己读完了《康有为文集》，又读《大同书》和《饮冰室合集》，"不仅被康有为、梁启超的锋利文笔所折服，并且深信他们的改良主义思想，开始注意时事，用改良主义的思想分析时局，忧国忧民"[①]。改良派的变法维新思想是一种温和的自由主义思潮，康有为、梁启超作为其中的代表人物，他们对西方民主宪政思想的理解和转述为张友渔提供了新闻自由和新闻法制观念的启蒙，二人的报刊活动"则让张友渔认为通过报端披露社会之黑暗，是改良社会的一个重要途径，需要作长期努力"[②]。而新闻"喉舌论"的观点则成为"阶级斗争武器说"直接的思想近源。孙中山的三民主义思想中有关民族主义的表述和民权问题的认知则为张友渔的新闻自由主张奠定了基调。

康有为作为晚清的重要思想家，是资产阶级改良派的核心人物，他个人拥有一个较为完整的改良主义思想体系，主要包括维新变法思想、托古改制的学术思想、大同思想和哲学观点。"他装在今文经学公羊三世说的套子里的历史进化论的社会发展观点、美化在大同空想理论里的大胆的资产阶级人权平等的政治道德学说，是改良主义思想理论的精髓所在，有着丰满的反封建的启蒙主义的光辉内容。"[③] 对童年时期的张友渔而言，与顽固派的盲目排外保守相反，康有为的论说打破了当时封建统治高压下的思想桎梏。一方面，虽然康有为没有提出阶级对立和阶级斗争的观点，但他关于人权平等、政治民主的大同观念为张友渔研究

---

① 张友渔. 报人生涯三十年[M]. 重庆：重庆出版社，1982：2.
② 王迪. 张友渔传[M]. 北京：北京出版社，1989：21—22.
③ 李泽厚. 中国近代思想史论[M]. 天津：天津社会科学院出版社，2003：66.

人权、宪政和民主问题埋下了思想的种子。另一方面，康有为运用报刊宣传变法维新、救亡图存的做法，以及倡导言论自由的思想也令他深受感染。在《上清帝第二书》中，康有为引经据典提倡开设报馆、开放言禁，并肯定了报纸有益于清议和改良社会的作用：

> 《周官》"诵方"、"训方"，皆考四方之慝，《诗》之《国风》《小雅》，欲知民俗之情。近开报馆，名曰新闻，政俗备存，文学兼存，小之可观物价，琐之可见土风。
>
> 清议时存，等于乡校，见闻日辟，可通时务。外国农业、商学、天文、地质、教会、政律、格致、武备，各有专门，以为新报，尤足以开拓心思，发越聪明，与铁路开通，实相表里，宜纵民开设，并加奖劝，庶裨政教。①

不同于康有为，梁启超对后世的贡献和影响力主要在于他的启蒙宣传思想。李泽厚认为："梁氏之所以更出名，对中国知识分子的影响更大，主要还是戊戌政变后到1903年前梁氏在日本创办《清议报》、《新民丛报》，撰写了一系列介绍、鼓吹资产阶级社会政治文化道德思想的文章的缘故。"②梁启超有意识地广泛介绍了西方资产阶级的各种理论学说，涵盖科学、文艺、历史、教育等多个方面，乃至资产阶级的世界观、人生观、价值标准和社会思想，并且通过他特有的"笔锋常带感情"的语言表达出来。梁启超引导当时的人们，特别是青少年群体，应该注意和吸收资产阶级思想中的哪些精华，反之应该扬弃封建文化中的哪些糟粕，率先打开了他们的视野。鲁迅、胡适、郭沫若等知识分子都曾表示他们受过梁启超思想的"恩惠"，进而走上全新的人生征程。同他们一样，张友渔也深受梁启超的资产阶级启蒙思想的影响，《饮冰室文集》是他青少年时期最爱阅读的书之一。辛亥革命之后，康、梁分道扬镳，张友渔抛弃了康有为乌托邦式的空想社会主义思想和政治主张，

---

① 现代中国思想家（第3辑）：康有为、梁启超［M］. 台北：巨人出版社，1978：94.
② 李泽厚. 康有为谭嗣同思想研究［M］. 上海：上海人民出版社，1958：57.

但仍然相信梁启超。一直到五四新文化运动期间,梁启超应阎锡山的邀请赴山西太原讲学,张友渔谈到自己仍对他的思想主张存有好感,他的名言"吾爱吾师,更爱真理"令张友渔颇为欣赏。

梁启超关于报刊功能和职责的主张,直接投射在张友渔早期的新闻思想之中并得以延续。首先,梁启超在政论《论报馆有益于国事》中将报纸看作耳目喉舌,将其与国家强弱相联系,认为其功能是"去塞求通"。"这表明梁启超已经把办报视为民众的当然权力和政治民主的重要体现,已经意识到近代报刊反专制的战斗作用。"①"喉舌论"的提出也为张友渔之后提出报纸的阶级斗争武器性质埋下了思想线索。其次,梁启超还在《敬告我同业诸君》中归纳了报纸的两大天职,即"监督政府"和"向导国民",他将报馆与政府置于平等之境地,且报纸代表了国民公意,承担着"比近事,察现象,而思所以抽绎之发明之,以利国民","作世界之动力,养普通之物者也","救一时明义",启发国民之智的角色和功能。

因此,少年时期的张友渔受当时旧民主主义革命思想的影响,便开始关注救亡图存的道路,各派政治学说和各种政治活动,对政治发生了浓厚兴趣,开始注意时事,经常读书、看报、思考时局等问题,成为他日常生活中的重要部分②。另外,受到康有为和梁启超的影响,张友渔很长一段时间内都坚定地认为报纸的性质是超阶级的,"应该是揭露黑暗、主持正义、改良社会的,所以他为报纸撰稿只写耳闻目睹的事实,从不编造"③。

作为旧民主主义革命思想的先行者,孙中山的三民主义也影响了张友渔的思想。由于家乡信息闭塞,张友渔谈及自己直到五四运动前后才接触到孙中山的革命主张,特别是在到北平上大学之后,"才发现康梁主义的一套办法不能救中国,转而信仰孙中山的革命主张,成为三民

---

① 李学梅. 梁启超的新闻宣传思想浅析 [J]. 皖西学院学报,2005(6).
② 陈荷夫. 张友渔回忆录 [M]. 北京:北京大学出版社,1990:23.
③ 张友渔. 报人生涯三十年 [M]. 重庆:重庆出版社,1982:3.

义的信徒,并于1924年参加中国国民党"①。孙中山的三民主义思想和报刊实践经验对张友渔思想形成和发展的影响,主要表现在他对民权政治和言论自由权利的重视与设想,这在他1927年前为《世界晚报》和《世界日报》撰写的零星杂文中可以窥见他当时的看法和立场。此外,张友渔还撰写了《孙中山先生的地方自治论》《实现中山先生的均权制度》等多篇文章来分析孙中山的三民主义。到了20世纪40年代,张友渔在论述新闻出版自由权利时,依然将孙中山三民主义中的部分主张作为阐释引据。张友渔认同孙中山民权主义中关于"绝对自由权"的看法,即包括"集会、结社、言论、出版、居住、信仰之完全自由权",以及"选举、罢免、创制、复决"四种直接民权,因此张友渔认为新闻自由权利是有限制的,需要在法律允许范围内享有。而在倡导新闻自由权利并提倡新闻立法保障的同时,孙中山还认为新闻报刊是民主革命和政治革命的武器,其宣传效力无穷,应服务于革命建设事业,这在他的《宣传造成群力》等文章中都有体现,显然也与张友渔的"阶级斗争武器说"不谋而合。

由此可见,对以康有为、梁启超的改良主义思想以及孙中山的三民主义为代表的旧民主主义革命思想的选择性吸收推动了张友渔的报刊实践和新闻思想的生成和发展。

三、报刊实践经验的积累奠定了思想基础

张友渔谈及自己新闻思想的形成和发展,很大程度上还源于他对报刊实践经验的积累和总结,尤其是"报刊是阶级斗争的武器"一说,他道:"这不是我的发明,而是我从苏联书刊中学到的,也是我从报纸工作的实践中领悟到的。"②张友渔回忆自己一直与新闻业保持着直接或

---

① 陈荷夫. 张友渔回忆录 [M]. 北京:北京大学出版社,1990:29—30.
② 张友渔. 报人生涯三十年 [M]. 重庆:重庆出版社,1982:33.

间接的联系,"除了自己经营和代人管理过报社外,曾经外而从地方报纸的访员起,经过沪汉报纸的驻平津记者的阶段,以至平津报纸的国外特派员;内而从报尾巴的撰述和编辑起,经过教育新闻、国内要闻等版编辑的阶段,以至总编辑乃至主笔"[①]。在东渡日本期间,张友渔还实地考察了日本的新闻事业,写了大量通讯,可以说这些实践观察与经验感悟为他的新闻的思想形成奠定了基础。

张友渔对报刊性质认知的变化过程,除了受前人新闻思想和理论主张的影响,也与他报人生涯中积累的经验密不可分。刚投身报业时,张友渔认为报纸是超阶级的社会公器,最初的报刊实践经历也加深了他的这种认知。前面谈到,张友渔认为自己的报人生涯的前奏是他第一次给《山西画报》投稿并发表的经历。起因是在灵石县城阅报回家的路上,张友渔听说了一个卖鸡蛋的农民被人戏弄的事情,他为农民感到万分气愤,便模仿《聊斋志异》中《念秧》的体例和文笔写了篇《新念秧》投给了《山西画报》。因为文章题材新颖,加之灵石县从未有青少年在报上发表文章的先例,《新念秧》的发表在全县引起了极大的轰动。"这件事给了张友渔极大的鼓舞,让他意识到通过报纸来揭露批判这些坏人坏事是可行的,也是改良社会的一个有效的办法。"[②] 此后,张友渔先后到太原读中学,到北平读大学,在此期间他与报纸的联系一直相当紧密,一边上学读书,一边当特约访员、记者,利用休息时间进行采访,并根据所得材料撰稿发表。有一次,他将灵石县知事赵某贪赃枉法、错断案子的事写成稿件,刊登在《山西日报》上,再次引发了关注和讨论。后来,他在各类报纸上站在不同的立场写稿批判北洋军阀、国民党政府,表达对现实的不满,"社会上的反响也让他在一段时间内认为报纸的性质是超阶级的,是伸张正义、披露黑暗、表达民声的阵地,而建设这个改良社会的阵地绝非一朝一夕之功,须作长久努力"[③]。

[①] 张忧虞. 新闻之理论与现象(上册)[M]. 太原:太原中外语文学会,1936:1.
[②] 王迪. 张友渔传[M]. 北京:北京出版社,1989:14.
[③] 王迪. 张友渔传[M]. 北京:北京出版社,1989:21-22.

随着报刊活动的深入，特别是在《世界日报》工作的十年间，张友渔逐渐认识到报纸的商品性质和阶级性质，改变了自己的认知。"当时报界的竞争日益激烈，为了打开销路，《世界日报》老板成舍我希望将报纸办成具有一定进步色彩的'粉红色'，对张友渔的文章，特别是杂文和社论很是欢迎。于是，成舍我便运用张友渔的文章展开竞争，扩大报纸影响，而张友渔则利用这片阵地表达自己的主张。"① 在这个"互惠互利"的合作过程中，特别是在代为管理报社之后，张友渔充分了解到报社的经营管理情况，他认为报纸也可以是一个商品交易的平台，而发表在上面的文章则是盈利的商品。另外，报刊活动还让他切身体会到报纸具有阶级意识，"张友渔在天津《泰晤士报》工作之时，登了一条不利于大百货企业中原公司的消息，结果报馆向中原公司道歉赔礼，他也因此离开报馆。他认为这是资产阶级报纸的性质所决定的"②。而当他编办的《国民晚报》被查封关停，自己也因为言论获罪入狱时，他写道："这段时期的报刊实践，彻底粉碎了我早年认为报纸是超阶级的思想。"③

长期奔走于一线从事新闻工作所总结的实际经验也反映在张友渔的新闻实务思想方面。一方面，张友渔因为擅长写社论、杂文和通讯，又长期从事报社、通讯社的编撰工作，对新闻生产的运作方式也较为熟悉，其社论观、舆论观都有自己独特的见解。而法学方面的专业知识又促使他对新闻理论，特别是新闻法制和新闻自由方面的问题思考得较为深入、独到。另一方面，在国共对峙期间和新闻统制之下，张友渔为了不暴露其中共地下党员的身份，在各类社会活动和报刊实践中尽可能地表现出中立的立场，他在社论和杂文中对时事、当局的讨论与批评也采用了迂回委婉的方式，由此也呈现出一定的特色。20 世纪 30 年代三次东渡日本的经历，又让他在对日本社会的实地调研、对日本新闻事业的实地考察、对日本新闻学和西方思想理论的学习与借鉴，以及同中国新

---

① 张友渔. 报人生涯三十年 [M]. 重庆：重庆出版社，1982：20-21.
② 张友渔. 报人生涯三十年 [M]. 重庆：重庆出版社，1982：33.
③ 张友渔. 报人生涯三十年 [M]. 重庆：重庆出版社，1982：9.

闻业的现实对比中改变了原有的认知和看法。总的来说，三十年报人生涯所积累的报刊实践经验为张友渔新闻思想的形成奠定了现实基础，为他的新闻思想的发展提供了理念源泉。

四、赴日留学经历的直接影响

20世纪30年代，张友渔先后三次赴日本学习，在私立日本大学攻读新闻学专业研究生，师从日本社会学家圆谷弘教授（Tsuburaya Hiroshi，1888—1949），经过一番理论学习之后展开了新闻学研究。

在1930年第一次赴日之前，张友渔还只有写稿办报获得的直观实践经验，并未真正系统学习过专业的新闻知识和新闻理论。研读张友渔的相关文本可以看到，在赴日学习之前，张友渔只撰写过评议时政的社论和杂文，尚未发表过具有学理性的新闻学论文，他曾评价当时的自己由于缺乏专业知识，"很难胜过专业的记者和报人，不能写新闻，只能写杂文"[1]。张友渔谈到自己在大学时主修的是法学专业，经过几年的报人生活，对新闻学产生了浓厚的兴趣，便利用赴日的机会，在私立日本大学申请了研究生，主攻新闻学，并结合日本当时的社会情况和革命情况作了一些新闻调查，完成了《日本新闻发达史》（上）。在这本书中，张友渔提倡"新闻的发达，是随着社会的发达而发达的。日本的新闻事业，之所以发达到现在这样的状态，完全是资本主义社会发达的结果。而日本新闻的发达，是步西方新闻后尘的，而中国新闻的发达要走日本走过的老路"[2]。他明确倡导应该学习西方新闻理论，认为这是很有必要的。

在第二次世界大战之前，日本的新闻学研究处于起步阶段，"当时的知识界崇尚西欧国家特别是德国的哲学社会科学体系，而报人和记者

---

[1] 王迪. 张友渔传[M]. 北京：北京出版社，1989：30.
[2] 张友彝. 日本新闻发达史（上）[M]. 北平：北平世界编译社，1937：8.

大多重视从英美学习报纸经营及新闻采编业务的实际经验，由此日本的新闻理论研究与当时的新闻实践是相互脱节的"[1]。可见张友渔在日本所接触的新闻学研究兼具理论、业务和史论等方面的内容。"日本新闻学研究偏重于新闻本质论的分析，一方面侧重于研究报纸的社会起源与发展（新闻史论）、报纸的经营与运作（新闻业务论）、报纸的基本功能；另一方面则侧重研究新闻报道活动的特性和新闻报道的规律性。"[2]从张友渔在论作后所列的参考文献中可以看到日本新闻学起步阶段的一些代表性论作，如松本君平的《新闻学》、小野秀雄的《现代新闻论》、杉村广太郎的《最近新闻纸学》等，而事实上，"这些初期的新闻学研究并未明显地超出新闻以及新闻记者经验的解说和启蒙的范围"[3]。受此影响，张友渔开始关注新闻的性质等基本问题，并很快写成《新闻的性质与任务》一文。不仅如此，小野秀雄于1923年出版发行了《日本新闻发达史》，该书"以实证方法和社会文化史的观点系统研究日本新闻史，在日本学术界产生了较大影响"[4]，张友渔受到启发，也搜集资料写了一本《日本新闻发达史》，由于战争爆发只出版了上册，回国后他开始在《世界日报》的副刊《新闻学周刊》等刊物上发表新闻学论文，探讨的议题也更为多元，学理性开始体现。

　　通过在日本学习新闻学理论，张友渔得以将他原本零散杂糅的报刊实践经验串联起来并加以整理，逐渐形成了具有个人特征的新闻思想，其中以他的社论观念最为突出。张友渔素以写社论见长，成舍我的《世界日报》也以他的社论为报纸的卖点之一。到了日本之后，张友渔在导师圆谷弘的指导下大量购书、阅读，定期与导师讨论心得体会，并展开田野调查，系统了解日本和西方的新闻事业，为国内报纸写了不少关于国际问题的通讯，《日本新闻事业概观》《日本的新闻》《日本报纸的文

---

[1] 徐耀魁. 西方新闻理论评析 [M]. 北京：新华出版社，1998：118-119.
[2] 徐耀魁. 西方新闻理论评析 [M]. 北京：新华出版社，1998：119-120.
[3] 李本乾. 日本新闻与传播研究述评 [J]. 新闻与传播研究，2000（1）.
[4] 李本乾. 日本新闻与传播研究述评 [J]. 新闻与传播研究，2000（1）.

艺栏》《日本新闻界有长足进展——东京日日新闻社参观记》《东京朝日新闻社参观记》《东京第二流新闻参观记》《日本新闻联合社及其他》等文章皆写作于这一时期。回国后，他对社论写作和日本问题已颇有研究心得，在燕京大学新闻系担任教授期间，便讲授社论和日本问题，并发表了理论文章《何谓社论》和《报纸评论之起源》。在这两篇文章中，张友渔不仅结合英文术语"Editorial"和"Leading Article"给社论下了定义，还将英美报纸和日本报纸对时事的论评、涉及的内容、指导性所在、发生的效力等情况作为实例，以说明主旨。

由上可见，赴日留学的经历对张友渔产生了极大的影响，在日本求学期间大量阅读文献和学习专业的新闻知识和新闻理论，为他的新闻思想的形成打下了一定的理论基础。

五、接受马列主义思想及其新闻理念

接受马列主义思想及其新闻理念为张友渔提供了根本的理论支撑。据张友渔自述，他到北平上大学以后，"通过阅读马列主义著作和有关十月革命以及革命后苏联建设的书刊，对马列主义和共产党的认识加深"①，开始信仰马列主义。在他看来，自己的新闻思想，特别是"报刊是阶级斗争的武器"一说，"不仅是从报刊实践中感悟到的，更来源于苏联书刊中的马列主义思想"②。事实上，1927年之前张友渔只是零星参加过一些马克思主义小组，对马克思和列宁思想略有了解。1927年他加入中国共产党，此后利用三次赴日本学习的契机，阅读了大量马克思列宁主义的著作和报刊，其中很多是当时国内无法接触到的，如《资本论》等。1930年以后张友渔的作品无论是发表在报纸上的社论、杂文、通讯，还是新闻学论文，都呈现出较为明显的马列主义思想痕

---

① 陈荷夫. 张友渔回忆录［M］. 北京：北京大学出版社，1990：30.
② 张友渔. 报人生涯三十年［M］. 重庆：重庆出版社，1982：33.

迹。马列主义思想对张友渔的影响集中体现在三个方面，即阶级斗争学说、历史唯物主义视角和马克思主义民主人权思想。

阶级斗争学说是张友渔新闻思想生成过程中最具影响力的部分，是张友渔新闻思想最根本的来源，同时也奠定了他的新闻思想的基调。当时，俄国十月革命的成功与第一次国共合作的失败，为中国共产党人提供了一种以无产阶级革命来建构中国未来的新思路，并开始强调以革命为手段、以阶级斗争为任务的实际发展道路。在《新闻的性质与任务》一文中，有别于通常只引用和复述《共产党宣言》的第一句话"至今一切的社会的历史，都是阶级斗争的历史"的做法，张友渔开篇便引用了前六个自然段，这显示出他对阶级斗争思想的掌握到了一定程度，"他进入语境的深度也迥然不同，须知马克思和恩格斯正是基于对阶级关系的具体历史进行梳理，才精炼地概括出资本主义社会在阶级斗争和阶级对立方面的特征"[①]。由此可见，通过在日本对马克思主义思想的学习和吸收，张友渔对资本主义社会的阶级对立和阶级斗争的理解较前人有所深入。

通过吸收马克思主义思想，张友渔围绕"阶级"的思考与理解较前人有所变化，他不是仅凭借经验来鉴别新闻是否具有阶级属性，而是从人类社会发展过程中阶级关系的具体历史着手来把握新闻的性质与任务，这显示出他对历史唯物主义的掌握较前人有了进步。值得注意的是，无论是在《新闻的性质与任务》一文中，还是在《日本新闻发达史》（上）中，张友渔都是在历史脉络中就社会演化和阶级更替的过程来考察新闻的产生和发展，以及新闻的性质与任务等问题。张友渔据此认为，作为意识形态的一定的文化，是一定的社会政治经济的反映，而新闻作为意识形态文化的一部分，也是与构成社会的经济结构相适应的，是政治统治的工具，也是阶级斗争的武器。此外，受马克思主义的

---

① 朱至刚. 作为方法论的"阶级"：试论 1930 年代初中国"新的新闻学"的缘起和展开[J]. 国际新闻界，2019，41（10）.

影响，张友渔谈到自己也曾尝试运用阶级分析法研究社会现象，重视政治斗争中赖以存在的经济基础，找出其中的规律性线索，用以分析具体问题，评议时政。

列宁思想的引入与传播则直接决定了张友渔对新闻的性质与任务的认知。列宁领导和参与了大量的新闻实践活动，并全面接受了马克思主义思想，将之与俄国革命形势紧密结合起来，着重强调利用报刊思想建党和党报的党性原则。"中国共产党成立后，在确定党报的指导思想和基本原则时，是把列宁思想作为马克思主义思想的，完全按照列宁的思想，借鉴俄国党报的经验。"[①] 因此，列宁关于党报的性质与功能，以及对新闻出版自由等问题的论述，如"党报具有宣传、鼓动功能和组织作用""党的中央机关报应当成为全党思想的中心""新闻是资产阶级最大的武器""新闻比炸弹和机关枪还要危险"等成为张友渔吸收的重点内容。在报刊实践和革命活动中，张友渔也相对全面地接受了列宁的党报思想，这为"阶级斗争武器说"观念的确立提供了重要的理论依据。张友渔在新闻论著中还多次引用列宁的《党的组织和党的出版物》《论我们报纸的性质》《出版法令》等文章中关于报纸性质、阶级社会斗争的话语作为阐述观点时的论据支撑。

马克思主义关于民主人权的论述则直接影响了张友渔的新闻自由主张。不同于西方资产阶级人权思想，马克思主义中的人权理论认为，人权首先是一种道德意义上的权利，它要求平等地认可、保护和促进人之作为人所应有的利益和要求。只要是人，理应享有该有的权利，获得承认和保护。同时，他找出并批判了西方人权制度存在的不合理之处，认为那是一种利己主义。人权之于马克思主义并非不证自明的，张友渔同样也否认西方的"天赋人权"（Natural Rights）说，认为人权不是由法律先定的，而是生产方式的产物，是历史地产生的。法律只不过是承认

[①] 金冠军，戴元光，主编；戴元光，著. 中国传播思想史（现当代卷）[M]. 上海：上海交通大学出版社，2005：139.

既存的事实，绝非凭空捏造出人的自由权利。法律只能制裁人的违法犯罪行为，却不能任意限制人民的自由权利。作为其中的重要组成部分，言论自由和出版自由也是如此。此外，马克思并非全盘否认西方人权，而是选择性地批判西方的人权制度、西方社会有关民主人权的部分说法，以及用以保护和实现人权理想手段的西方资本主义法治。张友渔批判新闻统制压制言论出版自由的方法与马克思主义如出一辙。他认为："民主政治就是舆论政治，如果人民自由发表意见的机会都不复存在，那么政治是无法反映和代表人民的意见，也无法为人民的意见所指导和支配。"① 与此同时，言论自由和实施宪政之间有着密切的重要关系，假使侵犯乃至剥夺了人民应享有的言论出版自由权利，便会妨碍宪政的发展。因此，受马克思主义宪政人权思想的影响，张友渔论述新闻自由和批判新闻统制都是基于"人的自由权利的获取，不是靠上帝的恩惠，而是靠斗争得来的"这一立场展开的，接受马列主义思想及其新闻理念为张友渔提供了根本的理论支撑。

小 结

在《清代学术概论》的开篇，梁启超写道："凡文化发展之国，其国民于一时期中，因环境之变化，与夫心理之感召，不期而思想之进路，同趋于一方向，于是相互呼应汹涌，如潮然。"② 钱穆则在《新时代与新学术》中认为："学术随时代为转移，新时代之降临，常有一种新学术为之领导或推进。"③ 因此，任何一种思想观念的生成、传播与延伸都绝不会是无源之水和无本之木，必然与时代思潮和社会背景存在着千丝万缕的联系。那么，该如何探寻和回溯影响张友渔新闻思想产生

---

① 张友渔. 宪政论丛（上）[M]. 北京：群众出版社，1986：159.
② 梁启超. 清代学术概论[M]. 北京：中华书局，2016：1.
③ 钱穆. 文化与教育[M]. 桂林：广西师范大学出版社，2004：37.

和发展的生成背景与思想资源呢？其主要体现在哪些方面呢？

英国学者昆廷·斯金纳提倡要以一种新的方法来考察思想史的真正历史特性，这为我们寻求和书写人物思想史提供了可能的视角与方法。他认为在考察思想生成的过程中，"不应将目光局限于文本或观念单元，而应当集中于特定历史时期总体的社会和政治词汇。将重要文本放在恰当的思想语境之中，将目光转向这些文本得以产生的意义领域"[①]。因此，联系张友渔所处时代前后的思潮、政治形势、总体词汇等因素，通过考辨和剖析，可以发现影响其新闻思想产生发展的背景和思想资源是纷繁复杂的。

就社会与文化背景来看，首先，近代新闻知识的"西学东渐"，即专业化过程与报刊话语的变迁影响了张友渔的政治取向、思想启蒙和自身的职业认同，催生了他借用报纸为工具改良社会的政治理想、新闻学理层面的求知欲，以及对专业词汇的学习借鉴。其次，从"文人论政"到"文人办报"的传统提高了张友渔对报刊的斗争性和批判性的认知。近代中国民族主义意识的凸显则为张友渔以报刊参与阶级斗争的理念提供了合法性与正当性。宪政运动推动了民主法治思想的启蒙，促发了张友渔人权意识的觉醒、对民主自由理念的倡导，以及新闻法制思想。最后，社会主义思潮的兴起，苏联革命话语的援引则为他的新闻思想的发展与成熟提供了现实基础与社会政治语境。

就新闻思想的直接来源来看，首先，传统文化资源为张友渔新闻思想的产生提供了基本的知识储备；其次，康有为、梁启超对西方民主宪政思想的吸收和转述为张友渔提供了思想启蒙，新闻"喉舌论"的观点则成为"阶级斗争武器说"直接的思想近源。孙中山的三民主义为张友渔的新闻自由权利观和新闻法治思想打上了思想烙印。此外，报刊实践经验让张友渔早年所信奉的"新闻超阶级"观念逐渐动摇、"犹疑"，对

---

① 昆廷·斯金纳. 什么是思想史？[A] //丁耘. 什么是思想史 [C]. 上海：上海人民出版社，2006：15.

报业的资本主义的感知与拒斥也显得比较直接，对新闻的性质与任务的认知直接源于实践。赴日留学期间对新闻专业知识的学习则将他原本零散杂糅的报刊实践经验串联成体系，形塑了张友渔的新闻思想。马列主义思想作为张友渔新闻思想的内核改变了张友渔分析问题的视角，尤其是实现了问题认知层面上的"祛魅"，改变了他从某种精神因素去探讨问题的取向。阶级斗争学说和列宁的党报思想为张友渔的"阶级斗争武器说"提供了根本的理论支撑，并为此"坚守"终身。

综上可见，张友渔新闻思想的生成和衍变经历了从"犹疑"到"坚守"的过程。19世纪末20世纪初的时代思潮、政治形势和总体词汇，在不断的碰撞与互动中构建了张友渔新闻思想的生成背景。各类思想资源和自身的报人实践经验则成为张友渔的新闻思想直接的思想近源，并推动其产生、发展、定型与深化。

第三章　张友渔新闻思想的内容架构

在探究和厘清了张友渔新闻思想形成的背景和来源之后，张友渔新闻思想的具体内容得以清晰的展现。张友渔一生中关于新闻的专论有三十余篇，内容涉及新闻传播理论、新闻业务、新闻史和新闻法制等。基于此，本章旨在梳理、剖析与呈现张友渔的新闻思想内容框架，通过文本考辨、话语解析和价值评估等，力求系统归纳、整理张友渔的新闻理论思想、新闻实务思想、新闻史学思想和新闻自由主张。

第一节　张友渔对新闻传播理论的考察与解释

在三十年的报人生涯中，张友渔从自己的实践经验出发，结合西方新闻理论和马列主义思想，对一些新闻活动和新闻现象形成了学理性和规律性的认知，并在论著中作了相应的论述与阐释，形成了风格鲜明的新闻理论观念。

一、"阶级性"与"商品性"：新闻的性质与任务

在张友渔看来，新闻的性质与任务主要包括两方面：新闻的本质是表现社会对立的事实，而新闻本身就是阶级斗争的武器，新闻的任务便是解放无产大众的思想；新闻还具有商品化性质，它的任务是获得利润。因此，张友渔认为新闻具有"阶级性"与"商品性"两种属性，这

是他对新闻的基本认识。

在《新闻之理论与现象》自序中,张友渔谈及自己从1931年起就在解读马列阶级斗争学说和分析大量客观事实的基础上,撰写或翻译了不少关于新闻理论、新闻政策及新闻事业的著述,它们都形成了一个中心思想,即认为现代新闻具有"政治斗争的武器"和"以获得利润为目的的企业"这两种性质。张友渔特别谈到,在这两种新闻性质中,"政治斗争的武器"这一性质无疑是占主要地位的,"以获得利润为目的的企业"这一性质则占次要地位。简言之,新闻的阶级性是基本性质,商品性是从属性质。乍一看,这两种性质集中于新闻内部存在一定的矛盾,但张友渔认为,这种矛盾最后都会统一于"政治斗争的武器"之中。为此,他在多篇论作中从不同角度围绕新闻的性质与任务问题展开了分析。

首先,在《新闻的性质与任务》的开篇,张友渔从历史唯物主义的角度出发对新闻的性质和任务问题作了铺垫与说明:

> 无疑地,新闻是社会的一现象,是社会意识的一表现。所以说到新闻的性质和任务,也不外是以社会组织为基础,应社会实际的需要而产生的东西。人类社会,是采取着阶级对立之形态的;人类历史,是演着阶级斗争的进程的。[1]

紧接着,张友渔又完整地引用了马克思和恩格斯起草的《共产党宣言》正文的前六个自然段。朱至刚认为,张友渔这样引用《共产党宣言》的六段文字看似冗长,"但与通常只引用第一段（'一切的从来的社会的历史,是阶级斗争'）相比,进入语境的深度迥然不同。须知马克思和恩格斯正是基于对阶级关系的具体历史进行梳理,才既精炼地概括出资本主义社会在这方面的特征,更充分阐明这是在历史中'愈加'形

---

[1] 张忧虞. 新闻之理论与现象（上篇）[M]. 太原：太原中外语文学会,1936：1-2.

成。"① 通过引用和解读马克思和恩格斯关于阶级关系的论述,张友渔发现资产阶级时代的阶级对立较从前简单化了,整个社会分裂为资产阶级和无产阶级,它们互相敌对、互相斗争。因此,张友渔得出结论:

> 社会本身既是阶级斗争之社会,因而成为社会的一现象之新闻,也不能不是阶级斗争之一的表现,故所谓新闻,不外是阶级对立的人类社会中之阶级斗争的武器。即压迫阶级,用新闻维持他的支配地位,被压迫阶级,用新闻反抗阶级,还有同一阶级,在分解过程中有时也用新闻互相攻击。②

同时,张友渔也探讨了资本主义进一步发展之后,新闻为什么会成为"政治斗争的武器"。他在对新闻史进行分期的时候,将具备现代意义的新闻划分在资本主义发生以后,即以报刊的批量规模生产为标志。他提出,新闻最能表现它的性质和任务的时期,是在旧社会和新社会间这样的变革与交替之时。"尤其是当封建社会嬗递到资本主义社会的前后,以及资本主义社会还发挥自由主义精神,而没有发展到经济上的独占和政治上独裁之帝国主义阶段的时候。"③ 究其原因,随着原始社会的解体,以血缘为纽带的氏族社会形成,交易行为和劳动的可利用性促成财富的等差,社会才开始分离出各个阶级。原始社会没有阶级斗争,也就没有新闻。而在将来的"大同世界",即人类社会的最后形态,阶级差别和阶级对立将被消灭,也将没有阶级斗争。具有阶级性质的国家最终被扬弃,新闻也会不复存在。因此,张友渔认为真正的新闻发生、成长于资本主义社会,这就不能不说"新闻是阶级斗争的武器"。此外,他在《政治经济学批判》的序文中谈到:"物质的生产关系的总和,形成社会的经济结构即社会的现实基础,即有法律和政治的上层建筑,并具有一定的社会意识形态与它相适应。物质生活的生产方式制约着整个

---

① 朱至刚. 作为方法论的"阶级":试论 1930 年代初中国"新的新闻学"的缘起和展开 [J]. 国际新闻界,2019,41 (10).
② 张忧虞. 新闻之理论与现象(上篇)[M]. 太原:太原中外语文学会,1936:3.
③ 张忧虞. 新闻之理论与现象(上篇)[M]. 太原:太原中外语文学会,1936:7.

社会生活、政治生活和精神生活的过程。并不是人们的意识决定人们的存在，相反，是人们的社会存在决定人们的意识。"① 作为意识形态的文化也是社会政治经济状况的反映，新闻作为文化的重要部分，必然也反映着社会意识形态，它必须与社会的现实基础相适应："而如日本自由主义斗士长谷川如是闲所说，在发展的社会，对立的事实和意识，是相互认识、相互批判以至相互协力而形成全体的推进力的。从而新闻便如实地表现这种对立现象，只要对立的事实是社会的动体，则表现这种对立事实的真实状态就是新闻的本质。"② 张友渔由此得出结论，新闻的首要本质便是表现社会对立的事实，而新闻本身就是阶级斗争的武器，新闻的任务便是解放无产大众的思想，培养其无产阶级意识，并作为对抗资产阶级的武器而展开活动。

对于新闻的商品性，张友渔则是将其作为次级属性进行阐释的。他认为随着资本主义社会的演进，国民生活的发展涉及各个方面，而社会制度的推移也使得新闻的机能变得复杂，新闻是"以获得利润为目的的企业"，即新闻的商品化性质开始凸显并逐渐加深。资本主义社会从一开始便是一个以营利为中心的社会，随着商人阶级的兴起，他们通过经济影响并支配着社会生活和政治生活，同时也向大众传播利益观念。新闻作为社会意识形态的反映，也开始呈现营业本位的状态，这是社会演进的结果。在资本主义的支配下，盈利观念的普及、交通条件的发达和现代印刷术的使用，使得新闻如同商品一样，被批量化成规模地生产出来进行销售。新闻从业者为了盈利便会迎合社会大众的品位和喜好，他们会在报刊上登载各类博人眼球的内容，以吸引广告，增加收入。由此，新闻的商品化性质和以获得利润为目的的任务已然表现得十分明显。

---

① 中共中央马克思恩格斯列宁斯大林著作编译局. 马克思恩格斯选集（第 2 卷）[M]. 北京：人民出版社，1995：31—35.
② 张友渔. 苏联的新闻和新闻政策[J]. 中苏文化·苏联十月革命廿三周年纪念特刊，1940—11—17.

第三章 张友渔新闻思想的内容架构

张友渔在承认并阐述了新闻的双重性质后指出，尽管新闻的商品化日趋明显，但这种表现是有限度的，最终会统一于"阶级斗争的武器"这一性质。资本主义社会的新闻尽管标榜"中立""公正""不党不私"以及"超阶级"的态度，并伪装成"社会公器"独立于政治势力，但它实际上被资本家控制，新闻的最大主顾——广告商，正是资本家的杰出代表。因此，新闻难逃经济关系的制约，也受到诸多政治势力的压制。他说：

> 实则，新闻经营者，决没有忘却利用新闻于阶级斗争的这件事。他们对于新闻，一方面，固抱有不可不获得利润的要求；而一方面，也另具有利用新闻于自己之阶级的意识之支配的要求。再进一步说，纵使商品化新闻的经营者，真是要除去新闻之阶级对立和阶级斗争的性质，而把它改造为一种文化机关或教化机关，也还不过是利用新闻使布尔乔亚的统治安定之一方法，决不是什么"超阶级"。所以布尔乔亚新闻，在所谓"超阶级"之名义下，努力于布尔乔亚社会的心理形态之形成而缓和对立的社会意识，消灭被压迫阶级之阶级斗争，因以保持布尔乔亚之支配。[①]

为了进一步证明自己的观点，张友渔以美国、英国、日本和苏联等国的新闻业为例展开论述。他认为英美等西方国家的新闻差不多都已经商品化了，报纸宣称自己是全国民意的代表，指导着社会舆论的走向，但实际上仍然受控于有限的少数人，即几个新闻大王或者新闻托拉斯，他们利用报纸甚至可以直接影响总统选举等政治进程；所谓指导舆论则是某一阶级或党派将新闻当作工具传播自己的意识和观念，以此达到扩充阶级或党派势力的目的。在无产阶级政权的苏联，新闻同样被当作政治斗争的武器，无产阶级一方面运用这一武器来反抗资产阶级的剥削与压迫，剥夺资产阶级将新闻作为武器的机会；另一方面则是在国内阶级

[①] 张忧虞. 新闻之理论与现象（上篇）[M]. 太原：太原中外语文学会，1936：8.

对立消减之后，运用新闻进行诸如发展文化、教化民众这样的社会主义建设活动。日本则是集英美等国西方新闻的特质于一身，极力拥护资本主义，并将新闻道与武士道置于同等地位，同时对外宣称新闻不仅仅是报告消息的机关，还能促进一般的社会文化。对比之下，张友渔得出结论：

> （日本）好像新闻真是社会的公器，文化的助推器。实则不外是阶级斗争的武器。中国的报纸，虽然还没有达到很显著地发挥其阶级斗争的武器的性质之程度，但决不能说它不是阶级斗争的武器。因而从事新闻事业或准备新闻事业的人们，便不能不抱着斗争的精神。[①]

综上所述，关于新闻的性质与任务，张友渔认为呈现出双重性。其一，新闻的首要本质是阶级斗争的武器，新闻的任务便是解放无产大众的思想，培养无产阶级意识，并将之作为对抗"资产阶级的斗争的武器"而展开活动。其二，新闻还具有商品化性质和以获得利润为目的的任务。但他认为，商品化的性质是次要性质，最终会统一于"阶级斗争的武器"这一性质。

二、"社会的感觉机关"：报纸功能与群众心理

张友渔认为报纸是一种社会的感觉机关，它不仅能够反映社会意识，还具有影响群众心理，指导群众行动来展开斗争的重要功能。他特别指出，报纸对群众心理的影响并不是直接的，而是间接的，它主要以营造群众的共通心理为基础而展开。张友渔提出报纸是社会的感觉机关，"煽动群众"则是政治性报纸的必要任务，也是报纸的重要功能。

---

① 张忧虞. 新闻之理论与现象（上篇）[M]. 太原：太原中外语文学会，1936：13.

第三章　张友渔新闻思想的内容架构

1934年5月3日及10日，北平《新闻学周刊》在第20、21期连续刊登了张友渔的论文《报纸何以煽动群众？》。在文章中，张友渔借用了列宁"报纸具备组织群众的功能"以及日本学者长谷川如是闲"新闻是社会意识的表现"的观点，指出报纸一方面作为政治的机关报承担着革命斗争的任务，另一方面作为社会的感觉机关反映社会意识。因此，报纸的媒介性质和传播方式决定了它对群众心理的影响和刺激更偏向于间接，"这种影响和刺激、叙述，不如评论有力量，所以报纸的煽动作用，不在叙述而在评论。当然，所谓评论，不一定是长篇大著的论文，记事的标题和叙述事实时，所用的带有批评意义之词句，也可以说是评论的一类"[1]。在张友渔看来，带有评论或表达意见和批评的报纸更有影响力。

那么，报纸为什么只能间接影响群众心理？张友渔运用心理的"刺激—反射"机制说明了报纸对群众的煽动和对群众心理的影响。在张友渔看来，报纸作为一种印刷媒介是很难达成直接刺激群众心理的效果的。因为群众心理主要是一种本能的兴奋反射运动，是基于视觉和听觉等特殊感觉的刺激所发生的无意识反应。但是印刷物无法发出声音，不能让读者产生实际的听觉感受，即使读者可以根据文字描述来展开想象，也只能算一种间接的刺激，而非直接的刺激。张友渔由此提出："印刷物的效果，是'理性的'，决不能是'群众心理的'。诉诸理性的手段，是诉诸最高级的人类心理的，决不是诉诸群众心理之煽动那样本能的兴奋的。所以报纸，在作为煽动群众心理的媒介，是不甚适当的。"[2] 由此可见，在张友渔看来，报纸之所以不能直接刺激群众心理，主要是因为视觉的媒介形式决定了报纸更适合在潜移默化中影响人的思想，而不是直接引发人本能的兴奋。

尽管无法直接影响和刺激群众心理，但作为社会感觉机关的报纸可

---

[1] 张友渔. 报纸何以煽动群众？（一）[J]. 世界日报·新闻学周刊，1934（20）.
[2] 张友渔. 报纸何以煽动群众？（一）[J]. 世界日报·新闻学周刊，1934（20）.

以通过营造人们的共通心理来反映社会的感觉和意识,以此来间接地影响群众心理。张友渔阐述了影响的过程,并列举实例说明了他的观点。首先,张友渔认为人类的群体活动有别于动物群体的聚集行动,必须要以一种共通心理为基础。"这种共通心理,是以特殊的社会环境为条件而成立的。即人类的群众行动,必以统一于一定的社会心理,即某种社会群之性质之心的倾向为条件,才能够发生。"[1] 实际上,共通心理的形成和群众行动的发生是很复杂的,它与各种生活经验和心理内容相关。张友渔以动物和人面对恐怖巨响刺激的不同反应为例,认为动物只是单纯基于声音产生条件反射受到惊吓,人却可能根据既有的生活经验产生想象之中的恐怖,共通心理的形成和群众心理的刺激也是这个道理。张友渔提出报纸是社会的感觉机关,读者则有先觉者和钝觉者之分,二者的心理状态恰如流动的液体,总会有平均的倾向和状态。报纸作为社会的感觉机关,可以有效地作用于这种平均状态,通过阅读报纸让人们的知觉状态归于统一,从而起到引导想象、理解和判断的作用,以此达到心理的共通状态,他据此作出论断:

> 报纸是社会的感觉机关,社会上,一般人们所具有的社会的感觉,是由报纸给与了有力的决定的。所谓社会的感觉,就是对于现社会的生活条件的感觉。报纸以它自己所具有的二种机能,成功构成了这种感觉的机关。那二种机能便是:(一)给与认识客观状态的知觉之机能;(二)决定对于这种知觉之感性的倾向。报纸也能特别成为表现社会的知觉深刻,社会的感觉锐敏之所谓少数先觉者的意识之机关;所以对于知觉的刺激,具有对于一般钝觉的人,启发其知觉的效果之力量。[2]

张友渔还指出,在报纸产生之前,人们依靠集会、宣传和公布等方法来引导感情和理智,试图创造社会的共通心理,但传播范围较为有

---

[1] 张友渔. 报纸何以煽动群众?(一)[J]. 世界日报·新闻学周刊,1934(20).
[2] 张友渔. 报纸何以煽动群众?(二)[J]. 世界日报·新闻学周刊,1934(21).

限，而且这种共通状态只能在部分社会集团中有效。就这一点来看，报纸也具有煽动群众、间接影响群众心理的力量。因此，作为社会机关的报纸营造了社会的共通心理状态，从而引发了读者对报纸的叙述和评论，并做出相关反应，这就是报纸间接影响群众心理的功能。

报纸作为社会的感觉机关，要间接影响群众心理，获得间接的煽动力量，还不得不依靠一定的新闻技巧，张友渔特别指出了这一点。在他看来，"这种'新闻技巧'，不一定是报纸的本质，但现在成为报纸不可缺少的机能。没有这种技巧，也许不能煽动群众"①。但报纸的新闻技巧不在于单纯地叙述和评论，而是叙述和评论时的表达方式。张友渔批驳了社会上一些学者和艺术家将新闻技巧视为无意义的低级趣味的看法，认为这样公然主张从报纸上去除新闻技巧的方式是矫枉过正了。在他看来，除了那些确实属于低级无意义的新闻技巧应该去除，报纸上的言论还需要根据不同的情况用新闻技巧来修饰，比如语言是抑扬顿挫还是平铺直叙，这都可能产生不同的效果。张友渔据此指出，新闻技巧实际上就是社会现象的谈话法，报纸作为社会的感觉机关，想要发挥煽动功能并间接影响群众心理就需要这样的谈话法。

作为"把关人"的新闻记者，在报纸这种社会的感觉机关之中承担着重要的任务，张友渔着重论述了这个观点。他说："报纸这种社会的感觉机关，在使一般地知觉客观状态时，必须经过新闻记者这样的特殊人才；新闻资料之采访和表现，又少不得——通过这些人们的心境。"② 在张友渔看来，报纸生成的过程要经过极为复杂的心理曲折，在新闻材料和报纸之间存在着主观意识，这是无可避免的。他用"感觉机关"和"运动机关"两个概念阐述了新闻记者"把关"的抽象过程，认为如果缺少了新闻记者把关的中间过程，那么报纸对社会意识的反映就成了一种反射运动，但事实上这是不可能成立的。张友渔认为新闻记者作为"把

---

① 张友渔. 报纸何以煽动群众？（二）[J]. 世界日报·新闻学周刊，1934（21）.
② 张友渔. 报纸何以煽动群众？（二）[J]. 世界日报·新闻学周刊，1934（21）.

关人",他们的存在就好像大脑中的中枢神经:"社会现象刺激感觉机关,而在中枢神经,为一定的心理状态所统制,构成特殊的意识形态,然后表现于报纸这样的机关的。社会现象对于报纸,是成为意识的对象的,报纸是为它们刺激了的意识形态之表现。"[①] 在这其中,由于新闻记者的社会生活经验和知识文化的不同,对新闻材料的把关和筛选标准也就不同,报纸会呈现出不同的主观意识,而不论主观意识的偏向和选择,多少都具有影响一部分人群的力量:"固然人类决没有完全孤立而和别人没有一些共通之处,一个新闻记者的选择,必能感动一部分和他感觉相近的人们。这是就叙述事实而言,至于发表主张,更不待说了。"[②]

总的来看,受日本新闻学研究和列宁报刊思想的影响,张友渔认为报纸是社会的感觉机关,这个机关通过新闻记者的"把关"和使用一些"新闻技巧",致力于营造社会的共通心理,间接地对群众心理产生影响,达到煽动群众的目的,进而引导群众参与革命斗争。

三、"集纳利基姆的机关报化":新闻事业的本质与倾向

"集纳利基姆"(Journalism)即新闻事业,与之相关的问题是张友渔长期关注和思考的一个重要方面。张友渔对新闻事业的认识主要源于他的报刊实践、实地调查,以及日本和苏联新闻事业的影响。在张友渔看来,新闻事业是新闻业务和新闻机构的总和,由于它与资本主义化联系紧密,无疑也具有阶级斗争性和商品化的双重属性。张友渔特别指出,"集纳利基姆的机关报化",即政治化是新闻事业的历史倾向,新闻事业的本质在于表现阶级对立和阶级斗争的社会现实。

张友渔在《新闻之理论与现象》的自序中回忆到,在他的三十年报人生涯之中,他始终保持着对新闻理论和新闻政策的研究,也始终与新

---

① 张友渔. 报纸何以煽动群众?(二)[J]. 世界日报·新闻学周刊,1934(21).
② 张友渔. 报纸何以煽动群众?(二)[J]. 世界日报·新闻学周刊,1934(21).

闻事业保持着直接或间接的联系。在《日本新闻事业概观》的引言中，张友渔谈及了关于研究新闻事业的重要性："现代社会与新闻事业，有不可分之关系。新闻事业，固为社会之产物，但同时握有支配社会的力量。尤其在政治上，关系至钜，支配力亦至大。在变革过程中的中国，无论你对于旧制度，是欲拥护它，或推翻它，你都应该去研究新闻事业。何况本来有志于新闻事业，从事于新闻事业的我们！"[①] 因此，张友渔回忆自己于二三十年代在北平《世界日报》做主笔和编辑等新闻实务工作时，经历了一些被政治势力和资本势力干涉报纸内容的事件后，逐渐意识到新闻事业的阶级性质，动摇了少年时期关于"报刊超阶级"性质的认知。在《我飞回来了！》《明珠光耀中之新年景物》《介绍上等人才的上等广告》等多篇杂文中，他对国内新闻事业存在的一些现象进行了批判。张友渔认为新闻除了是阶级斗争的武器，还具有商品化的性质，但商品化性质是新闻的次属性质，新闻仍然是以阶级斗争性为主的。而作为新闻业务和新闻机构之总的新闻事业，由于与资本主义化联系紧密，在他看来无疑也具有阶级斗争性和商品化双重属性。

关于现代新闻事业的发展情况与性质，张友渔则是通过实地考察日本新闻事业，并结合相关书刊了解德国、苏联等国家的新闻事业来进行总结与探讨的。他认为现代新闻事业逐渐资本主义化，因为近代以来的新闻是随着资本主义社会的发展成长起来的；现代新闻事业则与资产阶级民主政治同源，也是为了适应资本主义社会的需要而产生发展的，二者之间关系密切。资产阶级民主政治的实现，须以报刊为斗争武器，依赖于新闻事业的助益，而资产阶级政治家，为了达到其政治目的，也不得不控制新闻事业，将其作为斗争工具。反之，如果无产阶级要反抗剥削与压迫，须进行具有彻底性的社会和政治革命，以推翻资产阶级的统治，这同样有赖于建立或掌控属于己方的新闻事业，与资产阶级的新闻事业对垒。而当前世界的新闻事业整体朝着资本主义化的方向前进，这

---

① 张友渔. 新闻之理论与现象（下篇）[M]. 太原：太原中外语文学会，1936：15—16.

可以为中国新闻业的发展提供现实范本与历史经验。他提出，近代中国的社会情况复杂，新闻业诞生较晚、发展缓慢，几乎还未具备现代性的雏形，更谈不上发达了，这也是与社会的经济条件相适应的。但在理论上，新闻产生和发达的条件是确定的，是随着社会的发达而发达的。因此，中国新闻业的发展问题可以部分参考借鉴明治维新以来日本新闻业发展中的有益经验，亦可以规避其所走的弯路和积存的弊病。在张友渔看来，日本虽然是资本主义的后进国家，但资本主义化的效率之高，大有一日千里之势，令人叹服。事实上，在日本这样高度资本主义化的国家里，资本家才是实际的统治者，握有实在的统治权，可以支配政治、经济、教育、文化乃至整个社会。在资本主义国家里，只有资本家本身，依靠与襄助于资本家的人，以及完全服从于资本家，心甘情愿受制于其压迫与剥削的人，才可以生存下去。要想打破这样的困境，反抗压迫与剥削，推翻统治阶级，对当时的无产阶级而言只能去革命，要么死里求生，要么坐以待毙。张友渔特别提出，资本主义国家里的新闻记者，只是徒有"无冕之王"的称号，他们受资本家的驱使和鞭策，作为知识的劳动者，亦是广大无产阶级中的一分子，"纵使不是直接的奴隶，也仍然是间接的奴隶"[①]。而资本主义社会中新闻的商品性的凸显，也驱使着新闻业本身朝着商业化、产业化甚至托拉斯化发展，完全成了资本家的企业。张友渔驳斥了从前被他奉为圭臬的"报纸超阶级"论说。他道："什么'新闻界是社会的木铎'，'新闻界是大公无私的批评家'，'新闻界是言论自由的'等等陈腐的老学究的滥调，本来就根本不合于实际的事情！"[②] 可见，新闻事业的资本化已成为不可逆转的事实。根据自身的从业经历与赴日考察新闻业的心得体会，张友渔认为新闻事业的资本主义化实际上具有两种含义：其一，新闻事业本身的资本主义化，即直接地变为资本主义的新闻企业；其二，新闻事业依赖和依靠襄

---

① 张友渔. 资本主义化的日本新闻事业 [N]. 世界日报，1931-05-02.
② 张友渔. 资本主义化的日本新闻事业 [N]. 世界日报，1931-05-02.

助于资本家而生存，即间接地受资本家支配的一种商业经营。在前者，必须拥有巨额的资本，而为大规模、批量化的生产与经营；在后者，必须俯首帖耳，以服从资本家的命令，求得其施舍和津贴。张友渔经过实地考察后认为，在 30 年代的日本，新闻事业的资本主义化已然成为显而易见的事实。一方面新闻事业的经营者就是资本家，另一方面新闻事业的管理者和运作者也都是依赖资本家而生存的人。因此，大到近代的新闻企业，小到普通的报馆，都已经成为以营利为主要目的的新闻事业了。除此之外，日本的新闻事业还出现了集中化和垄断化的现象，大的新闻企业吞并小报馆，或者小报馆联合起来形成托拉斯，而拒绝裹挟于资本主义浪潮的独立报馆只有没落的命运。对此，张友渔明确指出，当时的中国也难以避免新闻事业集中化和垄断化的形势，尽管各项产业发展速度滞缓，思想文化水平落后，但已经显示出托拉斯的趋向了。一些报社资本家的唯利是图之心昭然若揭，新闻业为了尽可能多地吸引受众眼球，获取广告收入，可以不顾职业操守，新闻记者们已然不能以"无冕之王"自居了。依他所见，如果有志于新闻事业和从事新闻事业的人们，不以报刊为武器进行反抗斗争，那么就会被彻底地裹挟进现代新闻事业的资本主义化，沦为资本家的奴隶。

尽管张友渔花费了大量笔墨来论述现代新闻事业的资本主义化趋势，但他却认为"集纳利基姆"的机关报化，也就是新闻事业的政治化才是历史的倾向。在 1934 年 4 月 12 日及 19 日的北平《世界日报》的《新闻学周刊》的第 18、19 期中，张友渔译介了日本学者铁猪生原的文章《集纳利基姆之机关报化》，并赞同作者将新闻事业置于历史进程中进行考察的主张，"认为新闻事业尽管是资本主义的现象，具有商品化性质，很容易被支配和被统制，而机关报是具有很浓厚的政治性即党派性，是不许从外部加以支配和统制的"[①]。因此，在张友渔看来，同报

---

① 张友渔. 集纳利基姆（Journalism－新闻企业）之机关报化[J]. 世界日报·新闻学周刊，1934（18、19）.

纸具有阶级性和商品性的双重性质但以阶级性为主导性质一样，新闻事业也具有政治化的历史倾向，即"集纳利基姆之机关报化"。那么，究竟新闻事业的本质为何？张友渔笃信的是日本近代学者长谷川如是闲对"集纳利基姆"（Journalism）即"新闻事业"本质的概括："是故，在发展的社会，对立的事实与意识，是相互认识，相互批判以至相互协力而形成全体的推进力的。从而集纳利基姆（新闻事业）便是如实地表现这种对立现象的组织的方法的。"① 换句话说，依张友渔所见，新闻事业的本质在于表现阶级对立和阶级斗争这一社会现实，新闻则是阶级斗争的武器。不同于张友渔对日本新闻事业所作的实地调查和深入研究，他虽然也对苏联、德国等国家的新闻事业作了一些探究和思考，但大都源于对间接的资料特别是日文译作进行的转译、摘录、阐释和推演。其中，张友渔对苏联的新闻事业所作的评价和期盼较高。张友渔提出，在当时的全球社会中，苏联新闻事业的性质和任务与众不同，它不具有追逐利润的商品化性质，而是强调政治斗争的武器性质："他们的新闻事业，是在国家指导机关和普通大众的连结上，不可或缺的机关；新闻记者是党的指导者和政府的公务员。"② 张友渔通过阅读苏联的一些报纸和《列宁全集》等，加深了对"苏联新闻事业是一种公共企业和社会的生产机关"的认知。他分析了1923年苏联政府利用报纸所具有的"公告性"和"报告之迅速性"来扫清文盲的案例，认为此举虽然提高了报纸的消费额和发行份数，看似是推行西方的"消费主义"，实际上与西方新闻事业的商品性质完全不同，是一种新闻事业的社会化。对此，张友渔总结到，在资本主义世界包围中的苏联新闻事业，本质上还是以政治斗争为主要任务，在战时与有产者作斗争，而现在"要完成建设社会主义社会的目的，不能不依赖于新闻事业作对内对外的斗争"③。对于

---

① 张忧虞. 新闻之理论与现象（上篇）[M]. 太原：太原中外语文学会，1936：22.
② 张友渔. 苏联新闻政策 [J]. 民国新闻，1934（3）.
③ 张友渔. 苏联的新闻和新闻政策 [J]. 中苏文化·苏联十月革命廿三周年纪念特刊，1940-11-17.

德国的新闻事业,张友渔亦是通过一些报刊和日译资料得以了解的。他认为德国的新闻事业是一种完全的、彻底的极权化法西斯新闻业,报纸完全丧失了舆论和新闻自由,是完全没有未来的。据此可以看出张友渔在比较研究了不同社会的新闻事业后,明显地对苏联的社会主义新闻事业充满了好感和期望,"随着苏联社会发展到更新、更高的阶段,新闻也许逐渐失掉它的'政治斗争的武器'的性质,像它现在不具有'获得利润的工具'的性质一样。那时,它(新闻事业)主要成为服务文化、教育的东西了"①。"苏联的特殊现象,也许将来一定可以普遍于全世界吧?"② 由于思想信仰的变化和马克思主义理论知识的更新,加之十月革命以来苏联模式的逐渐普及,资本主义世界的衰颓之势以及法西斯主义在全球范围内的肆无忌惮,使张友渔与同时期的不少知识分子一样,对苏联社会的政治、经济、文化等各方面都抱有好感与期待。通过文本分析,不难看出苏联经验对张友渔新闻事业观念的核心嵌入与整体形塑,这也使得"报刊是阶级斗争的武器"的论说得以顺理成章地贯穿其中。

综合来看,张友渔认为"集纳利基姆"(新闻事业)是新闻业务和新闻机构的总和,它呈现出资本主义化的发展趋势。然而在阶级性和商品性之间,报纸以阶级性为主导性质,新闻事业也表现出阶级性和政治化的历史倾向,可称为"集纳利基姆之机关报化"。因此依张友渔所见,新闻事业的本质主要在于表现阶级对立和阶级斗争这一社会现实。

四、"赞成""模仿""传播":舆论的构成

针对舆论的构成问题,张友渔认为"赞成""模仿""传播"是舆论构成不可或缺的环节。在张友渔看来,舆论、报纸、大众三者关系密

---

① 张友渔. 苏联的新闻和新闻政策 [J]. 中苏文化·苏联十月革命廿三周年纪念特刊,1940-11-17.
② 张友渔. 社会化的苏俄报纸 [J]. 世界日报·新闻学周刊,1933(3).

切，舆论是在社会阶级关系之下报纸与大众的统一。其中，他从两个不同层面出发对舆论展开了探讨：一是在理论层面考察舆论的构成过程，二是在宪政视阈下透视舆论与民主的关系。

在发表于1933年12月21日北平《世界日报》之《新闻学周刊》第二期的《报纸与舆论之构成》一文中，张友渔给舆论下了一个定义："所谓舆论，不外是关于某一特定的事象，创造了批评或要求的新模型，而大众都称赞它，模仿它，传播它罢了。"[①] 张友渔以宋美龄、于凤至所掀起的佩戴长耳环的"太太阶级"风尚的社会趣事来比拟和阐释舆论的概念，认为舆论的构成过程与这种"流行"的构成过程十分相似，都需要建立一个新模型，再煽动大众进行称赞、模仿与传播。比如抗日战争的社会动员，报纸刊登关于抗日的新闻报道，文人作文章以抗日为基本主旨，学堂或街头演讲以抗日为主题，就连人们日常聊天也总以抗日情况为谈资，乃至后来本来想对日妥协的政府当局也慑于舆论不敢轻易屈服。张友渔还特别强调了舆论的构成所需的两个因素，即新模型的创造和大众对新模型的称赞、模仿与传播，二者缺一不可，而报纸无疑是当时创造关于批评或要求的主要新模型者。他提出，舆论是依靠报纸产生的，而报纸自身不能不受到社会关系的制约，报纸的所有批评与要求都是以当时的社会关系为基础的，不是凭空产生的。如果只是把报纸看作舆论产生的唯一动力，认为是报纸创造了舆论，而忽略了广大读者的推动力，那么缺少读者和传播者的报纸所持的意见只能是孤零零的一家之言。正因为报纸自身受社会关系制约，其所提出的批评或要求都必然要依据并结合社会关系进行创作，不可能凭空产生。这就决定了报纸无论持有怎样新奇独到的主张，离开大众都不可能单方面地构成舆论。一方面，报纸的通讯、社论等内容需要观察和结合大众生活和社会状况才能创作出来；另一方面，报纸的观点主张产生以后，有赖于人民群众的注意力和行动力，需要他们赞成、模仿和传播，才能形成真正意义上的

---

① 张友渔. 报纸与舆论之构成 [J]. 世界日报·新闻学周刊，1933 (2).

舆论。反之，如果将舆论构成的原动力完全归结于人民群众的力量与社会关系本身，而将舆论模型制造者的报纸视为大众的提线木偶，这亦是一种偏狭之见。这种观点轻视了报纸的功能与作用，过分夸大了大众的力量。特别是在当时的社会条件之下，大众的整体文化水平和思想觉悟还不高，对外界事物的认知有限，如果没有新模型创造者或意见领袖的引导，他们很难作出判断与决策。因此，张友渔得出结论：

> 社会固然决定人类的意识，人类的意识也能给社会以影响。在舆论的构成上，也是同样的道理。创造批评或要求的新模型之报纸，和赞成、模仿并传播这种批评之要求的大众，相互依存，不可缺一。大众好像田地，报纸好像是耕农，舆论好像是耕农在田地里所种植所收获的谷物。没有田地固然不会有谷物，没有耕农，谷物也不能很容易地长成。[①]

从张友渔的《报纸与舆论之构成》一文中对舆论"创造—扩散"模型的设想、分析和解读可以看出，他对舆论的基本概念与形成过程建构的理解主要是基于自己的报人实践经验。张友渔提出舆论新模型的创造有赖于创造者结合自身个性与社会关系进行。他将新模型的主要创造者报纸比喻为耕农，大众好似田地，舆论则是耕农在田地里辛勤种植后所收获的谷物。张友渔的想法不言自明，即大众对外界的感知和评价必然局限于一定的范围，需要扮演辛勤劳作的耕农角色之媒介，为他们提供一个可靠的模型，并利用一套术语加以引导，他们才能对外部世界的面貌有所了解。另外，在张友渔的认知中，大众的自我意识、群体心理和集体行为的判断及其在舆论构成过程中所发挥的作用和产生的推动力也是有限的。大众对外界的感知和评价必然是有限的，他们想要获取有用的信息，增进对外部世界的了解，需要媒介为他们提供一个既定可靠的模型，并用一套通俗的术语加以引导，二者才能积极互动并形成公众

---

① 张友渔. 报纸与舆论之构成 [J]. 世界日报·新闻学周刊，1933（2）.

舆论。此外，值得一提的是张友渔在阐释大众面对新模型所做出的反应时，频繁使用"赞成""模仿""传播"三个概念，可见他将大众阶层与精英阶层区隔开来，普通大众尽管被认为浅薄无知，且话语权有限，但可以选择和支持有能力引导或支配他们作出正确的和利己的决策的党派势力，继而听从他们的意见。作为回馈，大众集体赞成、模仿和传播这种意见，在此互动过程中公众舆论逐渐形成，舆论反过来又协助双方拿出得以解决各自现有问题的优化方案，实现互利共赢。

在对舆论"创造—扩散"模型进行设想和分析之后，张友渔又开始站在阶级关系之下来考察舆论。他认为，舆论、报纸和大众是受阶级关系制约的，报纸和大众之间存在着交互作用，主要表现在社会阶级关系之下二者统一的状态。在任何一份报纸背后，都存在支配它的阶级，报纸需要为它背后的阶级势力代言。张友渔特别提出，其实不是报纸本身不愿跳脱阶级关系，而是报纸背后的经营者很难完全跳脱阶级关系。因此，经营者所编办的报纸也会在有意无意中显示出阶级的色彩。张友渔重点指出，在另一方面，大众也被卷入阶级关系中来，参与了舆论构成的交互作用。其原因在于报纸是要销售给大众的，在创建批评或要求的模型之时，不能不顾及大众的要求，迎合大众的心理偏好成为一种必然，这也决定了大众也是站在阶级关系之下的。据此，张友渔得出定论：

> 在舆论的构成上，既有阶级关系参加，那么，不管是好是歹，舆论，是不能不具有阶级性的。而在资本主义社会里，社会形成两大对立的阶级，因而舆论，已变成两大阶级的舆论了。从而报纸在舆论的构成上的功用，也就是创造构成阶级的舆论之新的模型。[①]

而基于法学和宪政视角，关于舆论与民主之间关系的认知，张友渔则提出自己认同西方哲学中的"民主政治就是舆论政治"的说法。张友

---

① 张友渔. 报纸与舆论之构成 [J]. 世界日报·新闻学周刊, 1933 (2).

第三章　张友渔新闻思想的内容架构

渔将公众舆论视为一种政治现象，认为不论人民大众的认知水平如何，都应当重视他们的政治地位，争取他们高谈阔论的权利。他在《我们需要怎样的民主政治》《民主的作风与环境》等多篇社论文章中都探讨了这一问题。在他看来，舆论就是民意，要实现民主政治就要召集代表全民意见的民意机关，要通过建立和运用民意机关来引导舆论和表达民意，而建设民意机关有赖于推行孙中山所提倡的普选制，因为"党派是阶级的前卫，每一党派都代表着某些阶层的利益，故以党派代表会议暂时代行民意机关的职权是较为可行的"[①]。张友渔特别提出，保障人民的自由权利是舆论，也是民主政治的主要内容。而在其中，言论出版自由被认为是人权的基本内容，是一种"绝对""完全"的自由权利，必须全力保障而不容侵犯。他还提出像当时统治阶层限制人民的言论出版自由，不仅证明了当时的政治绝不是民主政治，也证明了当局没有摆正人民大众的政治地位，没有看到公众舆论的力量，采取的措施反而妨碍了民主政治和宪政运动的实现。此外，张友渔还特别驳斥了当时提出的人民大众的程度太低、没有参与讨论政治事务的资格、公众舆论不甚可靠的观点，他认为近代以来，特别是抗日战争，证明了人民大众是历史的创造者与参与者，经过人民充分讨论后形成的舆论才是真理。因此表面看来张友渔一面认为大众浅薄无知易轻信，缺乏批判与质疑能力，好似只会在"顺从"与"拒绝"之间作选择的提线木偶；一面又坚决维护在不同民主政治下大众的言论自由和选举权利，相信民意与舆论的力量不可违背。事实上，这种看似对大众"迫不得已"的认可和选择，并对他们委以重任的做法，只是对当时社会中民主政治体制的缺陷的不满与批驳。公众舆论作为其中的重要政治现象，代表着民意与人权，值得进一步关注和思考。

综上所述，张友渔总结认为"赞成""模仿""传播"三个环节构成了舆论，而舆论是报纸和大众的统一，其构成是在受阶级关系制约、规

---

① 张友渔. 我们需要怎样的民主政治 [J]. 大众生活，1941（新4号）.

定之下表现统一的，因而舆论也是有阶级性的。他设想和构建了舆论"创造—扩散"模型，认为舆论的形成离不开模型的创造者——报纸，和对此做出赞成、模仿、传播行为的大众。基于法学和宪政视角，张友渔深为赞同民主政治就是舆论政治的说法，并提倡法律应保障公民的言论自由权利，进而维护公众舆论和民意畅通，实现真正意义上的民主政治。可以看到，无论是对舆论的基本概念与构成过程的理解，还是对大众的自我意识、集体行为及影响力的判断，抑或是对舆论与民主之间关系的探讨，张友渔都是将其置于阶级关系下进行的，因而带有一定的阶级性质。

第二节　张友渔对报刊实践活动的观察与思考

在从投稿人到总主笔的三十年报人生涯中，张友渔写下了一千万字左右的新闻、通讯、杂文和社论。他从1918年给报纸投稿始开启了新闻生涯，在中学阶段就撰写了大量的新闻报道。1923年，张友渔进入北平的大学后，又以写作杂文为主，并开始从事编辑工作。1930年以后，他三次去往日本，一边进行实地调查，一边给国内的报纸写通讯。回国以后，他在报社工作期间撰写了大量的社论。可以看出笔耕不辍的张友渔拥有非常深厚的新闻业务素养，他在报刊实践过程中则形成了比较独特的新闻业务观念。

一、"解释""批判""主张"：社论的定义与内涵

在张友渔看来，社论有别于一般评论，它是一种关系时事的评论，"解释""批判""主张"则是社论的重点。一方面，张友渔擅长写社论，特别是在《世界日报》就职期间，他经常就时政问题撰写社论。从1931年"九一八"事变到1932年夏，以及1933年夏到1934年夏，在

这两段时期内张友渔陆续担任了《世界日报》的主笔和总主笔，写下了近400篇社论。另一方面，"张友渔还从写作实践出发，结合中外评论研究文献，对社论作了较为系统的研究，并在大学讲授'社论'课程"①。因此，张友渔对社论的相关主张是从自己的报刊实践出发形成的。

20世纪20年代，中国报纸大众化浪潮袭来。报人成舍我为了紧跟报纸大众化潮流，政治立场倾向于中间偏左，他在编办《世界日报》时，"把社论作为报纸大众化的重要内容，既通过社论表达一定的政治倾向，又通过社论对重大政治事件和社会事件的评论，使报纸成为大众的耳目和喉舌，以此吸引读者关注报纸。在这种背景下，少年时代就崇拜梁启超的政论文的张友渔加入到写社论的队伍中来，而且一进来就成了一员'猛将'。不久其社论就形成了快速及时、言简意明、见解独特的风格"②。张友渔在《世界日报》工作的十年间所作社论逾400篇，其中以批驳政府当局的新闻统制和呼吁新闻自由为主题的文章最为出色，《彭成讼案与新闻统制》《如何取缔"反动出版物"?》《打碎法西斯式的出版法》《保卫新闻自由——保卫独立、和平、民主事业》《人民要求言论自由的兑现》等是其中的代表作。

第一，张友渔的社论注重以"新近发生的时事"为材料，并强调对时事有所解释。他认为社论的一个重要功能就是要以时事为主题，"因为当时国际、国内政治、经济以至社会情况，非常动荡，非常复杂。一般读者对每日发生的重大事情及其意义都很关心，迫切要求报纸把'头条新闻'的重大新闻加以分析、评论"③。因此，他在《世界日报》工作期间，几乎每天都写一篇社论，关注的内容包括国际国内政治、经济问题以及社会情况等，其中对以批判侵犯新闻自由权利为主题的社论投

---

① 戴元光，等主编；单波，著. 20世纪中国新闻学与传播学（应用新闻学卷）[M]. 上海：复旦大学出版社，2001：92.
② 戴元光，等主编；单波，著. 20世纪中国新闻学与传播学（应用新闻学卷）[M]. 上海：复旦大学出版社，2001：92.
③ 张友渔. 报人生涯三十年[M]. 重庆：重庆出版社，1982：167.

入了最多的精力。比如，1934年轰动一时的彭学沛贪污舞弊案，报人成舍我登报予以揭露，遂被彭学沛诉至法院。张友渔知晓原委后，当月即撰写社论《彭成讼案与新闻统制》，以新闻出版法为依据，据理力争，声援成舍我，直斥彭学沛为"中国之墨索里尼"。在1946年9月1日《新华日报》的社论《保卫新闻自由——保卫独立、和平、民主事业》中，张友渔又列举了一系列时事，"如政府当局宣布实现四项自由的第二天，名记者羊枣即冤死狱中；西安秦风工商日报被捣毁；广州华商报一再被捣毁；以及数不胜数的记者被殴打、威胁、拘捕的事实"①，以表达政府当局新闻统制的严苛。

第二，张友渔的社论还重视"批判性"和"斗争性"。张友渔借以批评新闻统制的社论，大都从标题的命名方式开始就直指目标，其言辞也较为激烈。社论的"批判性"和"斗争性"一方面表现在它的结构以及文章论据的运用上，而多年做撰稿人和主笔所收获的经验，让张友渔具备了写作社论的文字功底和一套驾驭社论的规律和方法。他的社论常用"首先、其次、再次、最后"等顺序词语或数字排列论点的先后和区分文章段落；在批评事物和阐释论点的同时，他还依照不同的语境引用不同的论据。比如，在1933年12月9日《世界日报》的社论《如何取缔"反动出版物"?》中，张友渔开篇即明确指出查禁书籍是为了巩固政权，消弭思想隐患。他以古有秦始皇焚书坑儒，今有德国希特勒政府焚烧马克思书籍为例，力证思想是适应社会需要而产生的，取缔思想不仅违背历史规律，还会使民情骚然、怨声载道。另一方面，张友渔对措辞的使用也加强了社论的"批判性"和"斗争性"。他常常以"法西斯毒瘤""黄蜂""毒蛇"等词语来形容当局的新闻统制，以"打碎""保卫""起来""战斗"等词语来表明争取新闻自由权利的决心。

第三，张友渔强调社论要有所主张，并能及时引导读者了解一些重大问题的真相和实质。张友渔认为社论要代表报社发言，应当有自己独

---

① 张友渔. 保卫新闻自由——保卫独立、和平、民主事业[N]. 新华日报，1946-09-01.

到的主张，力求思考有所深入，这样才能突出社论的指导性。这种指导性一方面在于为大众提供"导向性"的意见，引导大众面对繁杂混沌的消息进行更为精深的思考；另一方面，这种指导性实际上代表的是阶级关系之下报社背后的势力，而非如新闻记者所自诩的独立的、自由的、有权威的指导性。因为在当时的环境之下，各阶级、党派、集团之间的政治斗争相当尖锐激烈，他们争相通过津贴、打压等方式，利用各种报纸制造舆论、争取群众。倘若某份报纸没有及时发表社论，读者就很容易受其他报纸社论的影响，再想改变他们先入为主的思想就比较困难了。张友渔自少年时代起就注重读书看报关注政治时事，在大学期间专攻法政，逐渐成为宪政问题和法学领域的专家。他还自学过日文，到日本后便得心应手地考察日本社会情况，致力于研究日本问题。所以，在社论写作中，张友渔还注重发挥法学和日语的专长，有意引导读者进行更为深入的思考，以期唤醒人们的言论自由权利意识。由此可见，张友渔在社论写作过程中也注入了阶级斗争的意识。

第四，除了具体的社论实践，张友渔还就社论起源发端的概念构成等问题进行了研究。张友渔具备长期撰写社论的实践经历，加之他在日本考察报纸专栏情况所获取的直观经验，以及在燕京大学等高校教授社论课程的经历，可谓中国最早对报刊社论进行系统、专门研究的学者。他根据英文术语"Editorial"和"Leading Article"的含义指出，社论是报纸上评论的一种，是由本报社的人所撰写的，足以代表报社的意见和立场。据此，他提出社论的定义："社论者，代表报社之意见，对于时事，有所解释、批判及主张，以期指导读者之论评也。"[1] 张友渔对社论的定义大致厘清了社论的性质、立场、功能，并据此作了详尽的分析阐释，打破了读者爱好读社论却不知其意义的混沌状态。鉴于社论为报纸评论的一种，张友渔对报纸评论的起源问题作了深入的考辨。他提出，"消息"和"评论"是报纸的两个基本要素，没有评论的报纸是不

---

[1] 张忧虞. 新闻之理论与现象（上篇）[M]. 太原：太原中外语文学会，1936：76.

完整的报纸，因而大胆作出论断：评论是与新闻同时出现的。前面在讨论新闻的起源与雏形的时候已经谈到，张友渔认为新闻的起源是口头新闻，新闻雏形的产生则以笔写新闻为标志，评论亦是随着笔写新闻的出现兴盛起来的。为了形象地阐明评论的起源，张友渔以日本的"井户端会议"和英国的咖啡馆为例展开说明。"井户端会议"即日本古代妇女在井边打水间隙闲聊家常的集合，她们在打听和传播邻里消息的同时，还会在嬉笑怒骂间对听到的消息或人物评头论足，这便是最早的新闻评论："在这些妇女们之间或在她们的集团和其他集团之间，增进了对立关系而完全成为敌对时，井户端会议则会由报告消息的机关，变为争论的机关，注重评论，有甚于叙事了。"[①] 除了日本，在亨利时代英国伦敦的咖啡馆和小餐馆里，也有边喝茶边听人叙述、品评新闻的风习，这亦算是早期交换"消息"和"评论"的代名词。到了笔写新闻时代，随着报刊的诞生，评论的发展更盛。例如，《左氏春秋传》在每篇叙事之后都附有"君子曰"，这正是一种典型的评论；王安石因为《春秋》的文字脱阙、残缺不全，指斥其为"断烂朝报"，明末程登吉则认为《春秋》"一字之褒，荣于华衮；一字之贬，严于斧钺"，这亦是一种评论。张友渔还特别注明，尽管口头新闻和笔写新闻是评论的发端，但严格意义上的报纸评论还是随着印刷术的普及才勃兴的，特别是伴随着阶级对立和斗争的加剧，评论的重要性更为凸显。

张友渔还指出社论是在阶级斗争的社会关系中被创作出来并发挥作用的。他从多个方面对社论的概念进行了解构性的阐释。

第一，社论必为一种论评，非泛然不切事实、不着边际的普通论文。张友渔的意思即社论必须依据事实，立足主题，不可空洞，言之有物。对此，他引用了刘勰《文心雕龙》的《论说》篇："昔仲尼微言，门人追述，仰其经目，称为《论语》。盖群论立名，始于兹矣。自《论

---

① 张友渔. 报纸评论之起源 [J]. 世界日报·新闻学周刊，1934（9）.

语》以前，经无'论'字。论也者，弥论群言，而研精一理者也。"[①] 意即众论的起名从孔子《论语》开始，评论应当贯穿各家说法，精研出一个道理。他认同姚鼐在《古文辞类纂》中将论辩文体追溯至春秋战国时期的诸子学说，并认为自是而后，评论的体制甚多，内容更为丰富，论辩更为深刻。

第二，社论代表的是报社的意见和立场。报纸的论文文体多样，如专论、来论、选论、译论、代论和时论等。其中，当以社论的论辩最为深刻、直接，最能代表报社的意见与立场。张友渔道："社论者，表现报纸的个性之精神，之灵魂也；正直坦白，以表示其所抱之思想，感情，知识，社会的立场之喉舌也。"[②]

第三，社论是关于时事的评论。前面谈到，"消息"和"评论"是报纸的两个要素，报纸的第一任务就是报告时事，越新越好、越快越好。但人们往往不满足于知晓消息，抑或是囿于自身知识文化水平和思维想象能力，不能充分理解消息背后的深奥意义，而社论正是承担了此要务，它能够帮助人们理解时事背后的意义和动因。在革命战争或政治斗争激烈的非常时期，人民对时事的关心更甚也更急迫，报纸若不紧贴热点时事，并运用社论文体加以解读，很可能会导致销路大幅下滑。

第四，社论必须针对时事有所解释、批判及主张。正如上文所言，张友渔默认大众是缺乏批判思维和质疑能力的群体，因而在面对报纸提供的消息时，往往不能充分理解时事消息所蕴含的真正意义，预见其发展态势。由此，社论需要考察所论及事物的真相，再有理有据地批判，杜绝武断之批评，不可随意褒贬，妄加置评。针对批评文本，社论还需加解释，并表达报社的主张，这在思想或政治斗争时期显得尤为重要。

综合来看，在社论写作中，张友渔强调社论要关系时事，并对时事有所解释、批判及主张。他通过考察社论的起源、概念与功能等问题形

---

① 刘勰. 文心雕龙 [M]. 北京：中华书局，1985：25-26.
② 张忧虞. 新闻之理论与现象（上篇）[M]. 太原：太原中外语文学会，1936：78.

成了独特的社论观念,将社论的概念和功能置于阶级对立的社会关系中进行考察,强调社论的关键点在于针对时事的批判、解释及主张,因而社论具有指导大众的重要功能。总的来说,"张友渔的社论具有显著的阶级斗争特色,其论点鲜明、风格泼辣又灵活多变,讲究斗争策略,他将独特的斗争艺术与灵活的写作技巧结合起来,就是他的风格"[①]。同时也反映了当时"大众化与新闻宣传并存的时代的新闻评论观"[②]。

二、取稿标准与反"莠手"意识:报纸的编辑工作

张友渔的编辑出版经历占据了他新闻生涯中相当重要的一部分。张友渔于 1925 年成为北平《世界日报》的特约撰稿人,但他很快就从一般撰稿职务发展为报纸的兼职编辑,负责编辑《教育界》专栏和主编《国民日报》。1931 年,张友渔从日本回国后又主编《社会科学副刊》,在抗日战争期间还担任重庆生活书店编辑之职,并在生活书店编辑出版了《中国宪政论》《民主与宪政》《法与宪政》等多部书籍,具有相当丰富的编辑出版实践经验,也形成了独特的编辑出版观念。实际上,在新闻生产过程中,新闻信息的产生一方面有赖于新闻编辑的主观能动性;另一方面,新闻信息的流动和过滤需依靠新闻编辑来把关。"他们的创作动机和把关标准既来源于个人的立场、经验、看法、兴趣,也受到周围环境、报社同僚及读者的影响,亦据此具体决定着新闻报道的内容和模式。"[③]纵观张友渔的新闻作品,他对新闻编辑出版工作的关注点主要集中在报纸编辑的用稿标准、抄袭新闻等问题上。

1926 年 7 月 12 日发表于《世界日报》的杂文《小编辑之取稿标准》,是张友渔最早探讨新闻编辑工作的文章。他就当时的编辑审稿标

---

① 程曼丽,乔云霞. 中国新闻传媒人物志(第 5 辑)[M]. 北京:长城出版社,2014:180.
② 戴元光,等主编;单波,著. 20 世纪中国新闻学与传播学(应用新闻学卷)[M]. 上海:复旦大学出版社,2001:93.
③ 胡正强. 中国现代媒介批评研究[M]. 北京:中国传媒大学出版社,2010:71.

第三章　张友渔新闻思想的内容架构

准问题展开了考察，就审稿应该摒除偏见、一视同仁，还是去粗取精、节省时间进行了讨论与权衡。审稿标准问题的讨论源于张友渔与张恨水的一次工作心得交流。张恨水当时担任《夜光》和《明珠》的主编之职，张友渔则主要负责撰稿。二人素来交谈颇多，关于报社来稿的录用问题，两人意见有所不同。张友渔打趣道：

> 恨水曰："只要人家有稿子来，我没有不要的，至于不看，我没有此事。"（恨水按：断章取义，我不承认）。大公无私哉！诚小编辑中，仅见此人也。虽然，吾不之尽信焉。吾谓使非来稿极少，篇幅待填，而恨水又懒于下笔者，其于来稿，未必真能都看也。①

对于张恨水的取稿标准，张友渔认为过于费时费力，而当时编辑的取稿标准大都类似于"南郑北徐"。"南郑"即上海《小说月刊》和《公理日报》的主编郑振铎，"北徐"则是北京《晨报副刊》的主编徐志摩。他们二人虽然立场主张不一致，但编辑思想却有许多共通之处：一方面对来稿绝不存居高临下的门户之见，强调兼容并蓄；另一方面又本着严肃负责的专业精神，对稿件质量要求甚高。就郑振铎而言，他取稿从不因人而异，而是坚持衡文定夺，力图博采众长，这是他从事编辑出版工作的基本作风态度。他在《文学旬刊》改为"周刊"的改革宣言中指出："对于一切不同的主张，我们愿意容纳，一切在同道路上走着的作家，我们也都愿意合作。本刊正如一个小小的公开园地，谁愿意进来种植几株花草，我们都是开着大门欢迎的。"② 对于收到的来稿，他非常看重质量和价值，拒绝"卑劣的思想与游戏的态度"。徐志摩对于报刊来稿，同样表现出开放宽容和一视同仁的态度。他在主编《晨报副刊》之初发表的《我为什么来办我想怎么办》一文中就谈及"我们当然更盼望随时有外来精卓的稿件……同时我当然不敢保证进来的稿件都有登的希望，虽则难免遗珠，我这里选择也不得不谨慎，即使我极熟的朋友的

---

① 张友渔. 小编辑之取稿标准［N］. 世界日报，1926-07-12.
② 郑振铎. 本刊改革宣言［J］. 文学，1923（81）.

来件也一样有得到'退还不用'的快乐。我预先声明保留这点看稿的为难的必要，我永远托庇你们的宽容"①。因此，既敞开大门欢迎四方宾客，又小心谨慎、力求保持作品思想的尊严与独立性，是徐志摩一贯坚持的取稿标准。

对于郑振铎和徐志摩的取稿标准，张友渔觉得在一般投稿人看来可能是合情合理的，而初出茅庐的作家对此可能就会叫苦不迭了。但他从报社的立场出发，觉得编辑们如此取稿是不得已而为之。他自嘲道：

> 你想除几个小编辑像孙伏老一般想做大文宗，以"宏奖士类"为志外，大都是抱着我恨水先生所说吃饭主义罢了（恨水按：这是实话）。以吃饭为主义，则必求增加工资缩减作工时间，后者正可证明南郑北徐一般小编辑之所以不看无名作家的稿子之理由。因为无名作家的稿子，固然不少佳品，然而究竟是坏的东西多，看了又看，终不能用，何如不看呢？即使十篇中可找出两篇来，也便太耽误时间了。至于师友熟人的稿子，自己平素已相信的过，自不妨拿到便登。②

张友渔的主张显而易见，他认为报社编辑不看无名作家的稿件理由充足，无可厚非。因为每天审阅质量不佳的稿件无异于加重编辑的负担，耽误他们时间。而在师友熟人之间，大家因为了解彼此的行文风格和观点主张，其文章质量更有保障。因此，他力劝友人张恨水采取这样更为聪明省事的办法作为取稿标准。

在杂文《小编辑的怨声补遗》中，张友渔借张恨水的《小编辑的怨声》一文作了拓展延伸，就报社编辑工作中的怨声和难处进行了述说和补充。其观点主要有三。第一，文丐先生（张恨水的笔名）认为，没有题目是小编辑的苦处之一。但张友渔提出，很多时候，有题目或有很多题目，抑或是因为某些原因或压力不敢拿来做文章的题目，更是一种苦

---

① 徐志摩. 我为什么来办我想怎么办 [J]. 晨报副镌，1925，1925（49）.
② 张友渔. 小编辑之取稿标准 [N]. 世界日报，1926-07-12.

处。第二，文丐先生说，来稿不可用实为一种苦处。但张友渔认为，没有人来稿，只得自己做文章更是一种苦处。第三，则是编辑的人情问题。朋友的来稿，在质量和感情之间如何权衡，是另一种苦处。张友渔说出了当时很多新闻从业者的心声，即新闻稿件的背后势力、稿件的来源，以及审稿的标准，都是他们不得不考虑和衡量的因素。编辑如何在现实工作中权衡利弊，改善自己的职业心态，体现自己的专业素质，实现审稿编辑工作的最优化，是值得深刻检讨和反思的。

同时，报纸编辑的职业素养也决定了报纸的取稿标准，张友渔特别指出了这一点。清末民初，政党报纸勃兴，新闻造假成为政治斗争的一种手段，加之报纸大众化浪潮的到来和资本利益的驱使，"黄色报刊"开始出现，耸人听闻的不实信息常见诸报端，以至于新闻失实问题日益严重，成为当时新闻报道的顽疾。张友渔在1933年12月14日《世界日报》的《新闻学周刊》创刊号上登载的文章《由消息的真伪谈到天津〈益世报〉的失败》中，首先根据经验判断报纸登载不可靠消息的原因有三："第一，报纸是阶级斗争的武器，它难免受到背后势力的支配与影响。因此报纸上的消息很容易被渗透阶级意识和党派意识，于是真相便被遮蔽或被改变。第二，受政治或社会舆论的各种压力，使得报纸不得不违心登载一些不可靠的消息。第三，报纸编撰者自身缺乏辨别和思考能力。"[①] 由于前两者难以避免，张友渔就报纸记者和编辑自身的业务能力和职业心态展开了批评。为了进一步说明业务能力的缺失和职业心态的偏倚可能带来的负面影响，他列举了一则由天津《益世报》刊发的苏俄击毁日本飞机和军舰的失实新闻来对事件原委进行剖析。不同于其他报纸小心翼翼地抱着怀疑的态度，加上"据传"或问号的做法，天津《益世报》直接在头版头条登载，语气措辞冲动激烈，欣喜之情溢于言表：

---

① 张友渔. 由消息的真伪谈到天津《益世报》的失败[J]. 世界日报·新闻学周刊，1933（创刊号）.

日军显然示弱于俄！飞机六架，军舰二艘，被俄军击毁；飞行家二十人，或捕或杀，真象尚在秘密中。凌辱甚矣！何竟不闻膺惩声？……此地官方对此报告，绝对拒绝讨论。莫斯科的多数观察者，及其他消息灵通方面，均坚持此种事件不能长久隐瞒世界。无论如何，莫斯科对此消息，为之震惊。多数外国人士及俄人，相信最近为俄军所杀戮拘禁之日本飞行家，至少有二十人。此事之全体真相尚在神秘中，此消息虽日渐流传，但官方拒绝讨论。……惟此说来源，现尚不明。①

张友渔在阅读全文后提出，这篇报道第一眼看去，从标题和排版开始就已经注定了它的失败。因为《益世报》将它排在了头条"要闻版"，并用大字标题突出，想不引起读者的注意都难。果不其然，这篇恨不得昭告天下的报道所透露的信息，第二天便被苏俄的塔斯社证实为虚假消息。实际上，正如原文所言，"此说来源现尚不明""全体真相尚在神秘中"，如果记者能够在获悉消息的时候就平心静气，摒除偏见和臆测，依据事实加以思考并提出质疑，而不是由着民族感情的驱使，将不明来源的信息直接置于头版头条发表，同类新闻失实现象是完全可以避免的。张友渔提出，正如这则消息，按照常识惯例来思索，"首先如果日军飞机进入苏俄领空而被击落的话，苏俄并无严守秘密、隐瞒于世的必要；其次，消息来源是一则并无检查扣留必要的电讯，而非苏俄政府的塔斯社，不甚可靠；第三，原电报的文字便已表示半信半疑的态度，编者更不应该武断自加确定的叙述了"②。由此可见，正是不加求证的敷衍报道态度和感情用事的民族主义情绪的煽动，驱使该报的新闻记者和报社编辑将道听途说、未经证实的消息仓促刊出，导致了此次天津《益世报》的失实。由此可见报人的职业心态和素养也对报纸的取稿标准具

---

① 张友渔. 由消息的真伪谈到天津《益世报》的失败[J]. 世界日报·新闻学周刊，1933（创刊号）.
② 张友渔. 由消息的真伪谈到天津《益世报》的失败[J]. 世界日报·新闻学周刊，1933（创刊号）.

第三章 张友渔新闻思想的内容架构

有决定性的作用。

在当时的文化界和新闻界，文章剽窃抄袭日渐增多的现象也引起了张友渔的注意。他对这类剽窃现象展开了分析，并对报纸编辑工作进行了思考。张友渔在为《世界日报》副刊《明珠》撰稿时，发现"光顾"《明珠》的剽窃文章之辈如雨后春笋一般，络绎不绝。最令他咋舌的是，这类人行剽窃之事，竟不知收敛，反而四处炫耀求售卖文。在杂文《弄手心理》中，张友渔将这类剽窃文章的人称为"弄手"，认为"弄手"之所以存在，是利己心理作祟。他们利己的方式主要有三种，即出风头、赚稿费和恶作剧。张友渔对此进行了剖析，认为恶作剧的情况应该不多，归根结底应是为赚稿费而来：

> 据人们说，一为出风头，二为赚稿费，还有一因，便是为满足愚弄人之开玩笑欲，向编辑先生恶作剧。诚然此三种都有理由。不过，出风头的弄手，不像近来这些弄手的样子。他们最妙的是偷人之意，其次是偷人之词，而偷词之法，也是东抄一段，西偷一句，使失主不觉，觉亦无可奈何。若整篇、整段抄袭别人的东西，又不加一些儿润色、改制，那真是笨伯，只有丢丑，没有幸免，说不到出风头。向编辑恶作剧，这固然不是没有的事。但吃饱饭，没事干，却来费笔墨，耗功夫，抄写一大篇东西来开一下子玩笑，这有什么必要？干这类勾当的人，总比较要算少数呢。①

张友渔认为，他们为了区区一丁点稿费而做弄手，因小利而失人格，可谓寡廉鲜耻，看起来实在不那么划算。那么，哪类人群会为了维持生计而去当弄手呢？根据自己做编辑和撰稿的经验，他认为做弄手的人能够偷人文思、转换概念，必然是受过一定教育的。除去专门耍弄笔杆子的文丐，即靠卖文为生、迎合世俗的人，还有普通知识分子文人，剩下的就是大学生和中学生了。而在其中，大学生当属弄手中最令人意

---

① 张友渔. 弄手心理[N]. 世界日报，1926-09-04.

想不到的群体。张友渔做编辑时，回想自己时常能看到大学生的来稿，稿子末尾都写着"受酬"二字。见学生们为获得一点小钱而被驱迫着来投稿，张友渔不胜唏嘘。不管是为生计所迫，还是为了出风头，抑或仅仅是恶作剧，此风都断不可长。张友渔提出应针对这种剽窃现象采取应对措施，建议可采取"'同人的门罗主义'和'利权不外溢的白相主义'"[①]。他的言外之意是，作为新闻从业者，报纸编辑本身于法于理，都无权干涉和制止弄手们的剽窃行为和投稿行为，不如效仿"门罗主义"，采取客观中立的态度和一笑置之的心态，不鼓励但也不拒收他们的来稿。但对于收到的来稿，报社编辑就享有处理评判的权利了，可以效仿当时对待国货的"利权不外溢"的态度，严格担起把关人的职责，淘汰筛选掉弄手们的文章即可。久而久之，弄手们的来稿犹如石沉大海，无法获利，自然也就不会再剽窃抄袭了。

在杂文《抄袭问题》中，张友渔就报纸编辑如何应对来稿抄袭问题展开了探讨和批判。他谈到不愠斋主"一箭双雕"的"讼师"公案，即波君和菀林君二人都是"'见诸前人笔记，并经刀笔精菁所刊，惟字里行间，略加窜改'，他们算不上地道的弄手，却是'拾人之遗'者，和弄手的居心不同，结果却不异。且所记都是'故事'，而非'今事'"[②]。张友渔由此建议编辑，对于涉及历史体裁的文章一定要小心谨慎。另外，各类笑谈和海外珍闻，无论是写作还是翻译，务必慎重。经此一事，张友渔再次郑重地建议张恨水，取稿最好向靠得住的朋友伸手，毋宁做一个偷懒的编辑。他还建议张恨水可以多关注一些涉及当下现实的稿子，故事、笑谈、珍闻一类的体裁，应格外留意一些，避免给抄袭的投稿者可乘之机。

综上可见，张友渔对报纸编辑出版工作的观察、反思和建议，都源于他对时局事态的考察和编辑出版经验的积累。第一，张友渔认为报纸

---

① 张友渔. 弄手心理 [N]. 世界日报，1926-09-04.
② 张友渔. 抄袭问题 [N]. 世界日报，1926-07-28.

编辑要通过考虑多重因素来优化取稿标准，改善职业心态，提升审稿水平。第二，面对剽窃抄袭文章的现象，编辑要懂得巧妙迂回地应对。张友渔认为可以采取不鼓励但也不拒收的方式，严格担起把关人的职责，淘汰筛选掉抄袭的文章即可。在他看来，报人的取稿标准和反"弄手"意识，是报纸编辑工作的重要部分。

三、"疯狗"精神：报纸副刊的力量

张友渔从报纸副刊的内容、文体和专栏设置等方面着手，提出报纸副刊要有"疯狗"精神。在《报人生涯三十年》一文中，张友渔特别谈到："由于我对报纸性质的理论有了清楚的认识，对报纸副刊的性质和方针，也有了新的看法。"① 张友渔着重强调报纸副刊的体裁内容和社会责任感，这一点在他对《世界日报》副刊《明珠》的观照和批评之中最能体现。

报纸副刊的出现与勃兴是近代中国报刊发展史上独特的现象，不同于正刊注重消息和评论，副刊以刊登文艺性作品为主。副刊的兴盛不仅拓宽了报纸的营利销路，还创造了大量优秀的文学作品，推动了近代中国的文化传承和民族价值观的形成。"1897年11月24日，《字林沪报》出于和众多以消闲、游戏、趣味为主旨的小报的竞争，率先把副刊类文字印成单张，取名为《消闲报》，随正报赠送，被认为是中国最早的报纸副刊。"② 这也奠定了早期报纸副刊消闲性和趣味性的整体基调。早期的旧式副刊内容杂芜，格调欠高。五四新文化运动以后，"反对旧文学，提倡新文学"的呼声渐高，以提倡传播新知识、新风尚为目的的新式副刊应运而生。由成舍我创办、张恨水主编的《世界晚报》副刊《夜光》和《世界日报》副刊《明珠》正是其中的佼佼者。作为《世界日

---

① 张友渔. 报人生涯三十年 [M]. 重庆：重庆出版社，1982：13.
② 魏剑美，骆一歌. 中国报纸副刊史 [M]. 北京：新华出版社，2015：3.

报》的主笔，张友渔始终对《明珠》保持着高度关注，而随着不同时期民众对副刊风格和功能需求的变化，他的态度、意见也有所不同。

1925年，《明珠》创刊之初，特约撰稿人朱虚白提出"明珠体"的问题，报社成员就此围绕《明珠》的体裁内容展开探讨。当时，北平的报界竞争激烈，除了消息报道及时、迅速，各报还通过发展副刊的趣味性来争取读者。与同时期的副刊内容相似，《明珠》也主要刊载诗词歌赋、风月小品等。借着探讨"明珠体"的契机，张友渔于1925年12月28日在《世界日报》上发表了文章《明珠体是圆润光亮的》。他在文中谈及对"明珠体"的期待：

> 依我说明珠的体，原是圆润光亮的，因为要圆，所以不滞于一个方隅；因为要润，所以不取呆板的面孔；因为要光，所以常照见人家的隐处；因为要亮，所以常打开自己的胸膛。总之，明珠是不能吃不能喝，却被人爱惜赏玩的东西，它不求实用不求畅销，须知珠玉之类，原不是实用的东西，原不能普遍的销售。
>
> 明白说一句，明珠的体裁，虽然在明珠出世之初曾经正式声明过，不过法不成法，它不能无所变迁，更改。要以不失圆润光亮的性质而能使别人爱惜赏玩为度。一定要追问它究竟是怎样的范围，我想它才真是岂明先生所加于《语丝》的衔号，"不伦不类"呢。[①]

20世纪20年代，鉴于当时的社会需求和新文学蓬勃发展的趋势，张友渔明显赞同副刊供人"爱惜赏玩"的性质。他将副刊《明珠》视为珠玉，认为其本身就有别于普通的媒介载体形式，虽不实用却值得收藏赏玩。由此，他希望"明珠体"是活泼新鲜且多元的，既要追求创新自强，也要懂得兼收并蓄，要知晓世无定法，才能真正与时俱进。

张友渔虽然希望"明珠体"能够大胆进步，却不想《明珠》还是向经济低头了。在1926年1月1日刊发的《明珠光耀中之新年景物》中，

---

① 张友渔. 明珠体是圆润光亮的 [N]. 世界日报，1925-12-28.

张友渔表达了对《明珠》新年刊以月份牌（广告）为头版头条做法的失望：

> 明珠其铁丸乎？何其暗也？明珠其古鉴乎？何其锈也？明珠其投入于夜中乎？何其尽失其光耀也？非然者，明珠宜尽照见新年之景物矣。然而新年之景物，竟鲜有呈现于明珠光耀中者也。有之，则惟一新制之月份牌耳。……此陈陈相因，岁岁不改之旧景旧物，虽有光辉，乌得而照诸？明珠之所得照者，悬于壁上之一五色的月份牌耳。……故除此月份牌外，尚何有景？尚何有物？明珠之无所照也宜矣。……今者人方熙攘庆祝于此新年之旧景物中，明珠只得光耀隐晦，与世暂别数日而已！①

张友渔的忧虑失望实则影射了当时报纸副刊发展的两难境地。一方面，五四新文化运动之后，"文人论政"传统的存续，使得知识分子期盼这种文学与新闻相结合的新媒介，能够成为政治宣传和思想启蒙的新阵地。另一方面，"报纸大众化"的浪潮来袭，驱使着报社经营者不得不精打细算，更为看重其利益生成的可能。报纸副刊亦不得不在夹缝中摸索着前进，努力寻求生存与进步之间的平衡。

在《明珠》创刊一周年之际，张友渔在《一年来〈明珠〉的文体》中进行了年度总结。他不由得感叹和讽刺，北京城圈里的文人墨客、名人教授都喜欢附庸风雅，好读代表精英主义立场的《晨报副镌》和《京报副刊》，而《明珠》和《夜光》好比上海《晶报》一般，报纸虽小，但大胆直言、力量无穷，能存活一年确实值得庆贺。据此，张友渔对《明珠》的灵魂、面貌和文体进行了概括：

> 《明珠》的灵魂，是他那"疯狗"的精神。《明珠》的面貌，是他那"典丽隽永"的文体。……当《明珠》怀胎十月将要"落草铺"的时候，我们讨论了《明珠》的各种问题。说到文体这一层，

---

① 张友渔. 明珠光耀中之新年景物［N］. 世界日报，1926-01-01.

大家主张"不古化",也"不欧化",要采用明了、通顺、流畅的国语文,但是简洁的文言文,也不妨掺入一二。①

"不古化""不欧化"的意思是,《明珠》的语言既不提倡传统文言文的写法,也不提倡不符合中国人阅读习惯的外文写法。但是,据张友渔观察,《明珠》一年来刊登的文章并没有完全遵守这条规则。由于报社的撰稿者和编辑主笔的文化背景、写作习惯和文法偏好不同,导致《明珠》上的文章既有老气横秋的论评,也有藻词缤纷的小说,亦有莎士比亚式的浪漫诗句。这样看上去,《明珠》的文体完全称得上"光怪陆离"了。不过,张友渔的思维并不僵化,他反而认为这样的文体不算坏事,既然明了、通顺、流畅的国语文已是趋势,如果"古化"和"欧化"难以避免,不如顺其自然,寻求它们同一的结合点——"典丽隽永"就足够了。他谈道:

> 只要"典丽隽永"就够了,什么"不古化"、"不欧化",这些死板板的规律,原不妨一脚踢倒。"定法不是法",我们起初定标准,就有些傻,推翻标准,才正是"进步"啊!此后我们只求其"典丽隽永",即不妨"光怪陆离",明珠派的实现,又何必呢?②

张友渔作为进步知识分子,其敢于打破既定标准规则的超前思想和勇气值得肯定,他对副刊《明珠》的行文风格和文体变化的细致观察,体现出他具备一定程度的科学研究精神;他对一些知识分子附庸风雅、追捧精英主义立场的副刊之行为嗤之以鼻,又体现出擅于批判质疑的慎独精神。

而上述所提到的《明珠》的灵魂,便是《明珠》所蕴含的"疯狗"精神。张友渔在《明珠是疯狗》中,以打趣的口吻通过讲述一则小故事展示了《明珠》的斗争力量和世人有眼无珠、玉石不分的社会现实。他将混沌不明事理的世人比作"瞎眼阿三",称其状态是:

---

① 张友渔. 一年来《明珠》的文体 [N]. 世界日报,1926-02-10.
② 张友渔. 一年来《明珠》的文体 [N]. 世界日报,1926-02-10.

第三章　张友渔新闻思想的内容架构

> 瞎眼阿三，挂着拐杖，乱摸乱撞，在大街上走来走去，他那里辨得清东南西北？又那里认得清青红皂白？只要他脚踏着地，他就认为是一堆泥；只要他杖击着的，他就认为是一只狗。人们应该避远他，若不避远他，你会变做泥和狗。①

尚有赤子之心的小孩子则隐喻了清醒的部分进步人士，他带着善意，将一颗光亮圆润、其价甚高的明珠投给了瞎眼阿三，却不想得罪了他，明珠也被阿三视为"疯狗"：

> 他无时不在晚上，无时感到光明……"按杖而不视"，他怒极了，觉着明珠之来，太无由了；明珠这东西，太坏了。他欲与小孩子拼命，他道："呸！什么明珠，他撞着我，简直等于石块儿……明珠撞着我，和疯狗咬着我，一般的使我不高兴。明珠可说就是疯狗。"②

《明珠》的璀璨耀眼和斗争力量不言而喻，张友渔认为在当时内忧外患、暗无天日的社会环境之下，副刊《明珠》的存在可以起到警醒世人、革故鼎新之效。然而，社会上总有瞎眼阿三一般的混沌度日、不辨是非之辈。于他们而言，《明珠》之类的进步书刊犹如石块儿，犹如疯狗，丝毫发挥不了明珠本身的有益力量。对此，张友渔的意见是，既然叫不醒装睡的人，明珠不如就做他们眼中的"疯狗"罢，继续保持光亮圆润，继续照耀世间，继续发挥其斗争性。

前面谈及，《世界晚报》副刊《夜光》和《世界日报》副刊《明珠》在张恨水的主编之下，通过连载《春明外史》和《金粉世家》等畅销小说带来的卖报收入竟一度超过广告收入，渐渐成为报社的经济支柱，从报纸的"报尾巴"一跃成为"主心骨"。然而，"副刊的作品虽然在一定程度上暴露了上层社会的罪恶，表现了对挣扎在社会底层的平民的同情，色调却不很明亮。在某种意义上说，它们反映的是市民的心理和趣

---

① 张友渔. 明珠是疯狗 [N]. 世界日报，1926-02-11.
② 张友渔. 明珠是疯狗 [N]. 世界日报，1926-02-11.

味，成为《世界日报》、《世界晚报》在市民中扩大销数的一种钓饵。张恨水也曾经把《明珠》、《夜光》一类的副刊名之为'趣味化'的文艺栏，并把'庄谐并含'的'小评'、'闲话'和长篇连载作为副刊主要栏目"[①]。由此可见，在当时竞争激烈的新闻界，《明珠》和《夜光》因为张恨水精彩的连载小说和成舍我得当的营销策略吸引了不少读者，但是以《夜光》和《明珠》为代表的"娱乐性"副刊文体风格却引发了一些争议和讨论。

如果说20世纪20年代张友渔对副刊《明珠》文体的期待是"典丽隽永"，不必有那么多死板的标准限制它成为人们"爱惜赏玩"的东西，到了30年代，副刊则开始摆脱正刊附属品的地位与性质，从边缘逐渐向中心过渡。张友渔希望副刊不要做只谈风月的消闲读物，同时也要关注时事，肩负起在趣味休闲中指导读者生活的任务。在1931年12月3日《世界日报》刊登的杂文《真个是别来有恙！》中，张友渔提出当前的世界、中国和我们都是"有恙"的，《明珠》不免也是"有恙"的。过去的已然过去，但今后的我们却不能再"有恙"下去，如此便会亡国灭种。张友渔针对《明珠》已然存在的"有恙"之处进行了总结与批判，并提出避免继续"有恙"的建议：

第一，应该抛弃了趣味中心的"报尾巴"文字之传统方针。"报尾巴"文字原是为了增加读者的趣味而产生的东西，故采取趣味中心的方针，本来不该非议。但当全世界"有恙"的时代，人类应该速谋有实效的自救之策，那里还有暇找寻趣味？

第二，应该把这块园地公诸大众，而不为少数人所占有。办"报尾巴"的人，自身常为小资产阶级文人，个人主义思想和浪漫生活色彩浓厚。"报尾巴"沦为自己或朋友之私产。常替少数人说话，所说的话都是和大众不相干的话。

第三，应该指导读者走向生活之坦途，不应该只求迎合读者的

[①] 冯并. 中国文艺副刊史[M]. 北京：华文出版社，2001：234.

劣等趣味。"报尾巴"向来不用负"指导"这种重大责任的。但为了治病，即治疗已有的"恙"，和防止将有的"恙"，不妨暂时肩起这责任。①

尽管副刊给报社带来了经济利润的增长，摆脱了边缘化的地位，却被以一些黄色庸俗或无病呻吟、矫揉造作的东西为招牌和卖点，以供人们茶余饭后消遣而遭到诟病，长期被蔑称为"报尾巴"或"报屁股"。对于副刊积存的弊病，张友渔有感而发，认为在"有恙"的世界，在"有恙"的中国，于"有恙"的我们而言，副刊已然无法置身事外。他再三强调副刊必须肩负起指导读者的职责，但指导并不是古板的说教，而应在文字的内容和技术上下功夫，给读者以思想上潜移默化的灌输与浸染，或者是暗示和感化。副刊虽然从诞生之日起便是报纸的附属品，但在全世界"有恙"的危难时刻，在中国面临几千年未有之变局时，"便是'报尾巴'这种小玩意，也应该一变平常时候的状态，而努力于自身和环境以及一切读者之病的治疗与死的预防。如果，依旧死气沉沉地表现着病的状态，反不如速死之为愈了！"② 可以看出，张友渔对报纸副刊的批评、关怀和期冀无疑是带着强烈的社会责任感的。

20世纪30年代，张友渔曾三次东渡日本，对日本新闻业现状和新闻史进行了考察和调研，并据此撰写了一些报告和通讯。1934年2月1日，《新闻学周刊》第7期刊登了张友渔的《日本报纸的文艺栏》。前面提到，张恨水等一批报人将报纸副刊视为具有趣味性的文艺栏，日本的报纸文艺栏在功能和内容上也类似于中国的文艺副刊。张友渔在文章中大致描绘了日本报纸文艺栏的现实情况，并总结了一些值得中国的文艺副刊学习的优点。据他观察，日本新闻界相当重视报纸的文艺栏，"在报社里，常把文艺栏，比喻为'养子'。它的内容，有文艺、美术的要素，也有思想、哲学的要素，并且由于社会的需要，更有广泛地包含着

---

① 张友渔. 真个是别来有恙！[N]. 世界日报，1931-12-03.
② 张友渔. 真个是别来有恙！[N]. 世界日报，1931-12-03.

一切科学的要素的。文艺栏在政治斗争这一件事上,也带有很大的使命。在文艺栏里,可以提倡新潮流,也可以拥护旧思想。可以煽动政治斗争,也可以麻醉民众思想"①。在他看来,无论是报社本身还是社会大众,首先要重视文艺副刊,要注重副刊的内容建设,避免文体和要素单一,提倡包罗万象,强调与时俱进,推动大众思想启蒙。其次,他特别强调副刊同样要具备政治斗争的力量,敢于同一切黑暗和压迫作斗争,这也正是他提出《明珠》要具备"疯狗"精神的原因。在他看来,中国文艺副刊的地位仍不够高,但当局的压迫却有增无减,只有注重内容的拓展与建设,提高副刊的斗争性,它才能长远发展。

综上所述,张友渔对报纸副刊的关注和批评,源于他的报人实践经验和对现实的观察感悟,正如他在《报人生涯三十年》中所总结的:"过去的报纸副刊,长期被称为'报屁股',登些黄色庸俗或无病呻吟的东西,只供人们茶余酒后消遣。再不应让副刊处于一种病态,要振作起来,登载振作人们精神的内容。"② 他提出报纸副刊一定要带有社会责任感的价值取向,要具有"疯狗"精神。一方面,张友渔希望副刊不要做只谈风月的消闲读物,同时也要关注时事,肩负起在趣味休闲中指导读者生活的任务;另一方面,他强调要注重副刊的内容建设,避免文体和要素单一,提倡包罗万象,强调与时俱进,推动大众思想启蒙,同时特别突出副刊要保持"疯狗"精神,具备政治斗争的力量。

四、"读报是一门学问":新闻资料的研究与运用

张友渔认为报纸的读者,尤其是青少年要学会读报与研究报,将读报作为一门学问来研究,同时要合理地运用新闻研究资料,这一点至关重要。对此,张友渔从实践观察的经验层面出发,对读者看报过程中的

---

① 张友渔. 日本报纸的文艺栏[J]. 世界日报·新闻学周刊, 1934 (7).
② 张友渔. 报人生涯三十年[M]. 重庆: 重庆出版社, 1982: 13.

研究分析能力以及存在的问题与障碍提出了批评性的建议，并表达了自己的希冀。

在1943年12月12日刊登在《青年生活》的《读报·研究报》中，张友渔就青少年懈怠于读报、不懂得如何读报的现象作了特别的批判和点评，并给予了科学中肯的学习建议。首先，张友渔批判了作为社会中坚力量的青年受众懒于读报，对报纸"不感兴趣"，不积极上进学习，故步自封的社会现象。他认为报纸是人类现实生活的写照与反映，也是科学知识汇集的宝库，只有不断保持学习的热情，了解现实客观情况，才能适应社会，进而改造社会。接着，他分析了青少年不读报的三类原因。其中，最主要的理由"不感兴趣"被认为是一种错误的认识。张友渔提出，兴趣是在不断的实践中产生的，并不是一成不变的。人会在发展中抛弃旧的兴趣，产生新的兴趣，只要肯下决心去培养兴趣，耐心坚持每天读报总会感到兴趣。第二种原因，则是经济情况和政治环境使然。张友渔认为这未免有夸大经济困难之嫌，因为当时绝大部分青少年都过着集体生活而非离群索居。自己如果没有买报订报的经济能力，可以几个人一起公摊买报，也可以利用公家的报纸，再不济可以去政府机关的阅报室看报学习。读报重在决心，最重要的是想读报，有读报的兴趣就会找到读报的办法。第三种不读报的理由，那就是报纸自身的问题，由于政治、经济、技术等方面的原因，报纸上的信息不一定可靠，总让人怀疑是非真假，甚至报纸的导向可能将人引入歧途，青少年不信任报纸所以不读报。据此，为了避免青少年不读报，或者带着忐忑不安的心理消极地读报，张友渔提出青少年读者还要学会研究报纸，提高辨别信息的能力。对此，他主要有五点主张：

首先，就要坚定地站在正确的立场上。应该根据正确的立场，观察、处理和判断从报纸所获得的材料。其次，要清楚地，认识报纸的背景和消息的来源，提高警觉性。第三，要拿客观的事实考验报纸的消息和言论。第四，要把握中心问题，抓住研究要点。要细读，精读。第五，研究的技术。必须做到剪报或索引。[①]

张友渔之所以如此谨慎、细致地对待报纸内容的鉴别与研究问题，主要原因在于当时处于战争年代，国内社会环境复杂，各类势力盘根错节，各个报纸导向迥异。如果读者不懂得分辨信息，很容易在思想认知上被带偏方向。在他看来，报纸作为阶级斗争的武器，其武器斗争性质最为明显。报纸上所刊登的消息和言论，很大部分是服从于背后的政治势力的。当然，报纸上也有一些客观的科学知识值得学习，读者不应该因噎废食、一笔抹杀。在面对报纸时，只需提高警惕性，带着批判和质疑的眼光加以解读。此外，他还谈到报纸的信息是由人生产加工把关的，难以保证不包含主观成分。因此，对报纸上的信息读者应选择性地利用：一方面，可以运用其他不同类型、性质的报纸来进行对比；另一方面，需要密切注意考察报纸内容的发展，进行系统的综合研究。

关于具体如何研究报纸，帮助青少年读者理解报纸内容，张友渔介绍了自己长久以来的读报经验与习惯。首先，张友渔强调既然下定决心读报，想通过读报获取知识、充实自己，那么就要精读和细读，切不可大概读和随意读。他建议在通读浏览一遍之后，要抓住文章的中心问题，再将中心问题代入文章进行回读。如此将问题意识贯穿文章，才能理解文章的深意，了解背后的立场。而且，读报应该重点阅读头条消息和有一定深度的文章，而不是为了猎奇追求新鲜只读副刊的趣味杂文。其次，就是上文提及的每日剪报或将重点内容做成索引，此项工作虽然麻烦枯燥，但若能长期坚持下来，必然会有进步。总的来说，由于长期负责文化界的工作，接触的人员不少，张友渔深知当时青少年不读报的原因，并通过介绍自己的经验感悟，来帮助他们提升读报的能力，以谋求自身的长远发展。

张友渔希望读者能学会鉴别和研究新闻资料的想法从未停止。抗日战争结束后，他在重庆《萌芽》杂志上发表了文章《读报也是一门学

[①] 张友渔. 读报·研究报 [N]. 新华日报，1943（70）.

问》,继续就如何读报和研究报提出建议。他提出读报和研究报应该和吃饭睡觉一样,成为现代社会公民日常生活的构成部分,同时也应将其当作一门学问,抱着严谨的做学问的态度,以科学的研究方法分析报纸。以此为出发点,张友渔谈了几点读报的方式:

> 首先,必须认清报纸的本质,只有明确报纸的二重性质,才能打破报纸所谓"超阶级"、"超党派"、严正中立、大公无私性质的神话。其次,要清楚任何一个报纸的内容都是为了维护自己所属阶级、党派和集团的利益,而起到斗争作用的,并将其作为衡量报纸内容的主要依据。第三,对于报纸的每一条消息,必须清楚认清它的来源。第四,不能只读一种报纸,要在不同立场和背景不同的报纸中,选择几个有代表性的报纸比较研究。第五,读报和研究其他学问一样,必须采取科学的方法。最后,必须拿客观事实做考验,依人民利益来衡量。[①]

与此前在抗战时期所作的文章《读报·研究报》相比,张友渔的大致论点其实并无明显变化。但在外患消除、帝国主义势力覆灭和国内社会根本矛盾发生变化的背景下,张友渔在给读者研究报纸的建议中,更强调要认清报纸的双重性质和政治立场,因为在当时新闻界鱼龙混杂的情况下,这是衡量报纸内容质量和导向的根本依据。

值得一提的是,不同于以往对机关报的认知的绝对化倾向,张友渔逐渐向客观中立的价值取向靠拢。他意识到报纸的内容导向并非一成不变的,其影响因素是复杂的、多变的。他认为统治集团的机关报有时也会为人民发声,充当人民的喉舌。读者不应该矫枉过正,完全拒绝统治阶级的机关报。机关报会在一定的限度和条件下展开自我批评,尽管批评的只是统治阶级中的个别现象和细碎的小问题,难以触及统治阶级本身,但这已算是很大的进步了。他建议读者不可完全信任统治阶级的报

---

① 张友渔. 读报也是一门学问 [J]. 萌芽,1946(3).

纸，也不可完全拒绝他们的报纸，而是应该开动脑筋，本着科学严谨、兼收并蓄的做学问的态度，在研究报纸的过程中，尽可能地展开实际的调查研究工作，并就报纸内容展开细腻的研读。关于报纸信息的来源，更要尽可能地多方考察，应该信任社会公信力较强的通讯社和报社。当然，"无条件地，无择别地，相信一切报纸的一切消息和完全不相信报纸的消息，同样是要不得的"[①]。张友渔还提醒读者要剔除断章取义的读报方法。通常一份报纸上刊登的消息并不一定是记者自行采访写作而成的，有很多消息是转载的，或直接共享了其他通讯社的信息，如此就很难认定消息的立场和背景是否完全一致。此外，张友渔还多次提到比较研究的方法："报纸篇幅有限，未必能包罗万象，应有尽有，故必须同时，读一般报纸以为补充；又每一个报纸都有它自己的特点，为了深入研究某一个问题，读对于这个问题特别有所记述和说明的报纸是必要的。"[②] 关于研究报纸的具体科学方法，张友渔拓展了"把握中心问题"的方法，除了把中心问题代入文章进行精读和细读从而了解客观情况、增强主观能力，还要勇于挑战特殊问题和专业问题。在研究各类问题时，要注意做到几点：第一，尽量做全面的了解，避免片面化、局部化而妄加置评；第二，要进行系统的分析，要注意事态的变化，以动态发展的眼光来看问题；第三，要注意问题之间的关联性，不能割裂、孤立地看待和研究问题；第四，张友渔提出要衡量报纸言论的正确性和报纸消息的真实性，就要开动脑筋，以客观事实为依据。

1984年张友渔为学术期刊《新闻研究资料》（后更名为《新闻与传播研究》）撰文《谈新闻资料》时又谈到对报纸的新闻资料的选择和运用问题。张友渔认为要想使新闻报道产生效果，不仅需要研究现实，还应该研究新闻理论、新闻史，以及新闻的分析方法和表达技术，新闻研究工作与新闻研究资料密不可分。张友渔认为读报和研究报纸上的资料

---

① 张友渔. 读报也是一门学问[J]. 萌芽，1946（3）.
② 张友渔. 读报也是一门学问[J]. 萌芽，1946（3）.

非常重要：

> 过去报纸所报道的事实和对于事实的分析评论，本身就是历史，而且是广泛性的、丰富的历史资料。因为新闻记载和新闻评论涉及政治、经济、文化以及社会生活各方面，新闻工作者也大都是各方面的活动家，有不少人还是重要的政治家，著名的文学家。他们的记载和评论，当然是研究历史的必然资料。而"鉴往知来"，"古为今用"，这些资料对当前社会主义现代化建设当然也会有所贡献。①

对此，张友渔就如何读报来研究新闻资料提出了自己的看法。首先，要有准确的基础研究资料，"特别是作为研究历史的资料，不是写小说，不能有半点虚假，不能有任何夸张。提供不准确的资料，对历史研究非徒无益，反而有害"②。因为不准确的新闻资料不能作为依据。张友渔特别提到了一些报刊上发表的人物传记或者回忆录，认为这些文章容易带有主观倾向和夸大成分，不利于读者了解真实情况，应该谨慎使用。其次，读者应该懂得有选择地运用报纸上的新闻资料："不能无选择、无区别地不分内容好坏、质量高低，什么都要，成为一盘大杂烩。当然，这不是说，只要正面资料，不要反面资料。"③ 在张友渔看来，无论是正面的资料和经验还是反面的，都可以借鉴运用，关键看如何选择和分辨。因此，历史唯物主义的视角就显得尤为重要，一定要避免"以今情测古意"，用今天的标准与眼光来判断和批判过去的东西是否可取；也要摒弃一成不变的老旧思维，以为过去的所有经验和资料到今天依旧适用。

总的来说，张友渔将读报视为一门学问，倡导读者要通过坚持读报获取知识、充实自己。一方面，读者要学会研究报纸，不仅要精读和细

---

① 张友渔，著；王迪，整理. 张友渔新闻学论文选 [M]. 北京：新华出版社，1988：135.
② 张友渔，著；王迪，整理. 张友渔新闻学论文选 [M]. 北京：新华出版社，1988：135.
③ 张友渔，著；王迪，整理. 张友渔新闻学论文选 [M]. 北京：新华出版社，1988：136.

读,还要全面系统地分析报纸上的新闻资料,提高辨别信息的能力;另一方面,读者一定要准确选择新闻资料,要以历史唯物主义的视角来看待和运用新闻研究资料。

第三节　张友渔围绕新闻发展史的论述

回顾已有的张友渔研究,学界的关注点多集中在他的新闻理论观念和对报刊实践的观察与思考上,对张友渔的新闻史学观念却少有人提及、探讨。事实上,张友渔对中外新闻史颇为关注,投入了不少精力学习和研究。在《日本新闻发达史》上册第一章的末尾,张友渔谈及自己付出心力研究日本新闻发达史的原因有二:其一,他想要清楚地了解日本新闻的现状,必然要研究过去和将来的新闻及其社会形态和需求;其二,他认为中国的新闻在原则上也会走日本的路,研究日本新闻发达史是在为中国的新闻发达做历史准备。1935年,他第三次赴日学习,一边进行政治、经济和社会方面的调查研究,一边钻研新闻理论,阅读马克思主义论著。据张友渔回忆,他每天都到上野图书馆阅读相关资料,并到大阪等地进行实地社会调查,完成了用日文写作的《日本新闻发达史》上册,同年回国后他将《日本新闻发达史》上册加以补充,译成中文,由天津新知识书店出版。全书原计划分为三卷,可惜因为"七七事变",该书资料遗失,故仅存上卷。通过分析《日本新闻发达史》上册,可以看到张友渔对新闻的发生、发展与发达问题的关注与思考。

一、阶级的产生和笔写新闻的出现:新闻的起源及雏形

在考察日本新闻发达史的过程中,张友渔通过收集相关史料和展开实地调查,对新闻的起源与雏形等基本问题进行了一定程度的研究和探讨。张友渔认为新闻发生于原始社会之后,真正意义上的新闻则是资本

主义社会的产物，是与阶级斗争相伴相生的，是随着资本主义社会的发展而发展的。但实际上，在资本主义社会以前，新闻的雏形已经存在，而且起源于久远的古代。在此之前的新闻，虽然不能称之为具有近现代意义的新闻，它们所存在的社会也还没有显著的阶级斗争，但是各个部落、势力、国家之间大大小小的骚乱、压制、暴动和战争却不可避免，而作为反抗压迫的有力武器之一，新闻已经发挥了应有的斗争性。

张友渔在《日本新闻发达史》中通过回溯新闻发生、发展与发达的演进过程，重点考察了新闻的斗争性发生和发展的关键问题。他通过阅读世界新闻史，并综合英国新闻史家威廉姆斯（J. B. Williams）及日本的藤原勘治（Kanji Fujiwara）、松尾松治（Matsuji Matsuo）等人围绕新闻"本能基因说"的争论后认为，新闻的出现的确源于人类的好奇心和交换新知识的欲望，但新闻绝不是和社会的发生同时发生的，而是社会发展到一定阶段时，新闻才开始发端。从现存史料看，在世界新闻史上，各地新闻的起源在形式和内容上固然存在差异，却有类似新闻纸的现象和事物发生。在中国，如《诗经》的国风；在日本，如日本书记中的童谣；在埃及和阿西利亚，如以传说为材料的古诗等，大都是把当时的新事件由甲传给乙的媒介物。

那么，什么样性质的社会才能促使新闻起源，并出现雏形呢？张友渔认为原始社会绝不可能产生新闻，因为在没有阶级的原始社会里，虽然有两性的斗争，乃至两个集团或两个血族组织的斗争，但这种斗争还不需借助于言语乃至理知，自然不会产生作为阶级斗争武器的新闻或其类似物了。纵使仅就新闻最显著的功能，即所谓报告事实的机能而言，也不是前阶级社会所需求的。因此，新闻绝不可能起源于原始社会。他认同恩格斯的说法，当以血族为纽带的氏族社会形成后，劳动的生产性逐渐发达，同时私有财产、交易行为和劳动的可利用性促成财富的等差，从而产生了阶级对立的基础。而在阶级社会形成以后，家族关系完全为财产关系所支配，在这样的社会关系中，前所未有的阶级对立和阶级斗争开始滋生并发展。对新闻的发源来说也是如此。随着生产力的显著提升，人类社会渐渐从单纯的原始社会发展到了复杂的阶级社会，于是社会里所发生的或正在发生的事件，也成为社会全体成员乃至大多数成员所不能直接知道的了。要确切了解一个事件，有的人须向别人打听，有的人须向别人传达，这就逐渐发展成为全社会的需求。此外，在阶级社会里，统治阶级和被统治阶级往往都需要宣布有利于自己的信息，传达自己的主张，作为阶级斗争的策略和工具的新闻便应运而生。

不同的媒介形态所呈现的新闻斗争性程度迥然不同。在新闻媒介的形态较为初始，尚未规模化的时期，新闻的斗争性也只处于萌芽状态。世界新闻的发展始于口头新闻。恺撒时期的罗马人常打听远方旅行者的见闻，将所听到的谈话内容转卖给别的市民；日本"井户端会议"的妇女们将在井边打水时听闻的家常八卦加以传播；伦敦、巴黎的人们则在咖啡厅里交换风闻，这些都是初期口头新闻的代表。初期的口头新闻仅存在于个人或者小群体之间，难以传播到范围更广的社会阶级之间。随着政治生活、经济生活的复杂化，口头新闻已经难以充分发挥新闻的功能。加之文字的普及和广泛运用，笔写新闻开始产生，新闻的雏形就此诞生，新闻的斗争性也开始出现。

在世界新闻史上，笔写新闻发源于罗马的恺撒时代。恺撒（Gaius Julius Caesar，公元前100—公元前44）首创的笔写新闻是元老院的会议报告和其他记事以及庶民院的会议报告和其他记事的公刊。前者为 *Acta Senetus*，即《普元老院报》；后者为 *Acta*，*Diurnal*，*Populi*，*Romani*，即《庶民院报》或《每日纪闻》。恺撒创刊这两种新闻的目的在于对抗并制衡专权的元老院和庶民院。恺撒希望依靠舆论，阻止两院垄断政权。可见恺撒把新闻当作政治斗争的武器。而随着罗马帝国的覆灭，中世纪持续百年的战争为"通信式新闻"和"书简式新闻"提供了兴盛发达的机会，"战况新闻"成为战士亲属的殷切期盼，在各个国家流行。可以看出战争仍和阶级社会互相依存、紧密联系，新闻也被当作阶级斗争的武器，随着战争的持续不断而逐渐发达。这不仅基于满足读者渴望战事消息的心理需要，也是统治阶级利用新闻欺瞒民众、动员民众，以达其遂行战争的目的的需要。

在张友渔看来，因为社会阶级间的对立发生得早并表现得更为明显，日本新闻史上笔写新闻这一新闻雏形的出现，更能凸显和说明新闻阶级斗争的性质。如小野秀雄所谈到的，在日本，讽刺政治或社会黑暗的"落书""落首"之类的用笔抄写的贴在权贵门前的纸张，以及供人借阅回览发行的"回读笔写新闻"，自古便流行于识字阶层之间，被围观的人们争相诵读、传说，和俗谣流行于不识字阶层之间是同样的。这种滑稽而深刻地讽刺政治或社会的"落书""落首"，实际上正是公众舆论的表现，也可以说是被支配阶级对抗支配阶级的武器。尽管"落书"和"落首"的内容不一定都是站在明确的阶级利益的立场，也不一定完全站在被支配阶级的立场猛烈地攻击支配阶级，但大体来说，其反映了民众对支配阶级的不满，带有攻击意味，是阶级社会复杂多变的阶级意义和社会意义的反映。

除此之外，在日本新闻的雏形中占据重要地位的还有一类叫作"读卖瓦版"的东西，即将需要传播的新闻内容雕刻在瓦版或木版上，印在一页或两页所谓半纸的日本白纸上用以读卖。元禄时代（1688—1740）"好色本"（淫书）的流行可以说是最初的"读卖瓦版"。另有以地震、火灾、仇杀、珍事奇闻等为中心的"读卖瓦版"和讽刺政治或社会黑暗的"落书"之类的"读卖瓦版"。这些传播社会事实和讽刺政治的"读卖瓦版"在性质和任务上都与"落书""落首"没有明显的差异，仍是支配阶级的斗争武器，也是对阶级社会里复杂的社会意识的反应，只是随着德川时代（1603—1868）农民暴动的频繁发生，渐渐从日常斗争发展到带有政治革命斗争的性质罢了。在当时的社会情况下，所谓伤风败俗的"好色本"（淫书）也不能不说是讽刺政治和社会状态的阶级斗争的武器。一方面，这些彩绘小说和绘本采用较为隐晦的方式，如将各武士或诸侯的姓名和"纹所"等象征性符号融入其中，暗含攻讦他们的不正行为之意；另一方面，当时掌握经济支配权、崇尚自由天地的商人阶级，因不屑也不满于严苛社会阶级制度的重压，不得不采用骄奢淫逸的方式来释放压抑的力量。"好色本"正是这样一种用以释放压力的媒介物，也可以看作商人们消极的阶级斗争武器。纵使这些东西不是阶级斗争的武器，而只是有伤风化的东西，也还是当时社会状态的反映。

综上可见，在张友渔看来，新闻发生于原始社会以后的社会阶段，社会复杂性的凸显和社会范围的扩大，使了解信息成为全体社会成员的迫切需求。而统治阶级和被统治阶级的分化，促使他们都需要宣布有利于自己的信息，传达自己的主张，新闻作为阶级斗争的策略和工具之一便应运而生；新闻雏形的发生主要以笔写新闻的出现为标志，被统治阶级为了反抗政治压迫和表达对社会黑暗的不满，借助内容不同、形式各异的笔写新闻来传播信息、抒发情怀、释放压抑、进行斗争；新闻的勃兴则以印刷新闻的出现为标志，能够批量复制的新闻才能称得上阶级斗争的武器。

二、产生、发展、成熟、衰颓与消亡：新闻发展的五个历史阶段

张友渔认为新闻是不断发展着的，他以日本新闻史为例，将新闻的历史分为产生、发展、成熟、衰颓、消亡五个阶段。张友渔新闻史学思想的独特之处就在于他对新闻发展的历史阶段的研究和对人类新闻史的分期方式。张友渔的基本史学观念在于，他认为历史是一个不断发展的过程，社会关系也是一个不断变化、发展的过程。现在的社会是经过不断的发展而形成的，其自身仍在不断地发展着。因此，现在的社会、过去的社会以及将来的社会都是紧密相连的。同样，现在的新闻、过去的新闻以及将来的新闻也有不能割断的关系。在《日本新闻发达史》中，张友渔认为要研究日本新闻的现状，并了解其发达的条件，比如社会的形态和需求，则必须研究过去和将来的日本新闻及其社会形态和需求。张友渔采用了历史唯物主义的方法对新闻的发展进行了研究和分期，正如他所说的：

我会说，我们从事日本新闻发达史的研究，不得不以"新闻是在阶级对立的人类社会中之阶级斗争的武器"这一点，为骨格，为中心。这便是说，先依阶级对立的人类社会之发展形态，以说明新闻之历史的发展形态；依阶级对立的人类社会之发展阶段，以区分新闻之历史的发展阶段。其次，依阶级对立的人类社会之各发展阶段的特性，以说明在这些各发展阶段的新闻之特性；更依各发展阶段的新闻之特性，以说明在阶级斗争上所演的任务。最后，依新闻的发展之往迹，以推测现在的新闻之将来的命运，因而断定将来的新闻的本质和任务。①

据此，张友渔首先提出当时学界对新闻发展的两种惯用历史分期方式，即以"新闻的发展形态本身为标准"和"依历史时代的划分来区分新闻的发展阶段"，并展开说明。

对以"新闻的发展形态本身为标准"来说，张友渔认为小野秀雄和戈公振正是以此为标准对新闻进行分期的。在小野秀雄的《日本新闻发达史》中，他把"新闻的祖先""翻译翻刻新闻时代""新闻纸的初表现""现代新闻的创始""政论新闻时代""新闻纸的恐怖时代""所谓小新闻的创刊""各社得意的绝顶""政党机关新闻时代"等，作为各章的题目。戈公振的《中国报学史》则把"官报独占时期""外报创始时期""民报勃兴时期"等作为各章的题目。张友渔认为这种区分方法不是绝对不可采用，反倒是有时不能不采用。但是这种分期方式有两种弊端："第一，像前面所述，新闻为社会的一现象，它的发达，需要社会条件的助成或为社会条件所制约；抛开社会的发展形态及其阶段而专研究新闻本身的发展阶段，则必不能有所获，尤其不能理解并说明新闻是阶级对立的人类社会中之阶级斗争的武器的本质和任务。第二，专采用这种方法，则所区分的阶段，必离乱而不明晰。因为在新闻的发展形态本

---

① 张友彝. 日本新闻发达史（上）[M]. 北平：北平世界编译社，1937：22—23.

身，不容易很明显地发现区分阶段的标准。"[①] 张友渔就此认为，这种分期方法在区分细目时可以采用，在区分大纲时则不可采用。而依照社会的发展阶段来区分新闻的发展阶段，并在各发展阶段依照新闻的发展形态本身详细地区分和说明才是比较妥当的办法。

由此，张友渔明确自己正是采取"依历史时代的划分来区分新闻的发展阶段"的方式进行分期的。他认为，因为历史是社会发展的记录，所以这种区分方法，是依照社会的发展阶段来区分新闻的发展阶段，这原则上是无可非议的。"但向来历史家区分历史的时代的方法，少有注意到各时代的特质和各时代相互间的联络，仅设定一种时间观念，随意割裂历史，于研究历史，毫没有什么辅助。"[②] 张友渔也否定了佐野学所批评的按照日本时代名称进行分期的方式，认为设定时间观念不能判明各时代的特质，也不能表现各时代相互间的内在联络。正因为历史时代的区分并不适当，所以依照这种历史时代的区分方法来区分新闻的发展阶段，当然不能获得正确的认识和理解。张友渔所认同的是佐野学在《日本历史》中的分期方式，分为"原始农业共产社会之时代""神权族长的奴隶国家之时代""封建国家发生时代""封建国家之成立发展时代""封建国家之烂熟颓废之时代""现代之日本，即资本主义国家时代"。张友渔认为这种区分历史时代的方法，是依照生产关系的变迁，说明历史发展阶段的方法，是研究历史最妥当的方法，因此他也采取这种方法来区分新闻发达的阶段。但他明确新闻是近代的产物，它的发生和发展的动机，可以说是存在于资本主义社会组织当中的。因此张友渔在日本新闻发达史的研究基础上，以资本主义社会的新闻为主要研究对象和划分依据。

据此，张友渔以日本新闻史为例，将新闻发生、发展和发达的历史分为五个阶段：资本主义社会以前的新闻（明治四年以前），资本主义

---

① 张友彝. 日本新闻发达史（上）[M]. 北平：北平世界编译社，1937：23.
② 张友彝. 日本新闻发达史（上）[M]. 北平：北平世界编译社，1937：24.

第三章 张友渔新闻思想的内容架构

社会发展期的新闻（明治四年到明治二十年），资本主义社会完成期的新闻（明治二十一年到欧洲大战为止的新闻），资本主义社会烂熟期的新闻（欧战以来的时期）和将来的新闻（阶级消灭以后的社会）。

第一，资本主义社会以前的新闻。在明确了真正的新闻是近代资本主义的产物后，张友渔在以日本为例考察资本主义社会以前的新闻时，将与新闻起源的关联因素考虑进去。他依据佐野学的见解，以明治四年为日本资本主义社会的分界点，提出资本主义社会以前的德川时代是"封建社会之烂熟及颓废时代"，而在这一时代里，资本主义的组织和精神已经露出端倪，新闻的雏形已经出现。张友渔在阅读《日本历史》后认为德川时代已经出现了工厂手工业，为明治维新做了基础准备，也促成了日本新闻的发生，即出现了翻译或翻刻外国新闻之官版翻译新闻和官版翻刻新闻。张友渔谈道："这实在是经过某种程度的发达和变迁的过程，而发展到近代新闻的阶段来的。虽说是'舶来品'，但比较'土产的'新闻，实在更进步了！"① 而日本初期新闻的勃兴是以各种形式的笔写新闻的出现为标志的，张友渔却认为"勃兴"并不意味着"发达"，"发达了的新闻，决不是仅凭'笔写'的生产方式所能无窒碍地生产的。因为'笔写'的生产方式，不能大量生产。不能大量生产，即不能满足社会的需求，因而也不能尽了作为阶级斗争的武器之新闻的任务"②。

第二，资本主义社会发展期的新闻。在张友渔看来，日本资本主义的开始是以明治四年广藩置县为标志的，近代新闻的创始则以《横滨每日新闻》为起点，它模仿了在当时横滨所发行的英文新闻，这是日本最早的西洋式新闻，也是日本近代新闻的肇始。当时运用新闻的阶层有三：一是新支配阶级，为了利用新闻而提倡它、维护它；二是先知先觉的知识分子，为了灌输和传播西方文化而运用新闻报刊；三

---

① 张友彝. 日本新闻发达史（上）[M]. 北平：北平世界编译社，1937：83.
② 张友彝. 日本新闻发达史（上）[M]. 北平：北平世界编译社，1937：98.

119

是商人阶层，为了追逐利益而选择新闻。张友渔特别谈到，影响近代新闻发达的要素，除了政治因素、文化氛围、社会上营利心的普及，还有近代交通条件的改善，以及铅活字印刷的发明与应用。在考察日本新闻的资本主义发展期时，张友渔发现了新闻与政治之间复杂的关系，这也成为他进一步探讨新闻与政治的关系的契机。张友渔意识到，日本历史上政府与新闻的关系相当复杂，"明治三年以来，新政府为了利用新闻，曾经提倡它，拥护它。但到了明治六七年之交，新闻既已表现着成为政府的敌人之趋势，对于新闻所取的态度，也渐渐严厉了。政府感觉到拘束新闻记者身体，钳制新闻记者言论的新闻条例和谗谤律，还不能收完全良好的效果，于是更进而讲求束缚新闻自身之道"①。因此，在日本资本主义发展后期，新闻渐渐偏向于政党新闻，各政治势力都开始运用机关新闻展开言论斗争。此后，随着资产阶级与封建势力达成同盟，政党新闻也逐渐没落，新闻在政党新闻和营业本位之间有所平衡。由此，张友渔得出结论："在这一时期的新闻，也是在新旧势力的斗争上，演着重大的任务之斗争的武器，又是那时候的社会的对立形态之表现。"②

第三，资本主义社会完成期的新闻。③ 即经过资本主义社会的发展期，张友渔认为这一时期最为显著的特征就是资产阶级为了确立和巩固自身的支配权，维持自身的支配地位，而与封建地主阶级结成了政治同盟，以镇压新兴的无产阶级。他谈到，自明治二十年代起，日本经济的发展随着第二次工业革命从轻工业中心时代进入重工业中心时代，即资本主义经济逐渐确立的时代。他把这一时期叫作资本主义社会完成期。张友渔总结认为："不待说，所谓完成，是相对的完成，不是绝对的完成；即日本的资本主义社会，是包含着封建的成分和资本主义社会，不

---

① 张友彝. 日本新闻发达史（上）[M]. 北平：北平世界编译社，1937：154、161-162.
② 张友彝. 日本新闻发达史（上）[M]. 北平：北平世界编译社，1937：33.
③ 由于遭遇战火，收集到的资料遗失，张友渔的《日本新闻发达史》上册只写了"资本主义以前的新闻"和"资本主义发展期的新闻"，对"资本主义社会完成期的新闻""资本主义社会烂熟期的新闻"和"将来的新闻"难以续写，张友渔仅在本书的绪论部分作了简短的阐明。

是纯粹的资本主义社会,因为资产阶级革命,并不彻底,并没有完成。在这一时期的新闻,也是适应着社会的变迁,而标榜着所谓'超越政党政派'的'中立不阿'之营业本位的新闻。"①

第四,资本主义社会烂熟期的新闻。张友渔总结当时的世界形势认为,当前的日本社会正处于资本主义社会的烂熟期。这一时期社会的特征,在于帝国主义的兴起,日本一蹴而就地进入这样的状态。他断定在这样的社会之中,新闻业逐渐产业化乃至托拉斯化:"就其任务而言,则由自由主义的鼓吹者,拥护者,渐渐转变为布尔乔亚独裁乃至法西斯主义的倡导者,讴歌者了。另一方面,随着普洛莱塔利亚的兴起,普洛莱塔利亚新闻也以合法的形式或非合法的形式发生而成长着。新闻又充分地发挥着阶级斗争的武器之机能。"②

第五,将来的新闻。这是指今后社会的新闻。张友渔依据马克思的见解,认为人类社会的最后形态将没有阶级,成为没有国家的极自由的社会。国家在事实上成了全社会的代表时,国家自身便变成无用的废物了。因此,张友渔预测:"在没有阶级,没有国家的社会里,当作阶级斗争的武器之新闻也将成为无用,也将不能存在。将来的社会里的新闻,将为报告真实的消息,发表自由意见之'万人自由发展'的社会里之极自由的新闻。"③

总的来看,张友渔的新闻史学思想主要是依据马克思历史唯物主义,同时结合日本历史以及留日期间对日本新闻事业的实地调查等多种因素共同发展形成的。他对新闻发展的历史过程的分析始终紧随社会形态的变化,目光始终落在资本主义的产生、发展与成熟的过程上,因为在他看来,新闻将经历产生、发展、成熟、衰颓与消亡的过程,新闻是随着资本主义社会的发生、发展和发达而向前演进的。

---

① 张友彝. 日本新闻发达史(上)[M]. 北平:北平世界编译社,1937:36.
② 张友彝. 日本新闻发达史(上)[M]. 北平:北平世界编译社,1937:37.
③ 张友彝. 日本新闻发达史(上)[M]. 北平:北平世界编译社,1937:38.

三、批量化复制和商品化生产：新闻发达与社会条件

前面探讨了新闻的起源和雏形以及与随之产生的斗争工具性质之间的关系。那么，新闻在产生之后是如何实现充分发展的？它得以发达的社会条件有哪些？其中与阶级斗争的关联性如何？张友渔通过考察和梳理日本新闻发达的过程后认为，新闻本身是社会意识知觉的表现，只有社会充分发展到一定程度，新闻才能充分发展到发达的状态，其斗争工具的性质也更为显著，这与社会阶级之间的斗争关联紧密。对此，他从以下两个关键问题出发展开了探讨。

其一，什么状态的新闻才叫发达？张友渔颇为认可长谷川如是闲的观点："新闻在近代社会发达了的这一事实，因印刷术发明于近代。近代社会的形态给与新闻之发达以一种基础。"[①] 通过进一步考辨文本，可以看到张友渔认为具有近代性的新闻，是以批量化复制和商业性凸显为标志的。如前所述，新闻的出现源于人类的好奇心和相互交换新知识的欲望，但新闻绝不是和社会的发生同时发生的，而是社会发展到一定阶段时的产物。在世界新闻史上，固然各地新闻的起源在形式和内容上存在差异，但新闻的最初发源无一例外都是口头新闻，新闻的雏形则是笔写新闻。在漫长的封建社会里，笔写新闻流行了几千年，那时社会形态是割据分散的，生产力较为低下，交通亦不便利，人们的生活范围极为有限，社会各集团间的关系较为松散，国家之间以及各集团之间也都维持着独立的状态，社会运转低速缓慢。随着社会的进步与发展，大小战争频发，各集团之间的联系加强，社会对新闻的需要增加，对新闻功能的要求也从过去的单一化变得多样化，其中对新闻及时性的需求尤为迫切。不待说，笔写新闻也和过去的口头新闻一样，不能充分发挥新闻的功能，不能完全满足人们获取多元信息的需求了。因此，所谓发达了

---

① 张友彝. 日本新闻发达史（上）[M]. 北平：北平世界编译社，1937：6.

的新闻，也就是充分发展的新闻，绝不是仅仅凭借"笔写"的生产方式就能无障碍地源源不断地生产出来，并及时充分地满足人们的需求。因为"笔写"的生产方式无法在短时间内大批量复制生产，既不能满足社会对新闻及时性的需求，也不能再被作为阶级斗争的武器。此外，笔写的原因使新闻受制于制造方法，不能大量生产，因而其和读者的关系被限制在极狭隘的范围内。而印刷术的出现与普及为新闻的大规模批量化生产提供了前提，它打破了统治阶级的知识垄断，使信息传播在时空上趋于平衡，推动了帝国势力的扩张与延续，加强了社会各集团之间的联系，促进了工商业之间的互动与合作，社会运转速度加快、效率提高，社会取得了整体进步。

在日本新闻史上，《横滨每日新闻》为日本近代新闻的起点，铅活字印刷的发明和使用实为日本新闻发达的主要且直接的原因。当时的政府已经利用笔写新闻和印刷新闻作为统治的工具，即阶级斗争的武器。张友渔总结了新闻的进化轨迹，与麦克卢汉有异曲同工之妙，即从口头新闻到笔写新闻，再从笔写新闻到石版、瓦版、木版等旧式印刷新闻，最后才是活版印刷新闻。在每一阶段，上一阶段的新闻形态仍旧存在。例如，口头新闻还在流行的时候笔写新闻已经出现，印刷新闻出现的时候笔写新闻也未消失。不过，就发生的先后和每一阶段所占的地位、所拥有的势力而言，新闻发达的顺序是从口头新闻经过笔写新闻，而后发展到活版印刷新闻。张友渔最后认定，口头新闻和笔写新闻自不待说，连木版乃至瓦版也还不能认为是完成状态的新闻，它们只不过是新闻的雏形罢了，唯有印刷新闻才能算作新闻发达的真正开始。

除了具备批量化复制生产的特点，发达状态的新闻还应具有商品性乃至产业化的显著特征。在张友渔看来，新闻商品性凸显的主要原因有二：一是人们对社会信息和西洋文化的迫切需求，二是社会上营利心的接受与普及。他通过日本新闻发达史作了说明与释读。第一，新闻统制的长久高压和西方文化的新鲜活泼激发了人们了解新知识的欲望，作为传载工具的报纸由此得以固定出版刊行。在明治维新以前，日本的新闻统制颇为严苛，新闻界一度陷入秋风扫落叶般的衰颓状态。明治维新后，一方面新支配阶级为了巩固统治，迫切需要利用新闻作为斗争武器，对社会实行大范围宣传；另一方面，民众在久压之下也渴望倾听新说奇事和科学知识，当时政治、经济、文化和社会的急剧变革也促使对新闻的整体需求急剧增加。这种需求爆发的直接原因或者说主要推动力，当属安政开国以来西方文化的侵入。当时一些先知先觉的知识分子率先将新闻视为传播西方文化、学习科学技术、扩大社会利益的工具，社会上的一般人为了更多地了解西方文化，获取奇闻轶事，也想多读新闻。据伊士兵次郎考证，当时的新闻报纸价格不能算十分便宜，但很多人忍受着苦痛也不能不读新闻，这正是社会对新闻迫切需求的表现。第二，财富的积累使商人的势力渐大，逐步发展到可以支配社会的地步，为新闻的产业化、规模化和标准化提供了可能。古代日本商人的地位低下，商人备受轻视。明治维新以来，对于士族中没有做官的人，新政府允许他们从事农工商业。因此，官方许可和资本的支配使社会上轻视商业和营利心的风气逐渐被打破。同时，受经济利益的驱使从事相同行业的人逐渐增加，出现了行业的激烈竞争。在这种情形下，新闻更是也不例外，广告的产生，促使新闻从业者不得不转而寻求报业的获利之道。况且资本主义社会本身就以资本营利为中心，虽然明治时期资本主义尚处在发展初期，而新闻生产的商品化已然露出端倪。到了资本主义社会充分发展的阶段，新闻业已然产业化，形成新闻托拉斯，此时的新闻业资本雄厚、设备完善、产量规模化、销路通畅，甚至可以支配社会势力，操控社会舆论，时刻监督政府。不难看出批量化的生产和商品性的凸显是新闻发达最显著的特征。

其二，社会具备哪些条件，充分发展到什么程度，新闻才得以发达？张友渔认为，只有在资本主义充分发展、阶级对立和阶级斗争不断的社会，新闻才能充分发展至发达的地步。前已叙及，张友渔将日本新闻史的发展分为五个阶段。严格来说，日本真正意义上的新闻实际上是近代的产物，因为在资本主义社会以前，交通还不甚便利，科学还未取得长远进步，工商业也不甚发达，商人社会地位低下，其经济实力尚不能支配社会势力，资产阶级还未出现，阶级对立意识还不明确，阶级斗争的形态也不够显著，促使新闻成长和发展的条件还不完备，因此新闻还不能充分成长和发展。张友渔断定，在资本主义社会发展期，也就是明治四年以后的日本新闻，才能称得上是发达的新闻。因为明治维新并不彻底，未能实现从德川幕府的封建体制中摆脱出来的目标。明治四年新政府宣布广蓄置县后，将土地收归政府，剥夺诸藩主的独立性，日本的资本主义社会才初具雏形。也就是自那时候起，所谓自上而下的资产阶级革命才开始强力推行。一方面，新支配阶级与专制政府之间产生了激烈的斗争；另一方面，封建残余势力也在和政府反复斗争。因此，资本主义社会发展期的新闻也是在新旧势力的斗争过程中扮演着阶级斗争武器的角色。

在资本主义社会完成期和资本主义社会烂熟期，日本的资产阶级革命虽仍在进行，但未能实现彻底变革。一方面，无产阶级急速生长，特别是农民阶级迅速分化；另一方面，世界范围内的自由资本主义向帝国主义转向，日本也不可避免地被裹挟着迈入帝国主义阶段。随着日本成立了宪政制国家，产业革命急剧展开，金融资本渐渐成熟，社会内部矛盾激化，外部困厄亦无法消解，社会上的阶级对立和阶级斗争更为复杂、激烈，资本主义也发展到更为高级的垄断阶段，新闻也在这错综复杂的阶级斗争中发展到更为发达的托拉斯阶段。新闻受到财团和资本家的控制，成为资产阶级的发言人和斗争工具，又向其对立阶级发起斗争。

综上可见，张友渔通过考察日本新闻发达史，认为新闻的发达是以批量化生产和商品性凸显为鲜明特征的，新闻尤其是近代以来的新闻是随着资本主义社会的成长和发展而向前的。新闻必然以所处时代的社会形态和社会需求为其存在的条件和基础，新闻的发达也是随着社会的发达而发达的。就日本的新闻事业来看，它之所以发达，完全是日本资本主义社会发达的结果。在没有阶级没有国家的社会里，作为阶级斗争武

器的新闻无用武之地，必然不能存在。因此，在张友渔看来，新闻发达与社会条件是相互联系的，新闻与阶级斗争是相辅相成的。

第四节 张友渔关于新闻自由的主张

宪政问题是张友渔一直关注和研究的重要论域，这是他新闻思想的重要特色。在张友渔看来，民主宪政是专制统治的反义词，是一种以厉行法治为纲和以保障人权为根本宗旨的民主政治，围绕民主宪政问题，张友渔著有《宪政论丛》（上、下卷）。其中，宪法、民主、人权、法治是张友渔宪政思想的基本要素。张友渔在宪政视域下思考了新闻自由问题，围绕新闻自由权利的保障与界限，统制新闻的方法和实行程度，以及新闻立法的原则、依据、内容展开了设想和论述。

一、新闻自由权利的保障与界限

张友渔将新闻自由权利视为基本人权，也是争取民主政治的阶级斗争的武器，应当予以绝对保障。但他提出新闻自由也是有限的，其必须在法律允许的范围内发挥作用。总的来看，张友渔的新闻自由主张属于马克思主义人权观念的范畴。对此，张友渔从什么是言论自由权利、新闻自由权利的行使范围，以及如何保障新闻自由权利三方面展开探究。

首先，张友渔提出，言论出版自由和身体自由是人民的自由权利中最基本的权利，是民主社会不可或缺的权利。这种自由权利神圣不容侵犯，但必须在法律允许的范围内行使。民主的正轨就在于人民有权，人民当家作主。一般来说，人民的自由权利就是作为一个国民不可或缺的自由权利。张友渔明确反对天赋人权论，认为人的自由权利绝不是什么天赋人权，而是在民主政权之下，人就理应享有此种自由权利。法律只不过是承认已经存在的事实，绝不是凭空创造出哪些自由权利而赋予人民。天赋人权（Natural Rights）是西方近代自然法学派的重要概念，指人拥有与生俱来的自由权利，其主要代表人物是约翰·洛克和让-雅克·卢梭。其中，洛克在《政府论》中认为："自然状态是一种完备无缺的状态，也是一种平等的状态。自然法规定了生命、自由和财产权利，并指导人们不侵犯他人的自然权利。"[①] 卢梭则在《社会契约论》中开宗明义道："人是生而自由的，但却无往不在枷锁之中。人与人共同的自由乃是人性的自然结果。人性的首要法则就是要维护自身的生存，对自身的关怀。"[②] 天赋人权指导了近代资产阶级反对封建专制主义的民主革命，为近代资产阶级政治、经济体制的建立奠定了思想基础。尽管它与马克思主义人权观都主张人的自由权利神圣不容侵犯，但天赋人权论脱离了一定的经济基础和阶级关系，颇有空中楼阁之嫌。与天赋人权论相对，张友渔认为人的权利也并非超阶级性的，而是在政治、经济和社会关系上发展而来的。个人是整个社会的一分子，他的自由权利是受社会利益限定的。没有任何一种个人的自由权利，当然也包括言论自由权利，可以抵触、违反和破坏社会利益而被尊重和保障。由此可见，张友渔认为人的言论自由权利绝不是生而就有的，也并非由封建王权或宗教神权赋予的，而是一种社会历史发展的产物，它会随着经济社会的发展和政权的更迭而不断发展，在不同的时代、不同性质的社会具有不同的历史内涵。正如在法西斯国家和民主国家，前者通过暴力镇压和钳制新闻出版活动，在这样的社会里人已丧失言论自由权利。而民主国家的主权在民，国家原本就是人民用以保护和发展其言论自由的工具，不可离开人民而独立存在，也就没有剥夺言论自由权利的必要。由此，民主宪政运动的过程正是人民为实现言论自由而展开斗争的过程。也就是说，言论自由权利是在政治、经济和社会关系上发展而来的，是经过阶级斗争得来的一种自由权利。

---

① 约翰·洛克. 政府论［M］. 长沙：湖南文艺出版社，2011：106-107.
② 让-雅克·卢梭. 社会契约论（第3版）［M］. 何兆武，译. 北京：商务印书馆，2003：6.

其次，新闻自由权利作为人的权利的一种，是神圣不容侵犯的。那么，为什么人们行使权利还要受到法律限制？这种限制范围如何界定？在解答这个问题之前，张友渔先就"人治"和"法治"的争论以及"法治"的真谛作了辨析与解读。在中国历史上，向来都有关于"人治"和"法治"的争论。所谓"人治"，即主张治理国家当依靠执政者的贤能、智慧和道德。儒家的荀子便提倡"有治人，无治法"的学说；法家则主张"法治"，提出"不能废法而治国""道法完全，智能多失"。在权衡比较二者之后，张友渔认为无论"人治"还是"法治"均不可偏废，治法固然重要，治人也不可忽视。没有"法治"，人将无所适从。没有"人治"，法亦无从制定。因此，在法律中，"人"与"法"同样重要。然而，"具有真正意义的法治是近代民主政治的主要内容，乃至成为民主政治的条件，并不是单纯因为这些国家的政府的措施完全根据法律而实行，而是因为这些国家的法律，具有和封建君主专制国家一级法西斯独裁国家的法律完全不同的内容和作用，是为了保障人民的权利而制定，并且在公众舆论监督下执行的"[1]。在封建君主专制时代，法律就是君主的命令，是统治者为了维护和扩大自身利益而制定的，此种"法治"只是帮助"人治"的手段而已。而建立在民主政治基础上的真法治，是社会发展到一定程度的产物，必然具有三个特征：第一，国家必须有真正从上到下共守的根本法——宪法；第二，宪法的作用主要是保障人民权利，限制政府权力；第三，宪法及其派生法律，其制定权、修改权和废止权都在人民自己手里。宪法作为国家的根本大法，规定了人民的基本权利与义务，若是违宪、违法，人民与政府当局同样会受到制裁。反之，只要不违宪、不违法，所有人平等地享有充分自由，不受限制、不容侵犯。因而，新闻自由权利作为人的基本权利之一，肯定是神圣不容侵犯的。但在民主政治之下，人们在享有充分的自由权利的同时，也负有遵守宪法及其派生法律的责任与义务。实际上，并非法律直

---

[1] 张友渔. 宪政论丛（上）[M]. 北京：群众出版社，1986：139.

接限制了人民行使新闻自由权利，而是人民须在宪法范围内权衡自己的权利与义务，充分估量自己的行为可能产生的后果再进行决策。

就新闻自由权利的行使范围和权限界定问题，张友渔则认为：不可随意干涉甚至扼制人民的新闻出版行为，但针对行使新闻自由权利所产生的违法行为，法律应严厉制裁。他颇为认同张君劢所提出的"人民基本权利三项之保障之建议"议案。其中第三项自由权利即言论出版自由，是为了人们能够发表意见，批评、监督和改进政治和社会的设施，其主要建议在于实行图书、杂志、新闻的事后检查，而非事先检查。这一措施建议被明确提倡，无疑也是张友渔对自由权利行使范围相关观点的直接反映。因为如果政府机关为了预防利用新闻自由权利所产生的违法犯罪行为，事先就展开新闻检查，这就是以暴力或行政命令侵犯了人民的言论自由权利；如果以制定新闻法令法规的方式，事先限制人民的言论自由权利，同样不可行。因此，事先的新闻统制无异于因噎废食，新闻法律法规只能制裁运用新闻自由权利产生的犯罪行为，而不能任意限制人们行使新闻自由的权利。张友渔还特别点明，提倡新闻事后检查，并不意味着新闻自由权利就可以漫无限制地行使，一切抵触、违反、破坏社会利益或侵犯他人权益的行为都可以先斩后奏。所谓不得以法律限制新闻自由权利在于三点。第一，宪法必须规定限制人民自由权利的具体条件，其派生的新闻法令法规不得违反此条件去加以限制。第二，只能由司法机关依据普通民刑法典，来判定人民行使新闻自由权利所产生的结果是否超出范围。不允许制定以限制新闻自由为目的的特别法。第三，在以上前提的基础上，对于人民行使新闻自由权利超出范围的，只能事后制裁和追诉，不能事先限制预防。由此可见，人民新闻自由权利的具体行使范围，主要取决于其所产生的结果是否在法律允许的范围内。

最后，如何保障新闻自由？张友渔的基本观点是：新闻自由权利并不是由谁赐予和保障的，而是人民靠自己的力量斗争和争取而来的。他通过考察近代中国民主政治运动中，特别是在抗日战争时期政府当局利用诸多新闻统制手段压迫新闻自由的事实，以及人民群众对此做出反抗的斗争事迹，对如何保障新闻自由进行了具体的构想和多角度的解读。第一，张友渔肯定了新闻界和文化界通过不断斗争才使得大后方废止新闻检查制度和书刊审查制度的积极意义。他认为这是言论自由的开始，但非真正意义上的实现和彻底保障：一是尚未全国普及，记者还没有到任何地方采访的权限，造成新闻来源上的困难；二是邮检制度尚未废止，造成新闻发行上的困难；三是登记核准制度尚存，造成报纸创办和迁徙的困难。换句话说，纸张、印刷机器、电台、出版机关这些斗争武器都被控制了，谈何新闻自由权利的保障？归根结底，由于政权这个特殊武器还握在独裁政府手里，仅仅依靠取消新闻检查制度犹如隔靴搔痒，是无法保障新闻自由的。因此，只有从根本上推翻独裁政权，为和平民主继续斗争，才可能实现新闻自由。第二，就新闻自由权利保障的措施而言，张友渔在《谈新闻立法》和《报告文学涉及的法律问题》等文章中多有论及，尽管这些文章撰写于20世纪80年代，但他关于新闻自由的思想主张是前后贯通的。前面谈到，张友渔认为不可随意侵犯人民的新闻自由权利，但针对行使此权利所产生的违法行为，法律应严厉制裁。因此他提出应当制定一部结合中国实际的新闻法，一方面全面保障新闻自由，另一方面对违反法律的报道和言论给予必要的限制和制裁。而设立新闻法用以保障新闻自由的两个关键点在于：一是坚持党性和党的领导，但不能完全刻板地按照党的方针政策管理新闻活动，而是依据宪法，结合现实情况设立和推行新闻法，保障新闻自由权利，限制和制裁非法新闻活动。二是"新闻法应保障人民群众通过报刊批评各级干部和国家工作人员的错误之权利。报刊在遵循宪法和新闻法的前提下，应允许根据事实对任何人的缺点和错误展开批评"[1]。法律是用以调整而非限制社会阶级关系的。新闻立法一方面可以保护人民的新闻自由权利不受侵犯，另一方面可以防止新闻自由权利被滥用，这便是新闻自由较为得当的保障。

---

[1] 张友渔，著；王迪，整理. 张友渔新闻学论文选 [M]. 北京：新华出版社，1988：141.

综合来看，张友渔因其法学教育背景和政治经历所提出的新闻自由主张大都基于对不同法律条例的参照和对现实政治问题的考察。他主张新闻自由权利是一种基本的人权，也是争取民主政治的阶级斗争武器，应当予以绝对的保障。但新闻自由也是有限的，其必须在法律允许的范围内行使。保护新闻自由不受侵犯，防止新闻自由被滥用，这便是张友渔所主张的"新闻自由权利是有限的"的真正含义。

二、统制新闻的方法与实行程度

张友渔提出民主政治是具有阶级性的，因此他虽倡导保障新闻自由权利，但也并不完全反对统制新闻，他谈道："无论在任何形态的国家，除非根本没有国家存在，统治阶级都是不能不统制新闻的。连现在的中国，也来统制新闻了。"[①] 在张友渔的理解中，统制新闻应该是对新闻事业（报业）统一、全面的规划管理，他主张对新闻的管理应当符合民主精神。一方面，张友渔从报人的实践经验出发，阐发了当时统制新闻的情况；另一方面，张友渔以马克思主义为基础来看待当时的新闻政策和新闻法规，认为统制新闻应该讲求一定的方法和实行程度。

20世纪30年代，张友渔最主要的身份是北平《世界日报》的总主笔、燕京大学等高校教授和左翼文化人，他从报人和学者的视角出发，罗列、分析并批判了当时的新闻政策和新闻检查的不合理之处。其中，在连载于1934年5月31日和6月7日《新闻学周刊》第24、25期的《怎样取缔新闻？》一文中，张友渔以《京新中华报》因刊发《中土友好条约》全文而被当局罚停刊三日的事件为例，从民主政治的角度考察了当时新闻政策和新闻检查存在的问题。

第一，取缔的对象，漫无标准。张友渔从法律条例入手解读，认为国民政府的出版法所载事项已经甚为烦琐笼统，关于战时或变乱时

---

① 张忧虞. 新闻之理论与现象（下篇）[M]. 太原：太原中外语文学会，1936：1.

期的禁止或限制出版例外规定也含糊不清。在事例中,《中土友好条约》已至批准阶段,实际上并没有保密的必要了,而政府机关自身不能保守秘密,却为了维护政府尊严惩罚报纸和记者,这不是三民主义政府应有的态度。第二,取缔的权限,没有确定。张友渔依然从法律角度发出质疑:取缔新闻的权限究竟属于哪个机关?在当时,国民政府的新闻检查呈现出非常严苛却又混乱不堪的局面。党政机关、行政机关、军事机关都可以取缔新闻,也都没有一套完备的标准,竟然全凭一时的意见与感情来作决定。如此,报馆对一条新闻能否登载根本无从判断。第三,取缔的范围,太不分明。除了标准不定,根据法律,政府当局竟连取缔的范围也不分明,因而一直存在要么随意取缔,要么放任不管的弊病。此外,还存在各个地方的权限不一、取缔新闻的范围不一致等问题。在张友渔看来,民主宪政之下的统制新闻应该谨慎行事,相关部门切不可感情用事,因为一条不合己见的新闻就认为报馆含有恶意,这样稍有不慎还可能造成党政机关和新闻界的对立,不利于民主宪政的建设与发展。

在《如何取缔"反动出版物"?》中,张友渔以国民政府当局查禁马克思主义书籍的事件为例,借历史唯物主义阐述"反动出版物"难以被禁绝的原因。他认为,人类的思想与新闻一样也是社会生活的反映,是适应社会需要而产生的,也是随着社会的发达而发达的。无论是善是恶、是好是坏,思想的产生都是有社会原因的。因此,政府当局想要消灭某种思想,必须先消灭掉产生此种思想的社会原因,否则只是徒劳无益的。像这样采取严厉的新闻统制、查禁书籍、搜查书店,企图通过消灭所谓"反动出版物"来消灭"危险思想"的做法治标不治本。张友渔借用秦始皇焚书坑儒、孔孟之道依然口耳相传为世所尊,以及希特勒焚烧马克思书籍但马恩思想依然存在的事例,阐明思想的传播不是必须依赖出版物,严厉查禁公开合法的传播,只是促发了秘密非法的传播而已。同取缔新闻一样,对出版物的取缔也是法规混乱、检查严苛却又漫无标准、范围不明,致使知识阶级不知道哪些书可读、哪类文章可写。

第三章 张友渔新闻思想的内容架构

此外，张友渔引用了当时《出版法》中的多处条例来说明随意取缔出版物是不符合法律法规的，属于违法违宪行为。

在《论统制新闻》和《苏俄的新闻政策》中，张友渔进一步探讨了统制新闻较为合理的方法和实行程度。张友渔提出，在阶级消灭之前，阶级斗争不断，新闻统制于各阶级而言都是必不可少的。不同的社会性质、国家情况和历史情境之下的新闻统制制度亦不相同。由此，张友渔认为新闻统制已成为世界的流行病，当时实行三民主义的中国也难以避免，现在不是谈"应不应该"进行新闻统制，而是应该研究其实行的程度与方法。因此，在论及中国应该如何进行新闻统制才能更好地引导和支配阶级斗争时，他以无产阶级专政的苏俄和欧战时期的英德为新闻统制的案例进行参考。首先，苏俄是彻底实行统制新闻的国家，并且确立和实行了统制新闻的原则。无论是列宁还是斯大林，都明确地将新闻视为思想普及和政治教化的工具，以及联结党和各阶级之间的精神枢纽，呼吁对资本主义进行斗争。不同于苏俄的无产阶级专政和直接进行新闻统制的做法，德国实行彻底的拘束弹压主义的新闻统制更加不得人心。他们强制弹压一切不利于政府和军队的信息，完全抹杀了新闻自由，最终使得被支配阶级无力抵抗，而德国报纸无论在国内和国外都失去了舆论机关的权威和信用，政府只得缓和新闻统制。在另一篇文章《德国国社党专政下之新闻统制近况》中，张友渔转译了部分日文杂志《新闻及新闻记者》，也印证了这种拘束弹压式新闻统制的结果："事实上，出版自由，报道自由，极度被压迫之结果，报纸内容，完全失掉生气，读者对于报纸的兴味，也相对地减少，任何报纸，都变成了半官式的死气沉沉的单调东西了，各报的报道记事，好像预先商量妥了一般，所登载的东西，都不过是些当局的声明之'再版'，或新法令的要约罢了！"[①] 张友渔用了大量笔墨描述德国拘束弹压主义新闻统制所带来的消极后果，意欲说明在阶级社会里统制新闻是必要的，但实行如此严厉彻底的新闻

---

① 张忧虞. 新闻之理论与现象（下篇）[M]. 太原：太原中外语文学会，1936：79.

统制不仅没有必要，而且贻害无穷。为了更进一步明确批评的所指，他还大胆点明当局的新闻统制现状："外国的侦探，布满了'要津'，一切军事上政治上的机密，早为外国人所洞悉无遗，实行德国式'统制新闻'，除却以欺罔国民为唯一目的外，还有什么作用？"① 鉴于当时的新闻统制现状，张友渔提出，既然新闻统制已流行于全世界，无可避免，那么希望中国千万不要踏入德国的覆辙。

相较之下，张友渔认为英国的新闻统制不似其他国家那样严厉。他们统制新闻并不是依据新闻法律的力量，而是诉诸国民的爱国心，国民经过相互谅解，达到舆论统一，"即政府与新闻之间，进行着理论的斗争，哪一方的理论令人信服，为事实所证明，哪一方便能支配舆论，获得斗争的最终胜利"②。因此，在张友渔看来，实行三民主义的中国尚没有达到无产阶级专政的地步，也不可以采取欺罔国民的德国式弹压主义新闻统制，而应该考虑英国式的自由谅解主义。按照他的看法，统制新闻并不是洪水猛兽，因为无规矩便不成章法。铺设一定范围的新闻网，推行得当的新闻法规，设置合理的新闻检查，某种程度上能够支配阶级斗争，引导舆论良性发展。舆论政治就是民主政治，合理得当的统制新闻有利于民主政治的推动。

不同于20世纪30年代从报人学者的角度出发，着重关注和批判新闻统制对新闻界造成的一些消极影响，20世纪40年代以后，张友渔抛开了公开身份的诸多限制，看待新闻统制问题的视阈更加宽广。他将关注的重点聚焦于"人"，研究视角则更多地投向民主宪政运动、人的自由权利的实现和自身的长远发展等。1943年，张友渔分别在《国讯》第351期、356期发表了《实施宪政与保证人民自由权利》和《改善言论出版管理》两篇文章，主张无论是在实施宪政前还是在实施宪政后，都应该保障人民的自由权利，特别是言论出版自由权利。对于政府当局

---

① 张友渔. 论统制新闻[J]. 世界日报·新闻学周刊，1931 (11).
② 张友渔. 论统制新闻[J]. 世界日报·新闻学周刊，1931 (12).

在"宪政实施协进会成立大会"和"外国记者招待会"上表示有改善言论出版管理的必要,以及打算检讨新闻检查制度的意思,张友渔感到甚为欣慰。与此同时,他驳斥了社会反对这种措施,认为国家有自由、个人无自由,个人为了国家利益应当放弃言论出版自由权利等意见,并依据孙中山的宣言提出人民的出版自由权利是实施宪政的先决条件,绝不可剥夺。他还就改善战时言论出版自由的具体措施提出了自己的想法:"我们希望修改后的审查标准能够明确而具体,不要失之笼统,含糊,抽象。我们希望在执行时,首先不要对著作者和出版者抱着一种成见。我们只应该就著作物本身看是否违反审查标准,不要去追问著作和出版动机,这是没有办法证明的。其次,不要拘泥于法令的形式,而不注意精神。"① 张友渔希望当局能够以民主宪政为基础来统制新闻,适当放松检查标准,简化检查手续,缩小检查范围,否则人民的言论出版自由无异于被完全剥夺,于宪政实施和抗战胜利有害无益。

总的来说,张友渔并不反对统制新闻,他认为只要有国家存在,统制新闻就不可避免;统制新闻只要合理得当,就能推动民主政治。

三、新闻立法的原则、依据与内容

新闻法规、新闻政策和新闻制度的制定与实施是新闻法制的重要组成部分,也是关系到新闻事业长足发展的内在要素。作为法学研究者,张友渔基于民主宪政的视角对新闻法的制定问题和新闻政策的实施展开了构想与研究。其中,新闻立法的原则、依据与内容是关注的重点。

在张友渔看来,新闻法的制定根本在于保障新闻自由权利和预防滥用新闻自由权利,而新闻自由的限度以及如何通过新闻法来保障新闻自由是亟待解决的关键问题。事实上,新闻立法的呼声早在1980

---

① 张友渔. 实施宪政与保证人民自由权利 [J]. 国讯,1943 (351).

年全国五届人大会议上就已响起，相关草案也已出台，但正式的《新闻法》仍未最终确定。张友渔生前一直关注保障新闻自由和新闻立法的问题，他在《希望大家关心新闻立法》中表达了对尽快开展正式新闻立法的期望；又在《报告文学涉及的法律问题》中提出报告文学不同于一般的新闻报道，是用文学语言报道真人真事："目前报告文学涉及的法律问题，主要是保障报告文学的创作自由、言论自由。同时，也要防止报告文学侵犯他人的权利，以及损害国家的、社会的利益。"① 在《谈新闻立法》一文中，他进一步思考了如何保障与限制新闻自由的问题："新闻法应当一方面保障新闻自由；另一方面对违反法律的报道和言论给予必要的限制和制裁。"② 可以看到，无论是张友渔关于新闻自由的理解还是对新闻立法的主张，对我们今天的新闻法制建设都有一定的借鉴意义。

事实上，从1980年赵超构在全国五届人大会议第三次会议小组会议上首次提出制定新闻法的口头建议并于同年召开"新闻法研讨会"，到1984年成立新闻法研究室并出版刊物《新闻法通讯》，再到成立新闻法起草小组，经过两次修改补充，最终于1986年拟定了新闻法草案。不过，当时因为一些难以消解的内在矛盾与难点引发了争议，尽管此后仍有多次倡导提议，却还是不了了之。那么，为何筹备多年的新闻立法有花无果？分析来看，主要在于社会对新闻自由普遍缺乏充分的理解，对新闻立法的真正意义认识不清，使行政命令代替了专门律例，暂时作用代替了长久之计，新闻条例代表了新闻法律。对此，张友渔在革命战争时期所形成、发展而来的新闻自由主张，以及基于对国内外新闻法治和新闻政策长期考察的经验所形成的新闻立法思想，可以为目前新闻立法问题的困境提供一些借鉴。

首先，新闻自由有没有限度？这种限度该如何界定？又该如何保

---

① 张友渔. 张友渔文选（下卷）[M]. 北京：法律出版社，1997：231.
② 张友渔，著；王迪，整理. 张友渔新闻学论文选[M]. 北京：新华出版社，1988：137.

障？在近代中国，新闻自由限度及其保障问题一直都争论不休，不同时期亦有不同的立场与主张。张友渔所认为的新闻自由是相对的、有限度的，是具有理性的适度的新闻自由，这无疑是新闻立法的思路和认知基础。张友渔提出，言论出版自由和身体自由是人民的自由权利中最基本的权利，这是民主政权建立伊始就存在的东西，绝不是什么西方的天赋人权，而是在民主政权之下，人就理应享有此种自由权利。法律只不过是承认既存的事实，绝不是凭空创造出哪些自由权利而赋予人民。张友渔强调新闻自由权利神圣不容侵犯，但必须在法律允许的范围内行使。这绝不是什么自相矛盾的观点，因为不是法律直接限制了人们行使新闻自由的权利，而是须在以宪法为根本大法的范围内权衡自己的权利与义务，充分估量自己的行为可能产生的后果之后再作决策。而关于新闻自由权利具体行使的范围和权限的界定问题，张友渔则认为：不可随意干涉甚至扼制人民的新闻出版行为，但针对行使新闻自由权利所产生的违法行为，法律应予以严厉制裁。前已述及，张友渔提出了不得以法律限制新闻自由的权利的三点内容，可以看出张友渔是在考察宪政运动和法治思想的基础上，对新闻自由的限度、行使和保障问题作了具体而有益的构想。

其次，如何制定新闻法呢？在张友渔的理解中，新闻法制有广义与狭义之分。就广义而言，新闻法制就是新闻的法律制度，包括新闻的立法、司法、守法等各个方面、环节。就狭义而言的新闻法制，是指所有国家机关、社会团体以及全体公职人员和公民都必须严格地、平等地遵守建立在民主基础上的统一的新闻法律制度。他提出，民主是法制的基础，法制是保障民主的重要手段。

张友渔认为制定新闻法要以宪法为依托和基础。他提出："宪法是国家的根本大法，不是法律大全。宪法的这种性质决定了它的各种规定只有通过各种具体法律加以体现才能得到实施。"[①] 在《坚持历史唯物

---

① 张友渔. 张友渔文选（下卷）[M]. 北京：法律出版社，1997：182.

主义健全社会主义法制》《我国社会主义法制的立法原则》等文章中，张友渔还提出制定具体的法律法规要讲求一些原则："立法要依照宪法规定，经过一定的民主程序，广泛征求人民意见；立法要遵循'先粗后细'，逐步完备的办法；要以法律为武器推动我国的新闻机构改革和体制改革；立法需要从实际出发，以解决现实问题；坚持立法不苛，重在教育的原则。"[①]

张友渔特别提出我国新闻法的制定一定要具体细化，并根据社会秩序和社会关系的变化及时调整。"新闻法中规定的新闻自由权，要具体化为采访权、报道权、批评建议权、创办报刊权，并提出可操作性措施。这样才能解决那种对新闻自由只做哲学式的解释，业者无法操作，法官难以判决的现象。"[②] 而具体设想与制定的前提，仍然是新闻法的立足点要基于保护言论和出版自由。但自由是相对的，不是绝对的，享受自由不能自由到损害国家的、社会的利益，不能自由到诽谤损害他人的利益。因此，新闻的具体立法应当保障新闻自由，且约束有害的媒介现象，比如低俗的媒介内容、侵权的媒介行为等。就如何具体、细化地制定新闻法，张友渔针对报告文学涉及的法律问题作了设想。他认为报告文学不同于一般的新闻报道，强调以生动形象的文学语言报道真人真事，具有很强的感染力，但围绕这个"真实性"的范围却产生了颇多争议。对此，张友渔认为不应模糊"真实性"的边界，他从"保护""纠正""惩处"三个维度出发，参阅了其他国家的宪法和相关新闻法律法规，指出中国在制定具体的新闻法时可以立足基本原则，参照和借鉴国外类似的法律法规，注重突出新闻法中的责任与义务，避免条例的空洞抽象，提升具体可操作性。他还特别建议新闻审查、报纸管理工作应适当放宽一些，不必事先审查，不提倡统一口径；要允许并鼓励报纸的正确批评与建议，保障舆论监督的作用。

---

① 张友渔. 张友渔文选（下卷）[M]. 北京：法律出版社，1997：15、22、282-283.
② 孙旭培. 三十年新闻立法历程与思考 [J]. 炎黄春秋，2012（2）.

第三章　张友渔新闻思想的内容架构

总的来看，张友渔的新闻法制观念嵌入了一定的阶级斗争意识，强调以宪法为依托来制定新闻法，再以新闻法为武器，一方面保护人的新闻自由权利不受侵犯，另一方面防止新闻自由权利被滥用。他对新闻自由权利的理解和对新闻立法的阐释与设想主要是基于当代媒介环境、制度与形式，其新闻法制观念影响了当时的新闻立法导向，也影响了法学界和新闻界对新闻法制的普遍看法。

小　结

张友渔一生中关于新闻的专论有三十余篇，内容涉及新闻传播理论、新闻业务、新闻史和新闻法制等方面，它们以"报刊是阶级斗争的武器"为中心观念和理论基底，构筑了张友渔的新闻思想框架。

第一，张友渔对新闻理论的考察和解释。首先，张友渔认为新闻具有"阶级性"与"商品性"双重属性，其中"阶级性"是主要属性，新闻的性质与任务主要包括两方面：新闻的本质是表现社会对立的事实，而新闻本身就是阶级斗争的武器，新闻的任务便是解放无产大众的思想，新闻还具有商品化性质，以获得利润为最终目的。其次，张友渔认为报纸是一种社会的感觉机关，它不仅能够反映社会意识，还具有影响群众心理、指导群众行动来展开斗争的重要功能。他特别指出，报纸对群众心理的影响是一种间接影响，它主要是以营造群众的共通心理为基础而开展的。张友渔还认为"集纳利基姆"（Journalism，即新闻事业）是新闻业务和新闻机构的总和，由于它与资本主义化联系紧密，无疑也具有阶级性和商品化的双重属性，而新闻事业的本质在于表现阶级对立和阶级斗争这一社会现实。此外，张友渔认为"赞成""模仿""传播"是舆论构成不可或缺的环节，舆论是在社会阶级关系之下报纸与大众的统一，他还试图在宪政视阈下透视舆论与民主的关系。

第二，张友渔对报刊实践的观察与思考。首先，张友渔强调社论要关系时事，并对时事有所解释、批判及主张。他通过考察社论的起源、概念与功能等形成了独特的社论观念，将社论的概念和功能置于阶级对立的社会关系中进行考察，强调社论的关键点在于针对时事的批判、解释及主张，因而社论具有指导大众的重要功能。其次，张友渔对报纸编辑的取稿标准和反"弄手"意识的论述，是报纸编辑工作的重要部分：第一，张友渔认为报纸编辑要通过考虑多重因素来优化取稿标准，改善职业心态，提升审稿水平；第二，面对文章剽窃抄袭的现象，编辑要懂得巧妙迂回地应对。最后，张友渔认为报纸的读者，尤其是青少年要将读报作为一门学问来研究，同时要合理地运用新闻研究资料。

第三，张友渔围绕新闻发展史的论述。首先，张友渔认为真正意义上的新闻是资本主义社会的产物，是与阶级斗争相伴相生的，是随着资本主义社会的发展而发展的，新闻的起源及雏形以阶级的产生和笔写新闻的出现为标志。其次，张友渔认为新闻是不断发展着的，将经历产生、发展、成熟、衰颓与消亡的过程，他以日本新闻史为案例，将新闻发生、发展和发达的历史分为五个阶段。在他看来，新闻是随着资本主义社会的发生、发展和发达而向前演进的。最后，张友渔认为新闻的发达是以批量化复制和商品性生产为自身的鲜明特征的，而新闻尤其是近代以来的新闻，是随着资本主义社会的成长和发展而向前的。新闻必然以所处时代的社会形态和社会需求为其存在的条件和基础，新闻的发达也是随着社会的发达而发达的，新闻与阶级斗争则是相辅相成的。

第四，张友渔的新闻自由观念。首先，张友渔主张新闻自由权利是一种基本的人权，也是争取民主政治的阶级斗争的武器，应当予以绝对的保障。但是新闻自由也是有限的，它必须在法律允许的范围内发挥作用。保护新闻自由不受侵犯，防止新闻自由被滥用，这便是张友渔所主张的"新闻自由权利是有限的"的真正含义。其次，张友渔提出民主政治是具有阶级性的，他虽倡导保障新闻自由权利，但也并不完全反对统制新闻。他认为只要有国家存在,统制新闻就不可避免。最后,张友渔论述了新闻立法的原则、依据与内容。他的新闻法制观念嵌入了一定的阶级斗争意识,强调以宪法为依托来制定新闻法,再以新闻法为武器保护人的新闻自由权利不受侵犯,防止新闻自由权利被滥用。

第四章　张友渔的"阶级斗争武器说"

前文整理、归纳、呈现了张友渔新闻思想的具体内容，可知他的文章和观点是以"报刊是阶级斗争的武器"为中心思想的，故围绕"阶级斗争武器说"这一观念展开文本分析便是本书的必要任务之一。而针对观念研究需要关注与回答的基本问题时，英国学者罗杰·豪舍尔说："（观念的研究）力求找出中心概念的产生和发展过程，再现在某个既定时代和文化中人们对自身及其活动的看法。"[①] 诺伊尔·安南则认为："观念并非抽象的存在，它生活在人们的心灵中，激励着他们，形塑着他们的生活，影响着他们的行动，以及改变着历史的进程。"[②] 因此，本章将重点探究"阶级斗争武器说"观念的生成和发展过程，解析"阶级斗争武器说"传播与衍变的线索。

本章首先立足张友渔的文本的言说逻辑，结合时代的政治形势与话语体系，考量"阶级斗争武器说"的历史语境基础，探察表述和阐释观念的意图。其次，对相关文本、材料和经验展开深耕，探析不同的报人群体围绕"阶级斗争武器说"的观念互动和意义阐释，分析"阶级斗争武器说"传播与衍变的脉络，并对观念所形成的历史结果展开回顾与反思。

---

① 伯林. 反潮流 观念史论文集 [M]. 冯克利，译. 南京：译林出版社，2002：5.
② McMahon Darrin M., and Samuel Moyn eds., Rethinking Modern European Intellectual History [M]. Oxford: Oxford University Press, 2014, p.27.

第四章 张友渔的"阶级斗争武器说"

第一节 "阶级斗争武器说"的历史语境

英国剑桥学派学者昆廷·斯金纳（Quentin Skinner）强调观念的"语境主义"，认为首先应在历史语境下研究观念问题，提出"要将文本看作是问题的答案，将语境作为问题的来源。其中，社会语境和语言语境是需要被关心和重建的部分"[①]。因此，下文着重对影响张友渔的"阶级斗争武器说"观念的社会语境和语言语境展开分析。

一、进化论与阶级斗争学说的传播引介

学者陈旭麓曾谈道："'五四'以前的几十年中，对中国思想界影响最大的两论：一是进化论，二是民约论。其中进化论以生存竞争的理论适应了救亡图存、反帝国主义的需要。两论的传播，在观念形态上是区分先前与近代中国人的重要标志。"[②] 19世纪末20世纪初，进化论和阶级斗争学说先后进入中国，引发了社会思想意识方面的变动与革新。其中，进化论的引介一方面提供了社会意识层面的思想铺垫，"成为超越现代中国不同政治派别和思想流派的共同知识基础与价值预设"[③]，为新闻学研究提供了支援性的观念；另一方面它为历史唯物主义和阶级斗争学说的传播与接受提供了科学前提与理论基础，因为从"阶级竞争"到"阶级斗争"的话语转变，足以反映进化论与阶级斗争学说相结合的思想演进轨迹。

"竞争"的意识和表述以及"进化"的法则是进化论的两大基本论点。它一方面为"斗争"和"革命"等话语的产生和发展提供了逻辑基

---

① 李汉松，刘林. 语境中的观念——访昆廷·斯金纳教授 [J]. 哲学动态，2017（6）.
② 熊月之. 中国近代民主思想史 [M]. 上海：上海社会科学院出版社，2002：1
③ 姜红. 进化论与现代中国新闻史书写 [J]. 新闻与传播研究，2008，15（5）.

础，成为马克思主义唯物史观和阶级斗争学说得以被中国思想界和知识界迅速接纳、吸收的理论支撑。另一方面，"正是进化论为中国思想文化界提供了现代性的时间观念，提供了关于未来的指向，关于现在的界定，将直线进步的理念延展到社会和文化的各个领域"①。进化论打破了中国人传统的历史循环观念，提供了崭新的线性发展的历史观，"给中国人的心灵造成根本变化，使多数人容易默认和接受革命的合理性"②。早在洋务运动中，一些官员与传教士就选编过有关进化论的文章。洋务运动的失败和维新运动的兴起则使知识界的目光从自然科学逐渐转移到社会科学，严复的《天演论》正是其中介绍进化论的重要著作，它的成功一时间引发了社会热潮，也成为马克思主义进入中国的思想依托和历史契机。"其中严复倡导'物竞天择、适者生存'的进化规律，认为通过斗争才能成为强者摆脱侵略和奴役，表达中国要进行社会变革的紧迫性和历史必然性。"③ 受进化论思想的影响，马君武在《社会主义与进化论比较》中首次引述《共产党宣言》的序言，并将文中的"class struggles"译为"阶级竞争"。而由幸德秋水、堺利彦等人翻译的《共产党宣言》和《社会主义神髓》也被引介到中国。他们将"阶级斗争"译为"阶级竞争"，这不仅反映出进化论为阶级斗争学说所作的理论铺垫和词汇储备，亦反映出当时新兴资产阶级寄希望于温和的竞争，而非激烈的斗争。

值得注意的是，作为日本东京无政府主义团体"社会主义讲习所"的机关刊物，《天义报》曾计划持续译介马克思主义思想，并首次将"class struggles"明确译为"阶级斗争"。宋教仁也在《万国社会党大会略史》中提到"阶级斗争之幕既开矣"，第一次使用"阶级斗争"之名。但是，考辨史料可知，在"十月革命"以前，中国知识界并未明确

---

① 汪晖. 现代中国思想的兴起 下 科学话语共同体 [M]. 北京：生活·读书·新知三联书店，2008：1189.
② 张汝伦. 现代中国思想研究 [M]. 上海：上海人民出版社，2014：127.
③ 方红. 马克思主义在中国的早期翻译与传播：从19世纪晚期至1920年 [M]. 上海：上海三联书店，2016：44.

和统一"class struggles"的翻译名称,"阶级竞争"和"阶级斗争"的译法时常交错运用,表述也模糊不清。知识界对进化论和阶级斗争的引介主要是为了迎合国人求新求变的急迫心态,具有偶然性、零碎性和随意性。尽管如此,早期的进化论思想以及阶级斗争概念术语的引介仍为马克思主义与阶级斗争学说在中国的传播提供了理论基础。

阶级斗争学说在中国得到真正意义上的传播与接受是在俄国十月革命之后。十月革命的胜利不仅让中国的知识分子加快了对马克思主义日译本的译介,还开始追溯和总结俄国革命胜利的实践经验,随之兴起的就是对唯物史观的关注、选择和译介。其中,颇具革命实践性的阶级斗争学说,由于更加适应当时救亡图存的急迫现实,受到不少进步知识分子的重视与推崇,他们纷纷在报刊书籍中进行相关译介工作,报刊也因此逐渐与阶级斗争联系起来。

陈独秀最早使用阶级斗争的观点分析报刊的属性:"资本家制造报馆,报馆制造舆论,试问世界各共和国底报纸哪一家不受资本家支配?"[①] 在《社会主义批评》一文中,他在论述"应讲何种社会主义"的部分时,将"阶级斗争"称为"阶级战争"。他提倡讲经俄国还原的马克思本来面目——共产主义,而非德国的国家社会主义,并强调共产主义的重要主张——阶级战争。五四运动进一步推动了马克思主义思想和阶级斗争学说的传播与接受。一方面,新文化运动营造了相对自由的学术风气,学者对"问题与主义"的激烈争论则是阶级斗争学说得以传播的例证。另一方面,五四运动不仅催生了一批无产阶级知识分子和报刊,使得他们成为最早一批传播马克思主义的主体与载体,同样也催生了"报刊阶级性"观念。其中,许新凯在《新青年》上发表的《再论共产主义与基尔特社会主义》一文,最早指出了报刊具有阶级斗争性质和武器的功能:

> 谈到报纸,我们先要问,这报是有产阶级的呢?还是劳动者的

---

① 陈独秀. 国庆纪念底价值:独秀文存 [M]. 合肥:安徽人民出版社,1987:373.

呢？我们知道，现在的政府、军队、报纸、学校……都是旧社会中统治者阶级的武器。所以我们主张先要把呻吟的旧社会制度的多数劳动者，赶快武装起来，以他们的强权、武力，来解除旧社会中治者的阶级的武装，也就是先要推倒了现在的政府、军队、报纸、学校……再另行建筑劳动者的政府、军队、报纸、学校……以监视旧的治者阶级。①

事实上，在进化论与阶级斗争学说的传播过程中，张友渔也深受影响。首先，他接受和运用了一些与进化相关的时代总体词汇，如进步、发展、竞争等，而《日本新闻发达史》中的"发达"二字也源自进化论。其次，进化论中的线性历史观念影响了他对新闻发展问题的思考，《日本新闻发达史》对新闻的历史分期方式就与小野秀雄、戈公振等人不同，因为他是在进化论的框架下将社会性质的演迁和新闻媒介的发展进行整合，从而得出了新闻发达的规律。此外，"张友渔还在'发达史'的名称下将'进化'解释为'阶级斗争'，将'竞争'理解为'阶级斗争'。人类社会进化的历史是阶级斗争的历史，新闻也就成为阶级斗争之'表现'和'武器'了"②。正是阶级斗争学说的传播将报刊与阶级斗争联系起来，并催生了"报刊阶级性"的观念，这为张友渔的"阶级斗争武器说"提供了较为直接的语境基础。他曾说："1923年以前，很少能读到马克思主义的经典著作……我这时（1927年）已读了一些马列主义的著作和有关伟大的十月革命及革命后苏联建设的书刊，对马列主义、共产党有了一些新认识。"③从张友渔的新闻学论文中可以看出，只要论及新闻的阶级斗争武器性质，他都会引用《共产党宣言》中关于阶级斗争学说的原文来加以论证，足见所受影响的直接与深刻。总的来说，进化论和阶级斗争学说的引介与传播为张友渔的"阶级斗争武器

---

① 许新凯. 再论共产主义与基尔特社会主义[J]. 新青年，1922（6）：37.
② 姜红. 进化论与现代中国新闻史书写[J]. 新闻与传播研究，2008，15（5）.
③ 天津人民出版社，编；张友渔，等著. 当我年轻的时候[M]. 天津：天津人民出版社，1982：11—12.

说"提供了基本的时代话语词汇和直接的思想资源，营造了观念的生成语境。

二、苏联的新闻模式传入中国

美国传播学者威尔伯·施拉姆在《报刊的四种理论》中指出："人类迄今为止存在四种新闻制度，即集权主义、自由主义、社会责任和苏联共产主义。其中，苏联共产主义的核心就是将新闻媒体视为党和政府的工具，忽略新闻的独立性。"[①] 可见苏联新闻模式是以苏联共产主义为中心的社会主义新闻体制。苏联的新闻模式传入中国对张友渔"阶级斗争武器说"观念的生成具有引导作用。十月革命以后，中国社会开始学习和借鉴苏联社会主义的种种经验。在新闻领域，苏联的新闻模式和社会主义新闻体制成为当时中国共产党人的直接参照对象，其不仅帮助中共推进了新闻事业的构建和发展，还引导了中共党报思想的形成。在此基础上产生的苏联报刊理念，特别是关于报刊性质与功能的一系列论述，以及苏联新闻政策的表述，为"阶级斗争武器说"提供了重要的理论依据。

20世纪二三十年代，西方新闻业遭遇了资本主义的经济危机，但是苏联社会主义新闻事业逐渐兴起，由此中国新闻界开始关注苏联社会主义新闻事业。当时，中国新闻界掀起了一场"苏联热"，一大批中国报人远赴苏联考察它的新闻事业，并发回了大量的旅苏游记和通讯，又进一步助推了这场"苏联热"。脱胎于苏联社会主义新闻事业的报刊理念得以产生，中国的不少新闻人也掀起一场"以俄为师"的风潮。苏联报刊理念中对报刊性质和功能的论述与西方报刊理念不同，"在报刊性质上，新闻的真实性与新闻工作的阶级性、党性原则是一致的；在报纸

[①] 弗雷德里克·S. 西伯特，西奥多·彼得森，威尔伯·施拉姆. 传媒的四种理论［M］. 戴鑫，译；展江，校. 北京：中国人民大学出版社，2008：1、130.

功能上，报纸是'集体的宣传者、鼓动者、组织者'，是'最锐利最有力的武器'"①。

尽管在 20 世纪 30 年代以前，中国共产党一直受到共产国际的指导，有意无意地将报刊作为革命斗争的武器来参与革命实践，但实际上从未对"报刊阶级性"作出明确的论断，他们对阶级斗争的实践与理解，也曾在德国式的意识形态批判和俄国式的暴力革命之间徘徊。真正让中国共产党意识到需要选择暴力革命的契机，在于第一次国共合作的失利，它使得共产党人明白武装斗争才是当时的唯一出路，报刊则是加强组织建构、动员广大群众、开展阶级斗争的有效武器。1930 年，向忠发在中共中央机关报《红旗日报》上发表了《我们的任务》一文，该文最早明确肯定了报刊具有阶级斗争工具的性质：

> 在现在的阶级社会里，报纸是一种阶级斗争的工具。统治阶级利用一切新闻报纸的机关，来散布各种欺骗群众的论调。……全国工农群众在其伟大的政治斗争中……同样要起来建立自己的革命报纸，宣传革命的理论，传达真实的革命斗争的消息。……广大工农劳苦群众，一定会热烈地拥护自己本阶级的报纸。

随着苏联报刊理念的传播，毛泽东进一步肯定了新闻的阶级性，这对中共党报思想的形成和发展至关重要。毛泽东接触报刊的时间很早，对报刊与阶级斗争的关系的认识较早。受苏维埃理念、马列主义思想与中国无产阶级革命实践经验的影响，毛泽东擅长从阶级角度分析中国的新闻事业，也曾多次论述报纸的阶级斗争性："在阶级消灭之前，不管通讯社或报纸的新闻，都有阶级性。"②"有人说，报纸没有阶级性，报纸不是阶级斗争的工具。这种话就讲得不对了。至少在帝国主义消灭以前，报纸，各种意识形态的东西，都是要反映阶级关系的。"③"根本问

---

① 毛章清，潘岩岩. 厦大新闻学茶座（3）曹立新博士谈苏联新闻模式与 20 世纪中国新闻事业 [J]. 国际新闻界，2014，36（12）.
② 毛泽东. 毛泽东新闻工作文选 [M]. 北京：新华出版社，1983：191.
③《文汇报》在一个时间内的资产阶级方向 [N]. 人民日报，1957-06-14.

题是新闻本来就是有阶级性,新闻的形式并没有阶级性,但是,问题在于内容,表现什么思想,什么主题,什么倾向,赞成什么,反对什么,这就有阶级性了。"①

苏联报刊理念中对通过报刊来加强组织纪律、联系群众、改造思想的部分论述也影响了中国共产党对报刊组织功能的认识。十月革命之后,俄共(布)八大《关于党和苏维埃报刊的决议》强调把工作的重点放到贴近人民生活以及恢复重建等方面,加强与群众的联系。俄共(布)十一大则作出了《关于报刊和宣传》的决议,提出应加强报刊的社会功能,使其能够引导和辅助经济建设,并巩固思想政治稳定。斯大林则在《论自我批评》《反对把自我批评口号庸俗化》中强调政党的自我批评。② 这些决议甚至直接影响了延安整风运动中党报的改革,以及对报刊性质与任务的看法。《解放日报》于1942年开始改版,将党报的战斗性明确写入文件并多次强调:

> 报纸是党的宣传鼓动工作最有力的工具,每天与数十万的群众联系并影响他们……党报要成为战斗性的党报,就要有适当的正确的自我批评,表扬工作中的优点,批评工作中的错误,经过报纸来指导各方面的工作。在党报上可以允许各种不同的观点的论争。③
>
> ——《中宣部为改造党报的通知》(一九四二年三月十六日)

此外,《中共中央关于在报纸刊物上展开批评和自我批评的决定》还规定"使报纸成为群众的组织者、新民主主义的宣传者和热心的鼓动者,以及成为国家建设的战斗武器","接近群众,影响他们,做他

---

① 吴冷西. 忆毛主席:我亲自经历的若干重大历史事件片断[M]. 北京:新华出版社,1995:37.
② 赵永华. 苏维埃建设初期列宁有关新闻事业的观点——以俄共(布)代表大会的决议为中心[J]. 文化与传播,2020,9(3).
③ 中国社会科学院新闻研究所. 中国共产党新闻工作文件汇编(上)(1921—1949)[M]. 北京:新华出版社,1980:126-127.

们自觉的和领导的中心。组成巨网散布全国","反映群众生活、指导群众行动"。① 这些内容同样也受到《关于党和苏维埃报刊的决议》的影响。

在苏联新闻模式传入中国的背景下,张友渔同样接受了苏联的报刊理念。尽管张友渔并没有实地考察过苏联的新闻事业,但他通过阅读各类马列主义的译著、苏联的书刊,以及旅苏报人的游记、通讯等,对苏联新闻事业和报刊理念充满好奇。他在《苏联的新闻和新闻政策》一文中谈到自己阅读了《大公报》记者曹谷冰的《苏联视察记——苏俄的新闻事业》,"苏联检查新闻电讯的机关,对于送来的受检查的电讯,随到随办,毫无延搁,并且电讯内容,除非有意造谣污蔑,破坏苏联,决不轻易删扣"②。在《苏俄新闻政策》中,张友渔则表达了对苏联统制新闻的方法和实行程度的赞赏:"苏俄是公然地,有效地彻底实行着统治新闻的。苏俄的无产阶级政权,不像别的国家之统治阶级,在所谓言论自由的假面具之下,实行着新闻的统制。""苏联新闻政策,固然是统制着新闻,可是他不只在消极方面取缔,并且在积极方面扶助,所以他的统制,是有效的。"③ 在《社会化的苏俄报纸》中,张友渔将苏俄的新闻事业看作一种"公共企业",并评价道:"苏维埃政治组织产生后,同时'新闻文化',便也成为第一进步的文化现象。报纸,正可以代表新俄国的文化水平。""苏俄报纸的这种社会化的现象,将来,决不仅限于是苏俄的特殊现象,也许一定可以普遍于世界吧?"④ 可见苏联新闻模式传入中国影响了张友渔对新闻基本观点的看法,为他的"阶级斗争武器说"的生成提供了主要的理论依据。

---

① 中共中央关于在报纸刊物上展开批评和自我批评的决定[N]. 人民日报, 1950-04-19.
② 张友渔. 苏联的新闻和新闻政策[J]. 中苏文化·苏联十月革命廿三周年纪念特刊, 1940-11-17.
③ 张忧虞. 新闻之理论与现象(下篇)[M]. 太原: 太原中外语文学会, 1936: 1、10.
④ 张友渔. 社会化的苏俄报纸[J]. 世界日报·新闻学周刊, 1933(3).

三、国民党新闻统制下的报业发展受阻

在从北洋政府时期到国民党政权建立的过程中,中国的政治局势虽然不断变化、频繁更迭,但新闻统制一直存在。张友渔在不同时期的论作中,多次对新闻统制本身及其所引发的实际问题进行了批判与反思,尤其是在国民党实行一党专政之后,新闻统制的强度相较北洋政府时期更甚,报业在此压力之下发展受阻。张友渔多次谈及自己作为职业报人的不易。此时,张友渔对"新闻是社会公器"的认知在国民党的新闻统制下逐渐幻灭,他从现实角度出发明晰了新闻的阶级性质和武器功能,这便是"阶级斗争武器说"生成过程中的现实因素。

从同盟会起,国民党便是一个结构松散、纪律涣散的组织。尽管国民党自身根基未稳,内部派系矛盾丛生,但正如学者王奇生所概括的"弱势独裁"那样,不同阶段的国民党政权对新闻检查和舆论的控制毫不松懈,不仅制定了许多新闻法令,也成立了不少新闻检查机关。在反复探索与挫败之后,以孙中山为首的国民党人决定重振党务,实行"以党治国"。1919年到1924年,国民党开始"以俄为师",进行了"改进"和"改组",开展建设党的组织和思想政治宣传工作。北伐战争结束后,国民党成为执政党,将党建立于国之上,完成了"以党治国,一党专政"的政治架构,与此同时,也进一步强化了对新闻事业的管理与控制。

国民政府很快意识到,新闻自由与权威统治之间存在着难以调和的矛盾,于是着手改造当时的新闻统制制度,主要有三个方面:"建立国民党党营或控制的报业系统;制定一系列法律法规限制民营和其他党派新闻事业发展;设立新闻控制机构,推行新闻检查制度。"[①] 通过加强新闻统制,国民党逐步铺设了以党报为中心的新闻事业网,垄断了国内

---

① 孙健. 民国时期报刊客观性思想研究[D]. 上海:上海大学,2012:130.

外的新闻来源,"1930年训政时期开始,国民政府先后颁布了《出版法》《重要都市新闻检查办法》《新闻检查标准》等一系列大大小小几十种的法规,逐步形成了一套网织严密的新闻出版法律体系"[①]。尽管国民党颁布了新闻法规,但是它在转向执政党的过程中遗留了不少问题,这导致新闻检查制度虽然严苛却不够严密。在"以党治国"的理念影响下,国民党将"党义"作为新闻检查的总标准,但在实际的新闻检查时又缺乏统一的具体标准,这使得中央与地方的检查方式和范围出现不少混乱的情况。据张友渔回忆,当时的一些国民党官员往往滥用职权,随意抽检。他们对待新闻工作者也缺乏尊重,随意更改政策法令,有时对新闻报道极尽打压之能事,不符合要求的内容严禁刊登,有时又任意插手新闻报道,采取"津贴"等方式,强制或诱导报社刊登有利于当局的报道。国民党的新闻统制致使当时的新闻界长期处于混乱和高压的局面之下,报界的生存环境举步维艰。

对张友渔个人而言,他也因在国民党新闻统制的高压下难以畅所欲言,只能以隐晦的方式表达自己的观点,而开始改变过去对"报纸超阶级"的认识。张友渔总感到在他人创办的报纸上发表自己的意见受到限制,1927年,他决定接手《国民晚报》。对此他回忆道:"这是我头一次为中国共产党办起来的,作为北京地下市委直接领导下,进行合法斗争工具的报纸。"[②] 他表示自己每天接收中国共产党秘密组织传来的宣传材料,用曲折隐晦的词句,以合法的形式编撰新闻,撰写评论并按时送检,但仍然很快因为违背新闻政策而被逮捕入狱,《国民晚报》也被迫停办。这段新闻实践经历彻底粉碎了张友渔早年对"报纸超阶级"(报纸是社会公器)的认识,明确了新闻的阶级斗争性质,并主动利用报纸作为武器开展阶级斗争。

国民党新闻统制的高压还体现在对"赤化"的高度戒备上。他们严

---

① 王明亮. 国民党新闻检查制度确立过程之考察——以北伐前后(1926—1930)的穗沙沪汉为中心[J]. 新闻界, 2017 (5).
② 张友渔. 报人生涯三十年[M]. 重庆:重庆出版社, 1982: 8—9.

格查禁马克思主义论作,特别是阶级斗争学说,"早在1924年8月,孙中山在系统讲演民生主义时,就提出阶级战争不是社会进化的原因,批评马克思只见到社会进化的毛病,没有见到社会进化的原理"①。国民党希望将三民主义推行到社会各领域中,尤其"自'清党运动'之后,国民党更是从政纲政策到组织路线,均改弦易辙,将三民主义意识形态中原有的'左'的和一切稍带急进和社会改革色彩的东西统统抛弃掉。"② 马克思主义思想的部分主张因与国民党的意识形态相悖,首当其冲受到弹压,"到了1929年1月国民党颁布《宣传品审查条例》,在重申审查制度的同时,宣布'反对或违背本党主义政纲政策及决议案者'、'宣传共产主义及阶级斗争者'、'妄造谣言以淆乱观听者'为反动宣传品,必须'查禁查封或究办之',排挤和镇压不同政见的报刊"③。因此,在当时国共冲突的政治形势之下,马克思主义思想论作特别是阶级斗争学说的宣传主要依靠书报流动摊、小型读书会等隐蔽的形式进行。

综上所述,国民党早期接受的是西方民主理念,并以此设计政治蓝图,但面对帝国主义、党内纷争以及国内冲突等诸多问题,国民党一时间难以应对。"而十月革命的胜利,苏维埃的友好示意和废除不平等条约的振奋,让孙中山将俄国的成功归于良好的党组织和严格的纪律,将挫败归咎于纪律窳败、组织松散及思想灌输不力。"④ 对此,孙中山决定采取兼收并蓄的方式,用苏维埃模式来改组国民党,"一方面依照西方分权学说,设立五院,另一方面又依照苏俄党治学说,设立集权的中执会、中政会,拼装成了一台不伦不类的机器"⑤。这导致国民党形成

---

① 王奇生. 党员、党权与党争:1924—1949年中国国民党的组织形态 [M]. 北京:华文出版社,2010:12-13.
② 王奇生. 党员、党权与党争:1924—1949年中国国民党的组织形态 [M]. 北京:华文出版社,2010:141.
③ 王明亮. 国民党新闻检查制度确立过程之考察——以北伐前后(1926—1930)的穗沙沪汉为中心 [J]. 新闻界,2017(5).
④ 徐中约. 中国近代史 [M]. 计秋枫,朱庆葆,郑会欣,译. 香港:香港中文大学出版社,2001:521-522.
⑤ 王奇生. 党员、党权与党争:1924—1949年中国国民党的组织形态 [M]. 北京:华文出版社,2010:408.

了"弱势独裁"的组织形态，它在新闻政策和新闻检查方面也是如此。一方面，在"以党治国"理念的影响下，"党义"长期被作为新闻检查的总标准，新闻统制较为严苛；另一方面，各类大大小小的新闻法规交织在一起，新闻检查僵化。张友渔谈及，无论是在北平《世界日报》做主笔期间，还是在自办报刊为中国共产党进行宣传之时，他的报人生活都因为新闻统制而变得愈发艰难，这段现实经历也让他充分认识到新闻的阶级斗争性和武器功能所在。

四、日本新闻学重视研究"新闻本质论"

因地缘相近、文化同源，日本逐渐成为西学传入中国的重要中转站，加之近代中国内忧外患不断加深，而日本自明治维新后却逐渐跻身世界强国之列，尤其是中日甲午战争的失利更是让国人掀起学习日本的时代热潮，大量中国知识分子赴日求学。张友渔正是其中的一员，他先后三次赴日，在日本接触并学习西方宪政制度、马克思主义思想、西方新闻理论等，这为他的报人生涯提供了一定的专业知识基础。第二次世界大战前日本新闻学研究的方向"偏重于新闻本质论的分析，侧重于研究报纸的社会起源与发展（新闻史论）、报纸的经营与运作（新闻业务论）、报纸的基本功能"[1]，不但让张友渔聚焦于新闻的性质与任务问题，还促使他详细分析了日本新闻发达的过程。这种以阶级视角分析新闻事业的方式，成为"阶级斗争武器说"观念得以形成的个案实践。

在第二次世界大战之前，日本的新闻学研究处于初始时期，"当时的知识界崇尚西欧国家特别是德国的哲学社会科学体系，偏重于新闻本质论的分析，还侧重于研究报纸的社会起源与发展。"[2] 在日本学习时，张友渔一方面着眼于新闻的性质与任务问题；另一方面通过研究新闻的

---

[1] 徐耀魁. 西方新闻理论评析 [M]. 北京：新华出版社，1998：119-120.
[2] 徐耀魁. 西方新闻理论评析 [M]. 北京：新华出版社，1998：118.

起源与发展问题,尝试从新闻发达史中来考察新闻的本质。他研究了日本的政治、历史和文化,并详细参阅了小野秀雄的《日本新闻发达史》《现代新闻论》,长谷川如是闲的《社会意识之表现形态的新闻》,佐野学的《日本历史》等著作。张友渔以明治维新为时间界限,通过考察日本社会各个阶段的新闻事业,认为新闻必然以该阶段之社会的形态和需求为其存在的基础,新闻本身则是社会意识之知觉的表现,表示了社会处在怎样的知觉状态。因此,新闻的发达是随着社会的发达而发达的,是在原始社会崩塌,阶级社会出现以后才真正产生的。张友渔正是通过对日本新闻事业发达史的考察,才逐渐明确了新闻与阶级斗争的紧密联系,指出新闻(报纸)是一种"比机关枪炸弹还厉害的武器"。

张友渔在对日本新闻史进行历史分期时,部分借鉴了小野秀雄和戈公振的以新闻发展形态为依据的分期标准。他依靠社会的发展阶段来划分新闻的发展阶段,将日本新闻史分为五个时期:资本主义以前的新闻、资本主义发展期的新闻、资本主义完成期的新闻、资本主义烂熟期的新闻、将来的新闻。彼时的战乱等客观原因使张友渔对日本新闻史的详细考察和解读工作只进行至资本主义发展期,但他采用阶级分析的方法考察日本新闻史的做法为他认识新闻的阶级性质和武器功能提供了理论基础。张友渔认为,资本主义社会形成以前,它的交通不甚发达、科学不甚进步、产业发展也不甚充分,因而阶级对立的意识不明晰,阶级斗争的形态也不显著,促使新闻成长和发达的社会条件还不具备。但在明治维新以后,日本新闻事业开始走上发达的阶段,日本政府在明治四年推行广蕃置县,日本资本主义社会开始初具雏形,而日本的资产阶级革命也是从那时开始的。明治七年以后,日本的新支配阶级逐渐分裂为极具进步性的资产阶级反对派、专制政府、封建残余势力,它们之间开始了激烈的阶级斗争。张友渔由此提出:"也正是因为新支配阶级分裂成多个阶级,主要有政府派、反政府派和中立派,他们需要利用新闻作为武器,从而提倡它,维护它,并大量创办新闻报刊,遂形成了'官权派新闻'、'民权派新闻'和'中立派新闻'三类新闻。他们相互论难,相互攻击，充分地发挥着新闻的阶级斗争的武器的效用。尤其在西南战役之后，武力斗争逐渐失灵，新闻遂成为唯一的武器了。"①

木户孝允在评价新闻的斗争性时说："新闻是比机关枪炸弹还厉害的东西！"津田真道则写道："双方（政府派和反政府派）争论，相互辩驳术尽，攻守力竭，新闻纸上，恰像一种战场！"张友渔对此深以为然，认为要把敌人的阶级斗争武器抓在自己的手里。因为新闻（报纸）作为一种锋利的斗争武器，政府派主要运用它矫正政治和社会的弊害、维护自身的统治，反政府派则运用它促使人们产生进步的思想，中立派则想要保持不偏不倚的态度。正是因为新闻具备斗争性，围绕新闻自由权利又展开了新一轮的阶级斗争。政府对民权论者利用新闻为斗争武器进行反对政府的宣传感到了极大的不安和威胁，逐渐对新闻记者施以严酷的压迫，针对新闻活动颁布严苛的新闻条例加以打压；反政府派则不满新闻自由被压制，遂展开了罢工、罢市、辞职等抗争行为。于是，新闻的阶级斗争性质和武器的功能在资本主义发展初期得以显著的表现其实也是资本主义社会演进的结果。

在张友渔看来，日本政党机关的出现和政党报刊的勃兴则是新支配阶级再度"政变"的产物。一方面，自从日本"西南战役"结束后，以武力争夺政权的时代已经闭幕。明治十一年以来，从事政治斗争的两派集合在板垣退助的旗帜下，为了自由民权开始运用新闻进行言论斗争。另一方面，"北海道官有财产卖给民间的事件"的发生，促使日本"官权派新闻"在内的大多数新闻论调都变成了激烈的反对政府的主张，不但促使新支配阶级的再度分裂，还伴随着资产阶级和封建势力之间斗争的激化和"苟合"。随后，政党机关报逐渐没落，以营业为本位的新闻开始受到重视。事实上，日本新支配阶级的分裂以及政党机关报的出现与没落，进一步论证了张友渔所提出的"新闻最能表现它的性质和任务的时期，正是在旧社会和新社会间，正在变革，旧势力和新势力间，正

---

① 张友彝. 日本新闻发达史（上）[M]. 北平：北平世界编译社，1937：145.

在斗争，以及新社会代替旧社会而成立，但新势力还没有巩固地确立了它的支配地位的时候"①。

总的来说，因为文化同源、国情相似、地理接近，日本新闻学重视研究"新闻本质论"的取向影响了张友渔。当时的日本知识界崇尚德国的哲学社会科学体系，偏重于新闻本质论的分析，还侧重于研究报纸的社会起源与发展。受此影响，张友渔聚焦于新闻的性质与任务问题，尝试通过研究新闻的起源与发展问题，从新闻发达史中来考察新闻的本质。日本社会阶级对立与阶级斗争的历史现象、各阶级运用报刊斗争的情况、报刊所发挥的武器功能、阶级斗争所产生的历史结果，不仅为张友渔思考与探索报刊的性质与任务提供了研究分析的对象，还成为"阶级斗争武器说"理论演绎的历史个案。

第二节　"阶级斗争武器说"的生成逻辑

对于观念研究，昆廷·斯金纳提出了研究思路与基本方法论，他认为："考察观念的提出要将思想家的文本放在历史语境中，以便于识别作者在写作文本时的意图，要尽可能以思想家自己的方式来理解他们。"② 斯金纳还指出观念研究的基本任务，就是要分析观念存在形式的发现识别与表述提出的过程。因此，本节需要在历史语境的基础上探讨张友渔阐述"阶级斗争武器说"观念生成的逻辑，并对观念进行分析和解释，试图还原张友渔表述和阐释"阶级斗争武器说"的动机与观念意涵。

---

① 张忧虞. 新闻之理论与现象 [M]. 太原：太原中外语文学会，1936：7.
② Norman J. Wilson, History in Crisis Recent Directions in Historiography [M]. London: Prentice Hall, 1999, pp.75—76.

一、"阶级"意识的产生：从报刊实践到学理探究

张友渔在《从投稿人到总主笔》一文中自述，他对"阶级斗争武器说"的表述与阐释首先源于他的报刊实践经历。在《新闻的性质与任务》一文的开篇，张友渔写道："无疑地，新闻是社会的一现象，是社会意识的一表现。"[①] 张友渔谈到自己从 1931 年开始进行新闻理论研究，在此之前主要从事报刊实践活动，他通过观察社会现象撰写了不少社论和杂文。而他为第一本著作起名《新闻之理论与现象》，一方面是偶见喜多壮一郎的《集纳利基姆之理论与现象》，觉得它的内容和体制与自己的相近，遂师其意；另一方面，他也认为新闻理论与社会现象密不可分，理论的提出是基于现象的发现。可见张友渔的报刊实践是"阶级斗争武器说"观念提出的基础，而他通过对社会现象的观察开始探索新闻理论，这一认知过程让原本信奉报纸"超阶级"观点的张友渔逐渐产生了"阶级"意识，将新闻与"阶级"联系在一起。

张友渔谈到，自己之所以涉足报业是想着借报纸改良社会。在他看来，"报纸是社会的公器，具有超阶级的性质，以为可以通过报纸揭露社会黑暗，主持正义，改良国家"[②]。但是，经过了十年的报刊实践活动，张友渔不仅意识到"阶级"的存在，还发现新闻与"阶级"之间存在紧密的关系。于是，他认为新闻是具有阶级性的，逐渐改变了对新闻"超阶级"的认识。张友渔在三十年的报人生涯中，写下了大约一千万字的文章，主要包括新闻、通讯、杂文和社论等，而他对新闻"超阶级"观念的扬弃和发现"阶级"的过程，可以在这些文章以及具体的报刊实践活动中窥见。

1925 年到 1927 年，张友渔在《世界日报》发表了 200 篇（现存）

---

① 张忧虞. 新闻之理论与现象（上）[M]. 太原：太原中外语文学会，1936：1.
② 张友渔. 报人生涯三十年 [M]. 重庆：重庆出版社，1982：2.

第四章 张友渔的"阶级斗争武器说"

左右的杂文，其中80%的杂文主旨都是对北洋政府及其治下社会的批判。这些杂文篇幅短小，大多为三四百字，语言较为尖锐犀利，文风颇具批判性。张友渔作为进步知识分子，他将观察和批评的焦点对准了统治阶级和精英阶层，认为统治阶级的治下腐败不堪，文人精英阶层身上则存在封建性与软弱性。作为张友渔思想启蒙的老师梁启超，亦被他当作典型的"旧式知识精英"的代表受到质疑与批评。对于通过撰写杂文批判北洋政府的经历，张友渔在《从投稿人到总主笔》中回忆总结道："我当时只有对现实的不满和模糊的社会主义理想……限于那时《世界日报》的立场和我当时的觉悟水平，报道的基调仅限于爱国主义。"①因此，在早期报刊"喉舌论"和改良主义思想的影响下，学生时代的张友渔将报纸视为改良社会、反抗不公的"社会公器"。但是，由于他的阶级观念尚未明确，他对社会中阶级对立现象的认识是模糊的，只是基于改良主义对统治阶级进行批判。对统治阶级和精英阶层的批判虽然没为张友渔带来大的祸端，但相关稿件也曾屡遭裁撤，特别是他的稿件内容因为不符合《大同晚报》的宗旨，报纸甚至被龚德柏停刊。这些经历让张友渔对"报纸是社会公器"的观念感到失望，他在回忆录中写道："这个时期（1926年前后），我已经改变了过去对报纸的超阶级性的认识。我感到在别人的报纸上发表自己的意见是有限制的。"②

1927年到1928年，张友渔不仅完全改变了对报纸"超阶级"的认知，还意识到新闻与"阶级"之间的密切关系。1927年，张友渔经人介绍加入了中国共产党，成为中共地下党员。此时，他观察社会现象的视角与心态发生了一定的变化，报刊活动也逐渐频繁多样，他开始将斗争方式从杂文转移到社论上来，其价值导向性和批判反思性表现得更为强烈，语言风格却表现出含蓄中立的特征。由于受报纸大众化浪潮的影响，成舍我迫切想要扩大报纸的威信和销路，《世界日报》的整体风格

---

① 张友渔. 报人生涯三十年［M］. 重庆：重庆出版社，1982：22—23.
② 张友渔. 报人生涯三十年［M］. 重庆：重庆出版社，1982：7—8.

和论调也逐渐调整，开始倡导报纸风格的"粉红色"化，这恰巧与张友渔的政治倾向不谋而合。有别于杂文较为随意的写作方式，张友渔对社论的写作方式进行了较深的理论研究，强调社论写作要快速及时，注重社论的批判性与指导性。除了《世界日报》，张友渔还为《大同晚报》《东方日报》等多家报纸撰写社论，并开始着手自办报纸。1927年，张友渔如愿接手了《国民晚报》并用心经营，由于报纸的主要内容是宣传中共的相关主张，张友渔在数月后即被当局逮捕入狱，《国民晚报》也被勒令停办。这件事给张友渔的报人生涯留下了深刻的印记："1928年3月，我被保释出狱，离开北京去了天津，仍做报纸工作。但这段时间的实践已经彻底粉碎了我早年认为报纸是超阶级的思想。"[①]

到了天津之后，张友渔先是在陆少游的京津通讯社工作。由于张友渔精通日语，他的主要工作是翻译日文报纸上有关北伐战争的新闻报道。有一次，张友渔将一条不利于直系军阀褚玉璞的消息译发出去，致使褚玉璞扬言要关闭京津通讯社，陆少游遂解雇了张友渔，平息了此事。随后，张友渔又到熊少豪的《泰晤士晚报》工作，而此间发生的两件事彻底改变了张友渔的既有观念。他回忆道："给我印象最深的一件事是，我在《天津泰晤士报》工作时，登了一条不利于大百货企业中原公司的消息，结果报馆向中原公司赔礼道歉，我也离开了报馆。这就是资产阶级报纸的性质决定的。"[②] 另一件事情则是张友渔抢先刊登了张作霖在皇姑屯被日军炸死的消息，这让天津《泰晤士晚报》颇受关注，销量大增。张友渔据此认为："这几件事，说明了报纸是为一定阶级服务，为一定阶级所支配的。这使我对报纸的阶级性有了比较深刻的认识。青少年时期对报纸那种超阶级的、揭露黑暗、伸张正义的神圣感，已经荡然无存了。"[③]

张友渔在天津报界工作了一段时间后，辗转到私立日本大学社会学

---

① 张友渔. 报人生涯三十年［M］. 重庆：重庆出版社，1982：9.
② 张友渔. 报人生涯三十年［M］. 重庆：重庆出版社，1982：33.
③ 张友渔. 报人生涯三十年［M］. 重庆：重庆出版社，1982：9-10.

系攻读新闻学研究生。留日期间,张友渔对马克思主义和新闻学理论的认识逐渐加深。作为中共地下党员,他以左翼知识分子的身份公开活动,通过为中国报纸撰写社论的方式宣传中共的理念。从1931年"九一八"事变到1932年夏天,再从1933年夏到1934年夏天,张友渔担任了《世界日报》的主笔、总主笔,在这一年零九个月的时间里,他总共撰写了400篇左右的社论。张友渔的社论善于联系时局,注重分析社会的重大事件,着重强调民主宪政和言论自由,并借探讨德国、日本、苏联等国的各类问题为名影射国内政治,表达了对当局统治的不满。为了让中国读者认识到阶级的问题,张友渔在每篇社论中都会先将自己的立场和观点明确展示出来,并对复杂的时事进行剖析解释,以期引导读者的价值观念。此时,张友渔对"阶级"的认识和理解相较留日之前进步不少,他对此总结道:"这时(1931年'九一八'事变后),我对报纸性质的认识,已经坚定地树立了报纸是阶级斗争的武器的观点。我采用合法斗争的手段,利用《世界日报》的阵地,每天晚上写一篇社论,用这块阵地去战斗。"①

经历了新闻实践与理论学习,张友渔产生了将"报刊是阶级斗争的武器"理论化的想法:"利用报纸去抨击现象和展开斗争是远远不够的,应该进一步增加理论色彩,运用马克思主义理论和阶级分析的方法从理论上去阐述问题的根本。"②"我希望能够引导读者注意每张报纸背后的政治背景,于是冒着风险第一个在国民党统治区提出了报纸是阶级斗争武器的观点。"③ 当时,张友渔在民国学院新闻学会创办的《民国新闻》上发表了《新闻的性质与任务》,他在文中提出了"报纸是阶级斗争的武器"的观点。不过,张友渔认为文章的论述不够详尽,一个月之后,他又在《新闻学周刊》上发表《由消息的真伪谈到天津〈益世报〉的失败》,从新闻失实现象着手,进一步阐述了"阶级斗争武器说",随后

---

① 张友渔. 报人生涯三十年 [M]. 重庆:重庆出版社,1982:11.
② 王迪. 张友渔传 [M]. 北京:北京出版社,1989:93—94.
③ 王迪. 张友渔传 [M]. 北京:北京出版社,1989:94.

"又在1934年3月1日的《新闻学周刊》上发表了《论统制新闻》一文，对报纸是阶级斗争的武器说的观点再加以明确的阐述"[①]。此外，张友渔不仅在多篇文章中都阐述和运用了"阶级斗争武器说"的观念，"还在讲课和其他场合的演讲中坚持宣扬报纸是阶级斗争的武器的观念"[②]。

综上所述，恰如张友渔在《从投稿人到总主笔》中所总结的："从我上中学开始给报纸投稿，一直到那时任《世界日报》总主笔，十几年的报人生涯，使我对报纸是阶级斗争的武器的观点接受得很深。"[③] 早期的张友渔坚信报纸"超阶级"的观点，但是长期的报刊实践经历让他彻底改变了这一观点，产生了"阶级"意识，开始认识到新闻与"阶级"之间的联系。在留学日本期间，张友渔对马克思主义和新闻理论的学习使他进一步明确了新闻是具有"阶级性"的，这是阐释"阶级斗争武器说"观念的经验基础。

二、"斗争"功能的建构：对报纸与政治关系的考辨

马克思和恩格斯在《共产党宣言》的开篇提出："一切社会的历史都是阶级斗争的历史。"对此张友渔颇为赞同，他在《日本新闻发达史》中指出："新闻是随着人类社会发展到阶级社会的程度才产生的，也就是随着阶级对立的产生而产生的。阶级对立出现之后，统治阶级和被统治阶级都需要各自宣传有利于自己的主张，新闻便由此应运而生了。"[④] 随着人类社会中阶级对立程度的加剧，阶级矛盾冲突不断，人类社会形成了统治阶级和被统治阶级，政治也由此产生。统治阶级和被统治阶级之间因生产资料占有不均衡而发生阶级斗争，新闻作为宣布主张的工具

---

① 张友渔. 报人生涯三十年 [M]. 重庆：重庆出版社，1982：33.
② 王迪. 张友渔传 [M]. 北京：北京出版社，1989：95.
③ 张友渔. 报人生涯三十年 [M]. 重庆：重庆出版社，1982：33.
④ 张友彝. 日本新闻发达史（上）[M]. 北平：北平世界编译社，1937：50—51.

便和"斗争"联系起来。因此,新闻(报纸)与政治的关系非常紧密。张友渔通过探讨人类社会发展史中报纸与政治的关系,突出和建构了报刊的斗争功能。

1934年,张友渔在《政治与报纸》和《论"机关报"》两篇文章中辨析了报纸与政治的关系。张友渔认同"政治是管理众人的事"的观点,但他认为此种定义流于形式,他从政治作用的层面提出政治实质上是一种统治工具,即"支配阶级用于支配被支配阶级的统治工具"。张友渔特别谈到,无论在何种政治形态之下,无产阶级专政、法西斯政权、资产阶级民主政治,统统都是如此。对于报纸,张友渔则将其分为两类:"一是站在支配阶级的方面,对于被支配阶级,营着思想上统治的作用之'御用新闻';一是站在被支配阶级的方面,对于支配阶级的思想统治,表示反抗的'反抗新闻'。"[①] 他指出,一个阶级要支配另一个阶级,武力统治只是一个方面,最为关键的一环则是思想的统一。思想的统一实际上是用一种思想来支配许多人的思想,使大家的思想融入同一个思想。统一思想的手段不少,教育、戏剧、电影等皆可,但报纸因为传播范围广、影响力巨大,被认为是最强大的思想统制武器。如前所述,张友渔提出"政治是支配者对被支配者统治的工具",而报纸不可避免带有一定的政治预设立场,它们分为支配阶级用以统制思想的"御用新闻"和被支配阶级用以抵抗思想统一的"反抗新闻"。这两种新闻之于支配阶级和被支配阶级间的政治关系而言,只有"作用"与"反作用"之分。在不同的历史情境中,它们有可能随着所处阶级地位的变化而转换位置,"御用新闻"可能会变为"反抗新闻","反抗新闻"也可能变为"御用新闻"。也就是说,报纸本身的性质和内容,是由背后操纵报纸的势力所决定的。因此,张友渔认为报纸和政治的关系非常密切:"有人认为报纸对于政治,是中立的,超然的,不偏不党的;其实不然,任何报纸,也脱离不了政治作用,也就是任何报纸对于政治都不

[①] 张忧虞. 新闻之理论与现象(上)[M]. 太原:太原中外语文学会,1936:14—15.

是中立和超然的。"①

张友渔尝试通过考察苏联的新闻统制和日本新闻发达史来透视新闻与政治的关系，因为只要证明政治存在，新闻就要发挥统治和斗争武器的功能。十月革命以后，列宁曾以革命委员会的名义，下令将全国的报纸都收归政府管理，这一举措招致社会的不满。张友渔认为，只要世界上还有政治这东西存在，便不可能存在绝对的新闻自由。那么，应该如何看待列宁政府与报纸的关系呢？在张友渔看来，判断的标准应在于政府是否是以民众利益为中心。如果此举符合标准，统制言论就是合理的，这正如列宁所言："报纸之于革命，其功用大于机枪大炮，新闻比较炸弹和机关枪还要危险。"反之，如果列宁政府不是为了民众利益，统制言论就会失去合法性。于是，张友渔作出判断："在理论上，因为报纸是统治的工具，是阶级斗争的武器，站在政府的位置，当然不能不实行新闻统制，民众在认为政府尚没有达到应该被推翻的时候，自然不能要求绝对的言论自由。言论自由不过是政治自由的一部分。"②

同时，张友渔从日本新闻发达史出发，考察了报纸与政治的关系。张友渔发现，日本的《大阪每日新闻》和《大阪朝日新闻》两大商业性报刊，看似没有明确的政治立场，可它们常常就中日问题发表带有侵华倾向的言论，这实质上就是参与政治的表现。他还发现，日本各大报纸对当时"共产党公判案"和"五一五事件公判案"这两大案件的态度是不同的，有的报纸反对共产党，有的却在赞扬罪犯。张友渔据此认为，即使报纸得到了企业化，也并没有失去政治斗争武器的性质。而他在观察全球形势后表示，当前以及今后的社会，都会存在两个对立阶级的斗争。在这种情况下，报纸的阶级斗争的武器性会掩盖它的营利性。张友渔认为："就报纸发达的历史来看，在它最初发生的时候，就是统治者之统治的工具，及被统治者之反抗统治的武器。至到资本主义很发达的

---

① 张友渔. 论"机关报"[J]. 世界日报·新闻学周刊，1934（26）.
② 张忧虞. 新闻之理论与现象（上）[M]. 太原：太原中外语文学会，1936：16.

现在社会，在表面上看，报纸已变为一种商品，报馆成了一种营利之企业。但在紧要的时候，仍然要露出它的政治的统治工具的本性。"①

接着，张友渔把研究的目光转向中国，观察和预测了中国报纸的发展情况。他认为中国报纸因为社会发展迟缓，导致商业化进程更加缓慢，而社会动荡、报业冲突、政府干涉等因素也强化了中国报纸的斗争性。他遂强调，"纵然报纸企业化了，商品化了，仍不能失掉它的本质——阶级斗争武器性"。在《论"机关报"》中，张友渔进一步表示："即便是现在资本主义国家之商品化的报纸，营利的性质，较政治斗争的武器之性质为显著，好像不是什么'机关报'，实则，还不外是资产阶级的'机关报'？"②他站在较为客观的立场，认为任何报纸都是代表各自政治势力的"机关报"，它们不仅是政治上的统治工具和斗争武器，更是统制思想的工具。因为从严格意义上来说，任何报纸都是"机关报"，可见报纸与政治的关联甚为紧密："在政治斗争激烈的时候，报纸是公然挂起'机关报'的旗帜的；政治斗争不甚激烈的时候，报纸走向商品化之途，常装着'中立'、'公正'、'不党不偏'的态度。"③ 因此，张友渔主张报纸无论在何时，都无法与政治分割，它是阶级斗争的武器。

除了从阶级视角来考察报纸与政治的关系，张友渔还从新闻统制的角度建构报刊的斗争功能。顾名思义，新闻统制是指统治阶级统一控制新闻，全面规划管理新闻事业。张友渔却提出疑问："统制言论（即统制报纸）本身无可反对，问题是统治阶级自身是否应该被反对，以及统制言论的方法是否妥当？"④他认为，新闻统制实际上是思想言论的斗争，是支配阶级同被支配阶级的斗争，因为任何国家、阶级和势力，为了维持自己的统治权力或者反抗权力压迫，除了运用暴力斗争的方式，

---

① 张忧虞. 新闻之理论与现象（上）[M]. 太原：太原中外语文学会，1936：16.
② 张友渔. 论"机关报"[J]. 世界日报·新闻学周刊，1934（26）.
③ 张友渔. 论"机关报"[J]. 世界日报·新闻学周刊，1934（26）.
④ 张忧虞. 新闻之理论与现象（上）[M]. 太原：太原中外语文学会，1936：17.

还会运用统制新闻的手段进行阶级斗争。他说："在阶级社会里，新闻统制就是支配阶级对被支配阶级，在暴力的控制之外，又借新闻，来实行一种思想的统制；同时，被支配阶级，也在暴力的反抗之外，常拿新闻来作为一种反抗的工具。因而在阶级社会里，支配阶级和被支配阶级之间，必然地发生新闻的斗争。"① 尤其是在革命时期，阶级斗争更加激烈显著。支配阶级不仅要整饬军容、扩充实力，更要铺设新闻网，强化新闻宣传，颁布新闻出版法令，建立新闻检查制度，实行全面的新闻统制。为了反抗压迫，被支配阶级除了还之以暴力，也会以新闻为武器进行斗争，这便是新闻统制支配阶级斗争的实质。

为了进一步阐明新闻统制支配阶级斗争的观点，张友渔还通过列举不同国家的新闻统制情况和新闻政策来加以佐证，并试图为中国的新闻统制提供参考和借鉴。张友渔表示日本明治维新之后产生了严苛的新闻统制："明治三年以来，新政府为了利用新闻，曾经一度提倡它，拥护它。但到了明治六七年之交，新闻既已表现着成为政府的敌人之趋势，在政府恰像被野狗而被咬了手的样子，感觉到万分的不快和懊悔，而对于新闻所取的态度，也渐渐严厉了。"② 由于革命不彻底，新政府在明治六七年后渐渐陷入中央集权式的寡头政治，新支配阶级的分裂更甚，而政争的武器也变为新闻（报纸）。政府迅速出台了新闻条例和谗谤律来拘束记者、束缚言论、没收印刷机器，致使"民权派新闻"渐渐陷入衰颓的境地。但是，新闻作为政治斗争的武器很难被全面消灭。有别于传统的"大新闻"，"小新闻"开始在日本兴起，读卖新闻、插画新闻、花柳新闻是常见的类型，它们以或明示或暗喻的方式，譬如故事、文书、漫画等对新闻统制进行反击。而在严苛的新闻统制背后，是资产阶级与封建残余势力之间矛盾与斗争的激化，新闻实质上是他们进行斗争的武器，新闻统制则是统治阶级运用新闻来支配阶级斗争的手段。

---

① 张友渔. 论统制新闻 [J]. 世界日报·新闻学周刊，1931（11）.
② 张友彝. 日本新闻发达史（上）[M]. 北平：北平世界编译社，1937：143—144.

综上所述，张友渔从阶级视角考辨了报纸与政治的关系，并通过考察新闻统制建构了新闻的"斗争"功能。因为在张友渔看来，阶级社会出现以后，人类社会中出现了统治阶级和被统治阶级，新闻则成为代表各自政治势力的工具，它也是政治上的斗争武器和统治工具。严格意义上来讲，新闻与政治无法分割，只要有政治存在，新闻作为统治工具便承担着"斗争"的功能。

三、"阶级斗争武器说"的确定：对列宁党报思想的吸收

张友渔曾表示，"报刊是阶级斗争的武器"的观念，既是他在日常报刊实践工作中领悟到的，也是他从苏联的书刊中学到的。其中，列宁关于党报的性质与功能以及对新闻出版自由等问题的论述，成为张友渔重点汲取的内容。张友渔在报刊实践和革命活动中比较全面地接受了列宁的党报思想，这为"阶级斗争武器说"观念的确立提供了重要的理论依据。

20世纪二三十年代，苏联社会主义新闻事业逐渐兴起。十月革命之后苏联社会主义新闻体制呈现的繁荣景象及对当时中国新闻事业私有制的不满，让张友渔对苏联的新闻事业国有制充满了好感与向往。在《苏俄的新闻政策》《社会化的苏俄报纸》《苏联的新闻和新闻政策》等多篇文章中，张友渔都表示出对苏联社会主义新闻体制和对马列主义观点的认可与推崇。其中，"列宁继承了马克思、恩格斯的新闻思想，根据俄国布尔什维克党在运用党报宣传和服务党的纲领路线、策略主张与中心工作的丰富实践作了创新和发展"[①]，加之1920年共产国际来华，"共产国际代表将马克思主义、列宁主义宣传与中国革命相结合，帮助中国人创建了中国共产党。中国共产党也在共产国际的推动下，积极实

---

① 郑保卫. 论列宁新闻思想的历史贡献及当代价值——写在列宁诞辰150周年之际[J]. 国际新闻界，2020，42（4）.

践列宁党报思想"①。因此,"早期的中国共产党人所阅书籍一般是从苏俄介绍而来的论著以及列宁、斯大林的书。严格地说,中国人学到的是列宁主义"②。作为中国共产党党内的报人,张友渔所阅读的苏联书刊大都是以介绍列宁主义为主的,因此他对列宁的党报思想接受程度很深。

通过考察张友渔文章的注释和参考文献,可以发现他在写作文章时重点参考的是列宁的论作、他者研究马列思想的论作,以及其他报人的旅苏游记、通讯。在《新闻的性质与任务》等文中,张友渔大量引用了马克思和恩格斯的《共产主义宣言》《政治经济学批判》等著作原文;《苏联的新闻和新闻政策》则反映出张友渔熟知《列宁全集》《写给同志们的一封信》《资本主义与新闻》《关于言论自由的演说》《取缔报纸的命令》《关于新闻的自由》《应该从何着手?》《在苏联共产党第十二次代表大会上的演说》等文章;河上肇、大山郁夫的《马克思主义讲座》,詹姆斯的《列宁与新闻学》,格鲁里奥的《苏联新闻及其工作人员》也是张友渔阅读参考的书目;一些苏联的官方文件,比如苏联对外文化事业委员会出版局印发的 The Soviet Press 亦是他用以阐明问题的数据来源。

在众多参考文献中,列宁关于报刊性质和功能的论述由于契合了"新闻救国"的现实需要,对张友渔的影响尤为深入。事实上,"列宁新闻思想的创造性正是在于创立了'思想建党模式',利用报刊建党,强化报刊的宣传、鼓动、组织功能,锻造革命党组织"③。正如《联共(布)党史简明教程》[History of the Communist Party of the Soviet Union (Bolsheviks)]开篇便将列宁与"阶级""解放""斗争"紧密联

---

① 邓绍根,丁丽琼. 列宁主义在华初步传播及中国共产党新闻事业兴起 [J]. 国际新闻界,2020,42(4).
② 陶德麟. 马克思主义中国化的两个前提性问题 [J]. 武汉大学学报(人文科学版),2005(2).
③ 张涛甫,丁茜菡. 列宁与马克思主义新闻思想的苏俄化——基于思想建党的视角 [J]. 当代传播,2020(3).

系在一起，强调他通过领导"工人阶级解放斗争协会"、创办《火星报》和撰写论作等方式参与革命斗争。[①] 其中，《党的组织与党的出版物》提出出版物要与革命的阶级运动汇合起来。《从何着手》提出："报纸不仅是宣传者、鼓动者，还是组织者。"[②] 1917 年发布的《关于出版问题的法令》明确提出"资产阶级报刊是资产阶级最强大的武器之一"[③]。《苏维埃政权的当前任务》首次提出报纸的"工具"性质："报刊应该成为社会主义建设的工具。"[④]《论我们报纸的性质》强调"运用报刊进行革命的斗争"。这些苏联的新闻报刊理念，尤其是列宁关于报刊的主张，在张友渔乃至中国共产党的新闻论作中最为常见。张友渔在《苏联的新闻和新闻政策》中谈到自己阅读列宁新闻论作的心得时说："列宁以为新闻完全是政治斗争的即阶级斗争的武器，因而他主张无产阶级，充分利用这一武器，同时，剥夺资产阶级利用这一武器的机会。"[⑤]

张友渔吸收了列宁的党报思想后，对新闻的性质与任务展开了理论探索，并运用马克思主义阐释了新闻自由和新闻统制。首先，张友渔考察分析了列宁的《在苏联共产党第十二次代表大会上的演说》，列宁认为新闻是政治斗争（阶级斗争）的武器，主张无产阶级要充分利用这一武器，并且剥夺资产阶级利用这一武器的机会。十月革命之后，列宁发表了没收全国资产阶级新闻的命令：

> 临时革命委员会，在必要上，对于反革命新闻，采取了断然的处置。有人对于这种举动，表示反对：他们以为社会主义者，不应该用暴力，蹂躏出版自由。但劳农政府，愿就下述事实，促起国民

---

① 参见联共（布）中央特设委员会，编；中共中央马克思恩格斯列宁斯大林著作编译局，译. 联共（布）党史简明教程[M]. 北京：人民出版社，1975：17−26.
② 列宁. 从何着手？（1901 年 5 月）[M]//中共中央马克思恩格斯列宁斯大林著作编译局编，译. 列宁全集 第 2 版 增订版 第 5 卷[C]. 北京：人民出版社，2013：1−10.
③ 列宁. 关于出版问题的法令[N].《真理报》，1917−11−10（117）.
④ 列宁. 苏维埃政权的当前任务[M]//中共中央马克思恩格斯列宁斯大林著作编译局编，译. 列宁全集（第 34 卷）[C]. 北京：人民出版社，2017：172.
⑤ 张忧虞. 新闻之理论与现象（下）[M]. 太原：太原中外语文学会，1936：3.

的注意。在现在的社会，实际上，仅存着资产阶级的自由。资产阶级，垄断了全部新闻之最大部分，能够毫无障碍地，毒害理解，混乱大众。故资产阶级新闻，是资产阶级最大的武器，这是任何人都知道的。尤其在劳动者和农民的新政府，正要树立的重要时期，把这种武器，完全委诸敌人之手，是不可能的了。为什么呢？因为在这样重要的时期，新闻比较炸弹和机关枪，还要危险。[1]

列宁的"新闻是资产阶级最大的武器"和"新闻比较炸弹和机关枪还要危险"的观点，张友渔在论作中多次提及。接着，张友渔又引用苏联报刊中的列宁主义观点作为补充论据。"新闻必须不是一天一天地生长，而是一小时一小时地生长——它是我们的党的最强大而最尖锐的武器。"（《在苏联共产党第十二次代表大会上的演说》）"一直到一九一七年为止，在以布尔什维主义教育群众的斗争中，是把布尔什维克新闻者的笔，当作他的最主要的武器而使用的。"（詹姆斯《列宁与新闻学》）"新闻的任务不仅限于传播思想，政治教育，以及吸收政治上的同盟者；新闻自身不仅是集体的宣传者，集体的鼓动者，而且是集体的组织者。"（《应该从何着手》）"新闻，是唯一的武器，有了这个武器，党才能够和劳动阶级，时时刻刻，交换必要的谈话。作为党和阶级之间的精神的枢机之物，宇宙间，再没有像新闻这样便利的屈伸自由的了！"（斯大林语）"我们的新闻，对于其一切的敌人，应常为党员所防卫。对于资本主义的新闻，党员愿实行断然的斗争。明白暴露他们的贩卖政策，欺骗，欺瞒及一切不正的竞争等，而给他们刻印上明确的标志。"（共产国际第三届大会对无产阶级新闻的决议）于是，张友渔在吸收了列宁的党报思想，了解了苏联的新闻模式后得出了结论："苏俄的新闻，是政治行动的煽动者，是政治教育的手段，同时，也是统一大众之社会的能力之武器。"[2]

---

[1] 张忧虞. 新闻之理论与现象（下）[M]. 太原：太原中外语文学会，1936：3—4.
[2] 张忧虞. 新闻之理论与现象（下篇）[M]. 太原：太原中外语文学会，1936：5.

第四章 张友渔的"阶级斗争武器说"

张友渔认为,列宁的报刊思想和苏联的新闻模式为中国提供了参考借鉴的范本。因为苏联的社会主义还未稳固,并且处在资本主义的包围之中,所以新闻"政治斗争的武器"的性质凸显,是广大群众的武器。据此,张友渔根据中国的情况对"新闻是政治斗争的武器"的观点进行了延伸与改造,他认为中国已经呈现出阶级对立和利益集团对立的态势,新旧势力之间互相斗争,中国的新闻不仅是政党间政治斗争的武器,也是阶级斗争的武器,虽然它还没有呈现出明显的"阶级斗争武器"性质,但是新闻从业者应当明晰这一情况,传承斗争的精神。

此外,张友渔还尝试利用列宁的观点来阐释新闻自由等问题。他认为新闻是阶级斗争的武器,统治阶级利用新闻来统制社会意识,被统治阶级利用新闻反抗统治阶级。因此,无论何种形态的国家,统治阶级都要进行新闻统制,所不同的只是统制的方式与程度。那么,在新闻统制之下,新闻自由应该如何定义?它该以何种形式存在?对此,张友渔通过引用列宁的讲话加以说明:

> 资本家,以为新闻的自由,是免于检阅官的压迫,及各政党能够自由发行新闻的力量。实则这决不是新闻的自由,而是欺骗被压迫,被榨取的大众之资产阶级的自由。在资产阶级社会的新闻自由,是对于富有阶层,给与有组织的,日销数百万之邪恶的力量的;是给与他们以欺骗贫穷,被榨取,被压迫的大众之力量的。这件事,是谁也注意到自明的事实,但也是谁也不敢有一语非难的事情。
>
> 政治的新闻,在我们的运动上,实为必要。现在欧洲所叫做政治运动的事情,若没有政治的机关报,则没有什么意义了。所以我们若没有政治的机关报,便也绝对不能完成我们的任务。
>
> 新闻的任务,不仅限于思想的普及,政治的教化,以及政治的同盟之达成;新闻自身,不仅是集合的宣传者,集合的煽动者,而且是集合的组织者。[①]

---

① 张忧虞. 新闻之理论与现象(下)[M]. 太原:太原中外语文学会,1936:2-3.

列宁对西方资产阶级新闻自由的批判，为张友渔如何看待新闻基本问题提供了思想线索。他对苏联的新闻统制进行了消极层面和积极层面的分析："在消极方面，第一，苏俄是对于一切的反动新闻，彻底取缔，毫不妥协的。第二，苏俄是对于一切外国驻俄记者所发的新闻电信，都毫不客气地，加以检查的。第三，苏俄是对于一切不违反党的主义之批评和讨论，准许报纸发表的。总之，在消极方面，苏俄虽是严厉地取缔新闻，但是标准确定，手续简单，而且以大众的意见为基础，所以被取缔的人，并不十分感觉到什么痛苦！在积极方面，扶助新闻，恐怕任何国家，都比不上苏联罢？"① 张友渔由此得出结论："苏俄是公然地，有效地彻底实行着统制新闻的。苏俄的无产阶级政权，不像别的国家之统治阶级，在所谓言论自由的假面具之下，实行着新闻的统制。他们公开地主张，新闻应该统制，他们确立了统制新闻的原则；他们在有效地实行着他们的原则。"②

事实上，从张友渔对苏联新闻统制的话语表述方式上可以发现，他非常推崇向往苏联式的新闻体制，例如"被取缔的人并不感觉十分痛苦""新闻统制是有效的""不像我们贵国，只压迫本国的新闻记者，而不敢得罪外人！不像我们贵国，可以随便扣删"。种种话语都显示出张友渔对苏联社会主义新闻事业理想化的认知，以及对国民党新闻统制和资本主义垄断的不满情绪。"在这种思想认知的驱动之下，跳出西方新闻业的格局，在苏联的社会主义国有制中寻找中国未来新闻业的出路，成为一种自然且迫切的现实需求。"③ 在这种理想化的滤镜之下，张友渔吸收了列宁的新闻自由权利观，并根据中国国情表述和阐释了这一观点。在张友渔看来，西方资产阶级的新闻自由是虚假的，它是富裕阶级才具有的，它折射的是资产阶级对新闻行业的垄断，但是苏联的新闻则

---

① 张忧虞. 新闻之理论与现象（下篇）[M]. 太原：太原中外语文学会，1936：5-8.
② 张忧虞. 新闻之理论与现象（下篇）[M]. 太原：太原中外语文学会，1936：1.
③ 齐辉，秦润施，付红安. 民国时期中国新闻界对苏联社会主义新闻事业的考察与态度[J]. 新闻大学，2018（1）.

全然不同，因为他们的新闻是无产阶级的武器，其新闻统制是针对一切阶级且是公开平等的。总而言之，张友渔吸收和接受了列宁的诸多观念，认同"新闻是政治斗争的武器"，并据此表述和阐释新闻是阶级斗争的武器。因此，列宁的党报思想为张友渔"阶级斗争武器说"提供了根本的理论依据。

四、对"阶级斗争武器说"意涵的阐释

昆廷·斯金纳指出："理解文本的前提在于掌握文本试图传达的意涵，以及希望这一意涵怎么被理解。"[①] 因此，我们需要对"阶级斗争武器说"观念的意涵进行分析。这里的意涵即张友渔对此观念的自我诠释与认知。事实上，"阶级斗争武器说"观念生成的过程也是张友渔的认知不断完善的过程。张友渔的"阶级斗争武器说"观念的言说逻辑主要基于历史唯物主义，他从阶级关系入手推演出新闻（报纸）成为阶级斗争武器的内在理由和历史结果，也以此诠释了"阶级斗争武器说"观念的意涵。

在《新闻的性质与任务》中，张友渔首先借用了日本学者长谷川如是闲的论述"新闻是社会的一现象，是社会意识的一表现"，指出新闻是以社会组织为基础，适应于社会实际需求所产生的东西。接着，张友渔考察了人类社会与阶级关系的发展历史。他在开篇就完整引用了《共产党宣言》的前六个自然段，并据此作出分析。鉴于张友渔引用的译本年代较为久远，语言略显晦涩，本书选取现行译本，表述如下：

> 至今一切社会的历史都是阶级斗争的历史。
>
> 自由民和奴隶、贵族和平民、领主和农奴、行会师傅和帮工，一句话，压迫者和被压迫者，始终处于相互对立的地位，进行不断

---

① 丁耘，陈新. 思想史研究 第1卷 思想史的元问题[M]. 桂林：广西师范大学出版社，2005：76.

的、有时隐蔽有时公开的斗争，而每一次斗争的结局是整个社会受到革命改造或者斗争的各阶级同归于尽。

在过去的各个历史时代，我们几乎到处都可以看到社会完全划分为各个不同的等级，看到社会地位分成的多种多样的层次。在古罗马，有贵族、骑士、平民、奴隶，在中世纪，有封建主、臣仆、行会师傅、帮工、农奴，而且几乎在每一个阶级内部又有一些特殊的阶层。

从封建社会的灭亡中产生出来的现代资产阶级社会并没有消灭阶级对立。它只是用新的阶级、新的压迫条件、新的斗争形式代替了旧的。

但是，我们的时代，资产阶级时代，却有一个特点：它使阶级对立简单化了。整个社会日益分裂为两大敌对的阵营，分裂为两大相互直接对立的阶级：资产阶级和无产阶级。[①]

如此大篇幅的引用看似冗长，实则表现出张友渔对人类社会和阶级关系发展历史的深入理解，也表现出他较为充分地认识到资本主义社会的基本特征。张友渔对阶级对立和阶级斗争的划分，主要以生产关系的所有制为依据。他认同《共产党宣言》的论述，他认为："从奴隶社会到封建社会再到现在的资本主义社会，都存在着各个不同的阶级，阶级内部又有更为细致的分层。每个阶级对生产资料的占有都是不均衡的，因此，阶级对立和阶级斗争在人类社会的历史上是一直都存在的。总的来说，私有制的生产关系造成了阶级对立和阶级斗争。阶级对立和阶级斗争的并不是在人类所内在的范畴，而是在人类历史的范畴中。"张友渔据此认为，原始社会是以性和血缘为基础的氏族社会，并不是基于生产关系的社会，所以原始社会是没有阶级对立和阶级斗争的，部族成员之间的消息传递不能称为"新闻"；资本主义社会以后的社会，阶级将会消失，也就没有新闻的存在。因此，张友渔表示新闻存在于阶级斗争

---

① 马克思，恩格斯. 共产党宣言 [M]. 北京：中央编译出版社，2005：26—27.

第四章 张友渔的"阶级斗争武器说"

的社会里,"尤其所谓真正的新闻,即近代乃至现代新闻,是发生、成长和发达于阶级社会之最高阶段即资本主义社会里的。所以不能不说新闻是阶级斗争的武器"①。

作为《日本新闻发达史》的序言,张友渔在《新闻的性质与任务》中对"阶级斗争武器说"的阐述只是点到即止。随后,张友渔在《日本新闻发达史》的正文中对新闻为何会成为阶级斗争的武器作了更为细致的论述,并在社会历史的演化中剖析了新闻事业的性质与功能。张友渔认为:"新闻的发达,是和社会的发达状态相适应,相伴随的;也就是受着社会条件的助成和制约的。并且,新闻本身,是社会意识之知觉的表现;是表示社会处在怎样的知觉状态的。"②他在探讨新闻的起源与雏形问题时又说:"其实新闻决不是和社会的发生同时发生的;却是和社会的发展,达到了一定的阶段时,新闻才能发生。"③因此,张友渔明确表示原始社会只有信息的传递与沟通,而阶级社会出现后,占有生产资料的阶级需要宣布有利于自己的信息时,"新闻"才开始出现。

在阶级社会之中,最初的新闻是以口头形式存在的,传播范围有限,难以深入广泛的社会。随着笔写新闻的出现,统治阶级利用对权力和知识的垄断,将它作为维护自身利益和特权的统治武器,而被统治阶级因为受到压迫也开始运用笔写新闻来争取自身的利益。日本历史上贴在权贵门前讽刺政治或社会黑暗的"落书""落首",正是一种阶级斗争的武器,也是早期的新闻统制方式。对此,张友渔认为:"在阶级社会里,新闻统制就是支配阶级对被支配阶级,在暴力的控制之外,又借新闻,来实行一种思想的统制;同时,被支配阶级,也在暴力的反抗之外,常以新闻作为一种反抗的工具。因而在阶级社会里,支配阶级和被支配阶级之间,必然地发生新闻的斗争。"④不过,笔写新闻无法在短

---

① 张忧虞. 新闻之理论与现象[M]. 太原:太原中外语文学会,1936.5
② 张友彝. 日本新闻发达史(上)[M]. 北平:北平世界编译社,1937:2.
③ 张友彝. 日本新闻发达史(上)[M]. 北平:北平世界编译社,1937:49.
④ 张友渔. 论统制新闻[J]. 世界日报·新闻学周刊,1931(11).

时间内大批量复制生产，不能满足社会对新闻及时性的需求，而以印刷新闻为标志，能够批量化复制的新闻登场以后，打破了统治阶级的知识垄断，使信息传播在时空偏倚上趋向平衡，推动了帝国势力的扩张与延续，加强了社会各集团之间的联系，促进了工商业之间的互动与合作，使得社会运转速度加快、效率提高，导致不同阶级之间的矛盾与对立更甚，阶级之间的斗争也进一步加剧。在张友渔看来，印刷术的出现让新闻成为真正意义上的"阶级斗争的武器"，它发达于阶级对立和阶级斗争的最高阶段——资本主义社会。

张友渔通过对人类社会历史以及阶级关系的剖析，对"新闻"概念进行了诠释，即新闻是社会的一种现象，也是社会意识的一种表现。同时，一切社会历史都是阶级斗争的历史，资本主义社会是阶级斗争最为激烈的时期，"新闻"便在资本主义社会中最为发达，而且只要有阶级关系的存在，"新闻"就是阶级斗争的武器。昆廷·斯金纳指出："任何言说都是特定时刻特定意图的反映，它旨在回应特定的问题，是特定语境下的产物。"[1] 事实上，"任何观念都是主体在外来刺激下经过思维活动而产生的结果，目的是回应外来的挑战。单纯的刺激不产生思想，简单的条件反射也不成其为思想。换句话说，任何思想都是具体的，都是为了回应或解决当时社会现实提出的问题"[2]。20世纪初，中国新闻界认为新闻（报纸）是"社会之公共机关"，他们希望报社能够实现经济独立，与政治保持一定的距离。"邵飘萍当时把新闻业的发展趋势归结为'以新闻为本位'，新闻观念的演进也相应地延伸到'以新闻为本位'的时代。"[3] 面对此种情形，张友渔阐释"阶级斗争武器说"的根本意图在于批判新闻"超阶级"的观念，他希望运用马克思主义"重塑"新闻的概念，而最为直接的证

---

[1] 丁耘，陈新. 思想史研究 第1卷 思想史的元问题［M］. 桂林：广西师范大学出版社，2005：77.
[2] 郭双林. 流动的思想：中国近现代思想史研究方法刍议［J］. 史学月刊，2019（6）.
[3] 戴元光，等主编；单波，著. 20世纪中国新闻学与传播学（应用新闻学卷）［M］. 上海：复旦大学出版社，2001：40.

第四章 张友渔的"阶级斗争武器说"

据来自《新闻之理论与现象》的序言：

> 这在各国，本来已经是一般人所公认了的真理和事实；而在我国，则连有名的新闻记者，新闻事业家乃至自命为新闻理论家的人们，还都墨守着陈腐的见解，以为新闻是超乎阶级，超乎党派，只问是非，不计利害之社会的木铎！这对于从事新闻事业的人们，有志新闻事业的人们乃至社会上的一般人们，实在都是无益有害的。所以本书出版，不一定是没有必要罢？①

现代意义上的新闻产生于西方，随着西学东渐的浪潮，专业主义新闻思想受到早期中国新闻学人和新闻工作者的普遍认可，该思想强调报纸的独立性，主张报纸是社会公器。"但是，在以农民为主体的中国社会中，'公民社会'不在，'公共性'何在？在平民化的'新闻本位'的理想背后，仍然掩藏着精英化的'政治报国'情结。"②尽管中国新闻界承认新闻的独立性与公共性，但在"救亡压倒启蒙"的过程中，浓厚的民族主义情绪压倒了"先天不足"的自由主义。在民族主义思潮的影响下，部分知识分子也着手重构西方新闻理论体系。1931年，中国新闻学研究会成立并发表《中国新闻学研究会成立宣言——新闻学运动之新的开展》，"提出前十数年的新闻学研究盲目追从美国的纯资本主义化报业教育，倡导要对中国新闻学的研究做出'新的开展'"③。因此，在民族主义思潮和"报人救国"心态的影响下，张友渔将新闻的"超阶级性"称为"陈腐的见解"，是"无益有害的"，这也显示出无产阶级报人对西方新闻理论的批判意识。在张友渔看来，只有改变"新闻超阶级"的观念，将政治问题拉回到新闻中来，才有可能实现真正的"报人救国"和"政治报国"。

张友渔拥有长期的报刊实践经历，并且在日本进修过新闻学，这

---

① 张忧虞. 新闻之理论与现象 [M]. 太原：太原中外语文学会，1936：2.
② 姜红. 现代中国自由主义新闻思潮的流变 [J]. 新闻与传播研究，2005 (2).
③ 中国新闻学研究会成立宣言 [N]. 文艺新闻，1931-10-26 (33).

让他对"新闻超阶级"的拒斥显得更为直接。他曾数次谈及自己与成舍我的微妙关系,"这种合作,当然并非志同道合","在他,是利用我增加报纸左的色彩","在我,开始投稿是为了糊口,后来是利用这张报纸采取合法斗争手段"。张友渔对成舍我的报纸大众化经营理念无法完全赞同,甚至一度脱离报业。日本的求学经历让张友渔受益匪浅,他在《日本新闻发达史》中表示:"中国的新闻之发达阶段,也在大体上,原则上,不能不走日本已经走过,正在走着乃至将要走去的路径。"① 在他看来,日本新闻之所以发达是因为资本主义的充分发展,阶级对立与阶级斗争不断,中国也应该以报刊为武器,参与阶级斗争。

综上所述,马克思主义阶级斗争学说、列宁的党报思想以及苏联的社会主义新闻事业影响了张友渔等知识分子对中国新闻业的想象,这一点正如约翰·列文森(Joseph R. Levenson)在《儒教中国及其现代命运》(*Confucian China and Its Modern Fate*)中所说的那样:"这种对历史的新的想象——即使对马克思主义的发展动力理论还未有任何深入了解——现在就将中国置于历史变化的前锋地位,这种历史变化将超越现代西方,甚至从反传统观念的角度去拒斥西方。"② 实际上,张友渔就是带着反传统的观念拒斥西方新闻观念,他希望借助苏联的思想资源来"重塑"中国的新闻观念以及新闻体系。因此,在"报人救国"和"政治报国"时代心态的影响下,张友渔通过表述和阐释"阶级斗争武器说"试图改变人们对"新闻超阶级"的认知,希望重构一种不同以往的新闻观念,表达对实现民族主义的期盼和建立强力国家的向往,这也许才是张友渔更为看重的方面。

---

① 张友彝. 日本新闻发达史(上)[M]. 北平:北平世界编译社,1937:7—8.
② 柯保安. 美国的中国近代史研究:回顾与前瞻[M]. 李荣泰,等译. 台北:联经出版事业股份有限公司,1991:67—68.

第三节 "阶级斗争武器说"的传播与衍变

对"阶级斗争武器说"观念的研究，不仅应该分析它的"语境"和"意涵"，还需厘清观念的传播与衍变。阿瑟·O. 洛夫乔伊在《存在巨链：对一个观念的历史的研究》（The Great Chain of Being：A Study of History of an Idea）中尝试运用分析化学的方法将"学说历史分割为单元—观念（unit-ideas）"[①]，这为本书分析张友渔新闻思想观念的传播与衍变提供了一定的借鉴。正如化学中存在的基本元素可以通过发生化学反应生成其他物质那样，一个"观念的单元"也能派生和演绎出不同的思想观念。观念单元"在一个既定的社会中的流动以及随之所作出的解释也是流动的、多元的，甚至是矛盾的。一个文本形式的变化都能改变其意义"[②]。而在对话交流中展开对观念单元和观念意义的"可共享的阐释"[③]，则为观念的传播与流动提供了可能。因此，本节借鉴阐释学的理论视角，考察"阶级斗争武器说"观念传播与衍变过程中的线索脉络，讨论"阶级斗争武器说"观念在哪些方面得到了阐释和延伸。

一、在"喉舌""工具"和"武器"之间：报刊政治性功能的扩延

近代中国的报刊自诞生之日起，就与政治、权力和革命关系密切，具有显著的政治性功能。张友渔在分析报纸与政治的历史关系时认为，

[①] 阿瑟·O. 洛夫乔伊. 存在巨链：对一个观念的历史的研究[M]. 张传友，高秉江，译. 北京：商务印书馆，2015：1.
[②] Richard Whatmore and Brian Young eds., A Companion to Intellectual History [M]. New Jersey: Wiley Blackwell Companions to World History, 2016, p. 75.
[③] 张江. 公共阐释论纲[J]. 学术研究，2017（6）.

随着人类社会中阶级对立程度的加剧，阶级矛盾冲突不断，人类社会中形成了统治阶级和被统治阶级，也就产生了政治。统治阶级和被统治阶级之间由于生产资料占有不均衡就会发生阶级斗争，由此作为宣布主张的工具——新闻便和"斗争"联系起来。因此，在张友渔看来，新闻（报纸）与政治的关系非常紧密，报刊具有政治性功能。回顾近代中国的革命进程可见，报刊的政治性功能除了被阐释和概括为"武器"，"喉舌""工具"的说法也时常见诸报端，如"报纸是国家和国民的耳目喉舌""政治的工具""统制的工具""斗争的工具""战斗的工具"等。随着政治形势和社会语境的变迁，报刊的政治性功能也得到了扩延。

在张友渔表述和阐释"阶级斗争武器说"之前，"喉舌论"是彼时报纸常见的提法。晚清政治弊病凸显，言论表达不畅，沟通渠道"壅塞"（康有为语），"依托《时务报》，以梁启超为代表的传统士人作为中国百年来新闻理论的始发声者，从政治功用性的角度阐释了报刊的功能，形成了中国百年来新闻理论的第一个核心观点——'喉舌论'"[1]。报纸"喉舌论"的出现不仅阐明了近代中国报刊的政治性功能，"还带来了'结群'之效，形成了不同的共同体，体制外的政治交往兴起，中国由政治报刊进入政党报刊"[2]。此外，"自梁启超起，报纸的'喉舌论'成为一种对报刊阶级性的表述。报纸的舆论功能被突出，可以明确代表一个阶级的利益"[3]。在"喉舌论"观念的影响和积淀之下，报刊的政治性功能得到了进一步的阐释和发展。

报刊的政治性功能还被描述和概括为一种政治"工具"。从鸦片战争到洋务运动，从戊戌变法到辛亥革命，几乎近代中国的每一场历史事件和政治变革都有知识分子参与，报刊则是他们用来参政论政的工具，也为他们提供了参与政治的合法性和正当性。随着新闻事业的发展和近

---

[1] 童兵，徐玲英. 从"耳目喉舌"到"新闻信息"——百年来中国新闻理论核心观点演变［J］. 新闻爱好者，2016（2）.

[2] 黄旦. 耳目喉舌：旧知识与新交往——基于戊戌变法前后报刊的考察［J］. 学术月刊，2012，44（11）.

[3] 翁海勤."耳目喉舌"说的历史沿革［J］. 新闻记者，2007（3）.

代中国社会性质的转变，报刊的政治性更为显著。具体来看，近代中国报刊的政治性主要源于三个方面："第一，新闻业是社会系统和社会分工的一部分，作为其主体的报刊及报人无法与政治撇清关系。第二，大众报刊的出现，使得各种利益集团发现了报刊作为政治统治工具的重要性，从而突出了报刊的政治属性。第三，阶级意识的觉醒，使得无产阶级与资产阶级之间进入'有意识'的阶级斗争中，作为政治统治工具的报刊自然成为一种阶级斗争武器。"① 因此，在近代中国急剧的政治变革和历史演进中，"喉舌论""工具论"的观念表现和概括了报刊的政治性功能，为"阶级斗争武器说"提供了社会语境与观念基础。而在阶级意识的影响下，张友渔围绕"阶级斗争武器说"的表述和阐释，进一步突出和扩延了报刊的政治性功能，也为知识分子利用报刊介入政治事务和参与历史进程提供了可靠的依据。

事实上，报刊的政治性功能是随着近代中国"权力—知识"关系的变迁而得到阐释与扩延的。福柯在《规训与惩罚：监狱的诞生》中对"权力—知识"关系进行了分析："我们应该承认，权力制造知识（而且，不仅仅是因为知识为权力服务，权力才鼓励知识，也不仅仅是因为知识有用，权力才使用知识）；权力与知识是直接相互连带的；不相应地构建一种知识就不可能有权力关系，不同时预设和建构权力关系就不会有任何知识；'权力—知识'的矛盾决定了知识的形式及其可能的领域。"② 知识分子在清末新政以后逐渐摆脱了对统治权力的依附，开始游离于政治体制并迅速被边缘化，其"权力—知识"关系也得以被重构。"他们不再依赖官僚体制实现自己的理想抱负，转而以知识阶层本身为立足点，更愿意从事工商业或新闻出版事业，自觉从权力体系之外来改造社会和政治。"③ 对以张友渔为代表的一批报人而言正是如此。

---

① 叶俊. 新闻学的政治化、去政治化与再政治化——对中国特色新闻学政治逻辑的考察[J]. 厦门大学学报（哲学社会科学版），2019（3）.
② 米歇尔·福柯. 规训与惩罚：监狱的诞生[M]. 刘北成，杨远婴，译. 北京：生活·读书·新知三联书店，2003：29-30.
③ 邵志择. 近代中国报刊思想的起源与转折[M]. 杭州：浙江大学出版社，2011：238.

他在回忆录中说："当我发现通过主流政治途径以改良社会的愿望终成空之后，长期的报刊实践经历又让我对资产阶级新闻业感到失望。在我看来报纸背后都站着阶级势力，报纸无法不是政治统治的工具和阶级斗争的武器。为此我痛苦过，犹疑过，选择表述和阐释'报刊是阶级斗争的武器'，从而顺理成章地利用报刊作为武器，为自己的目标展开合法斗争。"① 实际上，无论是在政党报刊时期还是新闻本位时代，抑或是报纸大众化与新闻宣传并行的时代，无论"权力—知识"关系如何被重构，在文人论政传统影响下，知识分子的"政治报国""新闻救国"情结一直存在。由此可见，以张友渔为代表的一批报人对报纸作为"工具"还是"武器"的政治性功能并没有进行严格意义的区分。在张友渔的文本中，"工具"和"武器"多处混用，但值得注意的是，当面临激烈的政治运动和革命形势时，张友渔多是使用"武器"来强调报纸的政治性功能。

随着近代中国革命的开展，特别是苏联无产阶级革命观念的传入，报刊的政治性功能进一步扩延。金观涛通过对"革命"话语进行量化分析后认为："直到民国初年，'革命'都并不是一个经常使用的政治术语，而且知识分子对其抱否定态度居多。而1919年之后，'革命'话语大幅超越'民主'、'自由'、'科学'等其他现代性词汇，开始统摄思想界，其主要含义是苏联式的无产阶级革命。"② 五四运动以后，苏联马列主义式的革命观开始取代西方自由主义式的革命观，它亦被中国共产党采用并作为指导思想。由于"阶级斗争武器说"契合了当时急需救亡变革的社会心理，以及第一次国共合作失败后中共革命的需求，它逐渐发展成为中共党报思想的重要组成部分，在很长一段时间内参与政治斗争与革命进程，也被不断地加以阐释、补充和延伸。张闻天就是其中的典型代表。他进一步突出和阐释了报刊的政治性功能，并在阶级性的基

---

① 张友渔. 报人生涯三十年［M］. 重庆：重庆出版社，1982：33.
② 金观涛. 观念史研究：中国现代重要政治术语的形成［M］. 北京：法律出版社，2009：384-389.

础上强调无产阶级新闻事业应该具备党性："我们的报纸是革命的报纸，是工农民主专政的报纸，是阶级斗争的有力武器，要为党和政府所提出的具体任务而斗争。"[①] 由于张闻天长期领导中国共产党的宣传工作，他一方面强调报纸应该作为革命运动中宣传鼓动大众的武器，注重阶级斗争工作的具体细化；另一方面也注重报纸作为工具的功能，偏重于考察新闻事业与党组织之间的关系，试图在阶级性的逻辑基础上发展新闻事业的党性。由此可见，在近现代革命进程中，由于各利益集团间的不断冲突和阶级意识的渗透，政治斗争转向更为彻底的阶级斗争，而原本作为政治统治"工具"的报刊也被赋予了"武器"的功能，其组织化和煽动性的政治性功能得到了进一步的建构和扩延。

抗日战争爆发后，实用性与政治性兼备的"阶级斗争武器说"符合并适应了抗战的需要，"成为'战时新闻学'的思想近源"[②]。李泽厚在《中国近代思想史论》中指出："燃眉之急的中国近代紧张的民族矛盾和阶级斗争，迫使思想家们无暇旁顾，而把注意和力量大都集中投放在当代急迫的社会政治问题的研究讨论和实践活动中去了。因此，社会政治思想在中国近代思想史上占有最突出的位置，其他方面思想无不围绕着这一中心环节而激荡而展开，服从于它，服务于它，关系十分直接。"[③] 民族斗争与阶级斗争的尖锐激烈之势，使得政治问题变得异常突出，它遮蔽、渗透甚至压倒了其他一切问题，也使得当时的新闻理论多是源于新闻人的实践观察和经验总结，整体上显得缺乏思辨性和学理性。范长江在抗战时期对报纸性质的论述和提法虽与张友渔有所不同，但他的观念内涵与张友渔如出一辙，对报纸的政治性功能也赋予了更多期待。通过长期的记者采编工作，他认为报纸的性质兼具政治性和时代性："报纸是政治的工具，这是一个基本的新闻学原理，任何报纸在实际上都没有脱离政治，但在民族问题还存在的世界，一个正确的报纸还应有'国

---

① 张闻天. 关于党的宣传鼓动工作提纲 [J]. 共产党人，1941 (19).
② 庄廷江. "战时新闻学"研究（1936—1945）[M]. 武汉：湖北人民出版社，2014：48.
③ 李泽厚. 中国近代思想史论 [M]. 天津：天津社会科学院出版社，2003：435.

家性'或'民族性',即为了国家或民族各阶级的共同利益而修正原有态度,为了共同利益而奋斗。报纸还要重视从单纯的宣传教育斗争工具,发展到组织动员工具。"① 显然,范长江对报纸阶级斗争武器性质的思考和论述融合了他的"民本"新闻观,即将人民的共同利益作为新闻的本源,同时结合唯物史观和阶级斗争学说,在抗战的特殊时期将"阶级斗争武器说"推向更为宏观和全局性的层面进行考察分析。在他看来,报刊本身的工具性质颇为显著,而突出的民族问题和救亡问题让报纸与政治的互动关系也变得更为密切,因此不仅要强调报纸的斗争作用,也要注重报纸的实用性和组织化工作。

综上所述,近代中国的报刊自诞生之日起,就与政治、权力和革命关系密切,带有显著的政治性功能,尤其在剧烈的社会变革和救亡形势下,报刊被赋予了多种角色。无论是舆论宣传的"喉舌",还是政治统治的"工具",抑或是阶级斗争的"武器",都突出和阐释了报刊的政治性功能。张友渔围绕"阶级斗争武器说"观念的表述和阐释顺应了第一次国共合作失败后中国共产党与日俱增的革命斗争需求。在近代革命进程和语境之下,一些报人在认同"阶级斗争武器说"观念的基础上,围绕报纸的组织化和煽动性等功能展开阐释,提出报纸是舆论宣传、政治统治和教育动员的"喉舌""工具"和"武器",由此扩延了报刊的政治性功能。

二、"阶级性"甚于"商品性":报刊主要性质的偏倚

按照知识社会学的分析思路,"如果一种观念的'出场'建构了特定的'矛盾'(problems)或者'争议'(arguments),并且在人们的观念层面形成某种相对稳定的群体意识,我们可以说它产生了深刻的社会

---

① 范长江. 通讯与论文[M]. 北京:新华出版社,1981:214-221.

影响"①。关于报刊的主要性质是偏向于"阶级性"还是"商品性"的问题，近代中国的新闻界存在不同的看法，有人认为报刊是"阶级斗争的武器"，也有人认为报刊是"获取利润的商品"，由于政治宣传的现实需要和民族主义的主流阐释取向，张友渔的"阶级斗争武器说"也得到了所在阶级报人的进一步阐释，相较于"商品性"，"阶级性"被更多地作为报纸的主要性质来看待和解释。

张友渔在《世界日报》工作期间，正值报纸企业化浪潮之际。报馆的重心由现实政治转向大众文化，而如何吸引读者就成为各大报纸的重要目的，张友渔由此认识到了报纸的商品性质。他在回顾与成舍我合作的经历时，谈到自己与成舍我并非完全志同道合。一方面，"成舍我具有典型的书生办报的特点，时时不忘知识分子的责任，追求报纸大众化的背后，还有成舍我对自由和民主的信念"②。对此，张友渔在《彭成讼案与统制新闻》中表达了对成舍我追求新闻自由的支持。另一方面，成舍我坚持报纸大众化思想，努力扩大报纸销路，注重经济利益，其报纸的商品性意识很强，张友渔对成舍我想方设法追逐报纸营利的做法并不赞同，不过，他也承认报刊应该具有商品性质。

在张友渔看来，报纸兼有"阶级性"和"商品性"双重属性，但他强调"获得利润的工具"应服膺于"阶级斗争的武器"。张友渔在写作《日本新闻发达史》，思考新闻起源问题的时候，就已经承认新闻的双重性质。不仅如此，他还在多篇论作中都谈到过该问题。例如，他在《苏联的新闻和新闻政策》一文中特别点明："一般新闻都具有二重性质。一方面，是'政治斗争的武器'，另一方面，是'获得利润的工具'。在这二重性质之中，前者占主要的地位，后者占次要地位；也就是前者是更基本的，后者是比较从属的。具有这二重性质，是新闻内部所存在着

---

① 刘涛. PM2.5、知识生产与意指概念的阶层性批判：通往观念史研究的一种修辞学方法路径［J］. 国际新闻界，2017，39（6）.
② 戴元光，等主编；单波，著. 20世纪中国新闻学与传播学（应用新闻学卷）［M］. 上海：复旦大学出版社，2001：82-91.

的矛盾。然而这种矛盾，最后，是在'政治斗争的武器'这一性质的基础上统一起来的。"① 不过，张友渔虽然强调新闻的双重性质，但他受到马列主义思想的影响，加之在报刊实践过程中对资产阶级新闻业的不满，张友渔提出"只需指出它（报纸）是'政治斗争的武器'也就够了"。可见，张友渔更倾向于报刊政治性的阐释方式，他将报刊的阶级性置于首要地位，报刊商品性则处于从属地位。

事实上，有此看法的不只张友渔一人。五四运动以来，各种社会思潮向中国袭来，新闻宣传和报纸大众化浪潮一度并存。"20世纪二三十年代，不同立场和阶级的报人们曾就新闻事业'营业化'问题、'商品化'问题、'托拉斯'化问题展开了广泛讨论。讨论的背后，是一个更深层的理论问题——新闻产品与新闻是不是商品的问题。"② 在这样的背景下，新闻的政治宣传理念与商品性问题引起了报人的关注和论争，他们围绕报刊的主要性质是偏向于"阶级性"还是"商品性"的问题展开了阐释和讨论。

20世纪20年代，报纸大众化的浪潮开始在中国蔓延。报纸商业化经营的实现，使得一些报人承认报纸存在商品化功能，也预见了中国新闻业的产业化发展趋势，但他们对报纸商品性的态度以及商品性与政治性的关联等问题存在一些分歧和争议。20世纪初，西方资本主义国家开始进入垄断资本主义阶段，这种垄断从经济领域逐渐扩散到社会、文化等各个领域，新闻业也开始走向集中兼并的发展之路，垄断报团吞并收购小报馆，小报馆联合起来形成报业托拉斯，不愿合流的独立报馆只有没落的命运。尽管中国新闻事业的发展相对滞后，但也出现了垄断集中的迹象。以史量才收购《申报》《时事新报》《新闻报》的事件为契机，新闻企业化经营和商品性质一时间成为报界讨论的焦点。例如，徐宝璜在《新闻事业之将来》一文中谈道："报纸商业性质，早已成立。

---

① 张友渔. 苏联的新闻和新闻政策[J]. 中苏文化·苏联十月革命廿三周年纪念特刊，1940-11-17.

② 李秀云. 中国新闻学术史（1834—1949）[M]. 北京：新华出版社，2004：112.

新闻社之商业化,乃求其新闻纸发展之一种向上的进化也。"① 徐氏受到西方新闻理念的影响,将新闻商品性视作社会的一种进步。戈公振也赋予新闻商品性以积极意义,他对中国报业的发展方向作出预判,认为商业化是必然的趋势:"中国报纸之商业化,我们可以不必怀疑,也只有商业化是中国报纸的出路。报纸之商业化,的确是报纸进化的一条路径。"② 戈公振以乐观的眼光看待报纸商业化,相信该趋势会淡化报纸的政治色彩:"报纸商品化不但不会导致大报操纵舆论现象出现,还可以增强自身经济实力,实现经济独立,有效抵制政治势力的控制。"③ 谢六逸则站在更为宏观的视野指出:"现在是资本主义时代,新闻受了经济势力的影响,它脱离政治的羁绊,变成一种产业,这是当然的发展。"④

与徐宝璜等人的乐观态度不同,另外一些报人对此问题则保持中立,他们试图探寻"阶级性"与"商品性"的平衡之道。胡政之承认新闻的商品性,但反对过分商品化:"报纸过于商业化,不免迎合群众心理,不免逢迎资产阶级,等于诈骗欺财,接受变相津贴,帮同奸商坏人,欺骗公众。"⑤ 而关于新闻的商品性与政治性,他更倾向于二者能够统一于公众利益:"好带政治上的党派色彩,大抵过于商业化的报纸,都是不对的。报纸宣传政见原无不可,但必须与公理公益站在一条线上。"⑥ 而与张友渔交往最多、关系甚密的成舍我,并不否认报纸作为一种"武器"与政治的密切关系。他提出"报纸救国"的理念:"中国真正的根本毛病,只是最大多数的国民,知识太低,不认识国家,过分

---

① 徐宝璜. 新闻事业之将来 [J]. 报学月刊,1929(1).
② 戈公振. 报业商业化之前途 [M] // 李锦华,李忠诚,编. 新闻言论集 [C]. 广州:新启明印务公司,1932:152-155.
③ 李秀云. 中国现代新闻思想史 [M]. 北京:中国社会科学出版社,2007:96.
④ 谢六逸. 国外新闻事业 [M]. 上海:上海市私立申报新闻函授学校讲义,1935:1.
⑤ 胡政之. 我理想中的新闻事业 [M] // 燕京大学新闻学系. 新闻学研究 [C]. 上海:良友公司,1932:1-2.
⑥ 胡政之. 我理想中的新闻事业 [M] // 燕京大学新闻学系. 新闻学研究 [C]. 上海:良友公司,1932:1-2.

缺乏国家意识。"① 成舍我希望报纸成为唤醒民众的利器，因此在每一次重大政治事件中，他都通过社论来反映报社立场。但成舍我对报纸作为"商品"持部分肯定态度，他坚持报纸大众化："经营报纸与经营商品是一样的，也需要宣传和广告。通过不同的宣传手段使得报纸迅速在市场占据很大份额。"② 他还认为："未来的中国报纸，他应该受民众和读者的控制。他的主权，应该为全体工作人员，无论知识劳动或筋肉劳动者所共有。他在营业方面虽然可以商业化，但编辑方面，却应该绝对独立，不受'商业化'任何丝毫的影响。"③

与之相对，无产阶级报人总体上倾向于报纸的"商品性"应该为"阶级性"服务。尽管他们力主以政治为先，强调一切为阶级斗争服务，但他们也承认新闻的双重性质，并不明确反对新闻的商品性，而是希望商品性能够为政治所用且统一于政治性。与张友渔的观点相似，恽逸群虽然主张新闻为政治服务，但也重视报纸的经营与广告："任何报纸或通讯社，都必须为政治服务。除商业广告之外，还有许多广告在中国社会是不可缺少的，刊登广告是报纸联系群众的工作之一。中国不是苏联，中国的工商业主要还是私人经营的，为促进生产还是需要竞争。"④ 邹韬奋对此则提出"事业性与商业性应该兼顾而不应该是对立的"的观点，事业性指的是抗战建国的政治文化事业。他认为："倘若因为顾到事业性而在经济上作无限的牺牲，皮之不存毛将焉附，机构消灭，事业又何从支持？发展更谈不到了。必须尽力赚钱，因为我们所赚的钱都是直接或间接用到事业上面去。"⑤ 因此，商品性是否应该服务于阶级性，报刊是否应该成为阶级斗争的工具，这成为无产阶级学者与资产阶级学者论争的关键问题，而他们观念上的

---

① 成舍我. 报纸救国 [N]. 世界日报，1935-11-14（13）.
② 戴元光，等主编；单波，著. 20世纪中国新闻学与传播学（应用新闻学卷）[M]. 上海：复旦大学出版社，2001：92.
③ 成舍我. 中国报纸之将来 [N]. 世界日报·新闻学研究副刊，1932.
④ 恽逸群. 新闻学讲话 [M]. 武汉：华中新华书店，1948：71-72.
⑤ 邹韬奋. 事业管理与职业修养 [M]. 重庆：生活书店，1945：100-102.

分歧主要是当时的社会情势造成的。

就当时的国情而言,"性急的年轻人很难满足于'多研究些问题'和点滴改良,何况这种研究和改良并没有带来成效,于是求'根本解决'——进行阶级斗争便自然成了更富有吸引力的方向"[①]。马列主义因为拥有一套现实的革命行动指南和政治斗争方案,在众多社会思潮中脱颖而出,而"阶级斗争"观念又因其天然的组织性和实用性成为革命运动的首选。虽然报人们都承认新闻的商品性,但是他们来不及深入学理层面去思考如何平衡新闻的商品性和政治性,就被中国的时局所阻滞。因此,他们(尤其是无产阶级)不得不优先站在政治和革命的角度去思考问题,要么是新闻的商品性服务于政治性和阶级性,企业化经营为革命事业提供经济助益和群众基础,要么则有意无意地忽略新闻的商品性。因此,20世纪三四十年代的无产阶级报人基于实用主义原则,强调报刊以"阶级性"为主,以"商品性"为辅,希望"商品"为"武器"服务。

综上所述,不同阶级立场的报人围绕报纸的"阶级性"与"商品性"的阐释产生了一定的争议。资产阶级和独立报人大都认同报纸大众化思想,认为报纸理应具有商品性,但他们又反对过度的商品化和托拉斯化,希望报纸应尽量避免成为政治斗争的武器,并试图探寻"武器"与"商品"间的平衡之道。以张友渔为代表的无产阶级学者虽然也承认报纸的商品性,但认为报纸的"阶级性"甚于"商品性","商品性"应该服务于"阶级性",报纸首先是"武器",其次才是"商品"。由于政治宣传的现实需要和民族主义的主流阐释取向,张友渔的"阶级斗争武器说"观念获得了所在阶级报人的进一步阐释,尤其是20世纪40代后无产阶级报刊理论逐渐成熟,报刊的主要性质被认为偏向"阶级性"。

---

① 李泽厚. 中国现代思想史论[M]. 天津:天津社会科学院出版社,2003:22.

三、从"斗争"到"战斗":抗战中报刊任务的转向

1937年抗日战争全面爆发,这让"阶级斗争武器说"观念得到了进一步的传播和衍变。"张友渔的'报刊是阶级斗争的武器'思想观念对战时新闻学的影响是直接和显著的,且与战时新闻学兴起时间距离较近,因此它是'战时新闻学'的思想近源。"① 抗日战争让中国社会迅速凝结成一个民族主义共同体,而张友渔对"阶级斗争武器说"的相关阐释,一方面在抗战语境下被民族主义共同体所理解和认同;另一方面为战时新闻学提供了较为直接的思想来源,得到了更为广泛的阐释空间。其中,在战争语境下,战时新闻学人以"阶级斗争武器说"观念为基础展开阐释,试图将报刊的任务从"斗争"转向"战斗"。

战时新闻学(1936—1945)是抗战全面爆发前后中国新闻界以"新闻救国"为志向而兴起的一场新闻学研究,"其核心理念是强调新闻的工具理性,它认为在抗战这场民族解放战争中,一切学理,包括新闻学在内都要发挥其本身应有的战斗性,成为战争中有力的文化武器"②。随着战时新闻学的兴起,新闻的工具理性超过了价值理性,得到了报人们前所未有的重视。正如"战时新闻学"概念提出者任毕明所言:"战时新闻学,是反抗侵略压迫而斗争的战争的工具。新闻学本身就具有丰富的战斗性,它表现最明显的,就是防卫和攻击的作用。在现阶段反抗侵略战争中,固然有赖于军事上的武器,但同时也有赖于政治上的文器。新闻学就是战争中的有力的文化武器,我们要把这文器,成为武器化的斗争工具。"③ 因此,在抗战的特殊时空环境下,新闻学人将报刊视作"文器",再化为"武器",变"斗争"为"战斗",这成为战时新闻学研究的价值取向。

---

① 庄廷江."战时新闻学"研究(1936—1945)[M].武汉:湖北人民出版社,2014:46.
② 庄廷江."战时新闻学"研究(1936—1945)[M].武汉:湖北人民出版社,2014:13.
③ 任毕明.战时新闻学[M].汉口:光明书局,1938:3-4.

第四章 张友渔的"阶级斗争武器说"

事实上，张友渔围绕"阶级斗争武器说"观念的论述为战时新闻学的研究奠定了工具理性的基调，同时也为战时新闻学的话语建构提供了观念线索。前面谈到，从中国新闻学建立之初，徐宝璜等学者就期望新闻学能够成为一门独立的具有纯粹品格的学科，新闻业能够通过企业化经营实现经济上的独立自主，避免与政治有过多的牵连，更遑论直接将新闻与政治糅合在一起。张友渔通过表述和阐释"阶级斗争武器说"，"又将政治问题的研究拉回新闻学的研究中来，形成了一种将新闻学问题与政治问题捆绑研究的学术立场"[①]，这为紧随而来的战时新闻学研究者提供了一种思路和基调。通过进一步的文本解读、分析和对比，我们不难看出"张友渔的'阶级斗争武器说'作为潜隐的思想资源，在战时的新闻理论界及实践运作当中影响是相当大的。战时新闻学家们都不过是将这种潜隐的思想资源由'阶级'改换为'民族'，由'斗争'转换为'战斗'；由'阶级斗争'的新闻统制转换为'民族战争'的新闻统制罢了"[②]。鉴于此，下面以任毕明、杜绍文、梁士纯三位具有代表性的战时新闻学者为主要考察对象，探讨他们抗战时期的新闻观念，以此探析"阶级斗争武器说"观念在战时的传播与衍变。

任毕明最早给战时新闻学下了一个明确的定义，即"反抗侵略压迫而斗争的战争的工具"。这个概念主要是基于战争环境，从"新闻学是政治斗争的一种工具"的说法推演而来。任毕明对张友渔的新闻阶级分析方法较为赞同，并加以补充："社会是不断斗争的场合，历史亦是不断阶级斗争的记录，新闻学是政治斗争的工具，乃是历史社会条件所决定的。"[③] 因此，战时新闻学必然是随着反抗侵略压迫的抗日战争应运而生的。关于新闻的"斗争性"，张友渔在《日本新闻发达史》中有过论述，他认为新闻的斗争性是伴随着社会的阶级对立和阶级斗争出现

---

① 庄廷江. "战时新闻学"研究（1936—1945）[M]. 武汉：湖北人民出版社，2014：47.
② 张育仁. 论战时新闻学的核心理念及新闻武器论的特殊意义 [J]. 长江师范学院学报，2009，25 (3).
③ 任毕明. 战时新闻学 [M]. 汉口：光明书局，1938：3.

的。所谓战争是和阶级社会互相依存的,因此新闻的阶级斗争武器性质会随着战争的出现而发达。对此,任毕明有不同的看法,他认为新闻的任务更应该是"战斗"而非"斗争"。本身具备"战斗性"而非"斗争性",它是"有力的文化武器"。任毕明除了将张友渔所言的新闻"斗争性"表述成更加激烈的"战斗性",还设想了新闻"战斗性"的具体实现:"我们的一切活动决不能保留自由主义的作风,在统一战线里面,没有个人的自由。在真理之下,没有私人的成见。我们要拿抗战作为活动的中心,拿真理作为活动的准绳,拿国策作为活动的范畴,拿大众的意见作为活动的力量,拿侵略者作为进攻的目标。拿我们的文器作为武器,笔杆墨炮向前冲。同时,拿我们的笔杆墨炮筑成我们坚强的后方堡垒!"① 任毕明对新闻"战斗性"的阐释和对"战斗"任务的赋予,主要基于人类社会政治斗争天性的逻辑思路,他以解决现实问题为目的,强调"为抗战而研究",具有极强的功利主义色彩。他进一步推进了张友渔"阶级斗争武器说"的工具理性,呼吁报人在抗战时期放弃学术的个性和自由,服从统一的意志,以新闻为"武器"来"战斗"。

另一位战时新闻学人杜绍文则认为:"新闻学系政治斗争和思想锻炼的主要工具,亦系社会改造和各项建设的无上利器,且兼有教育、组织、宣传、训练等功能。"② 杜绍文因为受过较为系统的新闻教育,所以他对战时新闻学的认知既强调新闻的斗争性质和工具理性,也保有一份对本位新闻学理论的坚持。杜绍文沿用了任毕明的新闻"文器"概念,提出"文字并不弱于武器"的观点:"(报纸)先天具有浓厚的战斗性,随时随地表现着优越感;新闻事业系新文器的基干,新闻记者为运用新文器的兵员,新闻教育则是训练新闻记者的技术。"③ 关于新闻的性质与任务,杜绍文也将新闻的"斗争性"表述为"战斗性",认为新闻的任务应从"斗争"转向"战斗"。在战争救亡的语境下,杜绍文一

---

① 任毕明. 战时新闻学[M]. 汉口:光明书局,1938:8.
② 杜绍文. 中国报人之路[M]. 浙江省战时新闻学会,1939:2.
③ 杜绍文. 中国报人之路[M]. 浙江省战时新闻学会,1939:36-38.

定程度上推进了新闻"武器"的功用,这实质上也是对张友渔"阶级斗争武器说"的一种阐释。不过,从杜绍文的研究议题可以发现,他对战时新闻学研究经验化的否定,以及对新闻学理论思辨层次的追求,还是有别于其他学人着重对"术"的探讨。他更强调报人的头脑中要具备"战斗性"的思想,而非具体形式上的应用,这种对新闻政治斗争性质的认识从学术角度来看无疑是值得肯定的。

梁士纯围绕战时新闻学的研究主要从宣传的角度出发,就新闻的阶级斗争武器性质提出了不同看法,因此在众多战时新闻学人中显得更为理性和全面。他认为,无论是平时还是战时,"许多人事都要求舆论的注意,要引起舆论的注意,不能不运用特殊的技能和工具,宣传就是借着各种公告物为媒介,以传达于一般群众的"[①]。梁士纯曾在留美期间系统学习新闻学,并在燕京大学新闻系从事教研工作。因此,他的研究带有比较明显的实证主义色彩,与其他学人相比,他的研究显示出不同的路径。有研究指出:"梁士纯从新闻宣传活动的传播特性出发,认为宣传并非报纸等传媒的本质属性,办报也不是以宣传为目的的,一方面承认战时新闻宣传、舆论一致的合理性,另一方面也强调新闻媒体具有政治阶级斗争之外的其他属性。"[②] 梁士纯坚持维护战时新闻学研究的学理性,主张现代化的新闻实践与研究方式,反对任何人利用抗战为借口打压新闻自由和新闻学科的独立性,他提倡效仿美国政府与新闻界的合作关系,建立积极意义的新闻检查制度。尽管如此,梁士纯同样认可张友渔"阶级斗争武器说"的基本观点,指出报刊是(平时的)宣传工具和(战时的)斗争武器,承担着宣传动员和统一舆论的功能。他们两人对"武器说"的看法虽然充满分歧,但本质上可谓殊途同归。

综上所述,抗日战争的全面爆发推动了"阶级斗争武器说"观念的传播和衍变。而张友渔的"阶级斗争武器说"观念不仅在抗战语境下被

[①] 梁士纯. 梁士纯文存[M]. 南京:江苏人民出版社,2017:53-54.
[②] 张朋. 梁士纯与20世纪30年代中国宣传学研究——兼论战时新闻学的两条路径[J]. 淮南师范学院学报,2014,16(6).

民族主义共同体所理解和认同，还为战时新闻学提供了较为直接的思想来源，在抗战语境下，任毕明、杜绍文、梁士纯等战时新闻学人以"阶级斗争武器说"观念为基础展开阐释，试图将报刊的任务从"斗争"转向"战斗"。

通过分析张友渔的"阶级斗争武器说"观念的传播与衍变，可以看出"阶级斗争武器说"观念顺应了第一次国共合作失败后中国共产党与日俱增的革命斗争需求，回应了当时救亡求变的社会心理与民族主义的社会思潮，因此，在"阶级斗争武器说"的传播与衍变过程中，张友渔的新闻思想观念在报刊的功能、主要性质和任务方面得到了进一步的阐释和延伸，经过不同报人群体的观念互动与意义阐释，一定程度上获得了接受与认同。

第四节 对"阶级斗争武器说"的回顾与反思

在观念研究中除了探析观念的"语境"与"意图"，考察观念传播与衍变的线索脉络，还有必要重返历史语境对"阶级斗争武器说"观念进行回顾与反思，并通过对观念的解释与再解释来更新其意义。

一、重"术"弱"学"：观念的效果与局限

受到第二次世界大战前日本新闻学研究和列宁党报思想的影响，张友渔开始进行新闻学理论研究时就更多地关注新闻的本质论问题，并在多篇文章中对"阶级斗争武器说"观念进行了阐述与补充。不仅如此，"阶级斗争武器说"也延伸到了张友渔的新闻实践、新闻法制观念和新闻史学思想等方面，他以"报刊是阶级斗争的武器"观念为前提，分析了新闻事业中的各种现象和问题。"阶级斗争武器说"侧重于强调新闻（报纸）在现实社会中的斗争功能，对"术"的重视自然弱化了新闻中

"学"的成分，因而呈现出重"术"弱"学"的特征。

近代中国报刊自诞生之日起，就与各种政治运动联系在一起。随着中国反帝反封建任务的初步完成，民众期盼中国能够成为现代化的国家。有研究指出："中国建立现代国家的过程，实质上也是完成阶级斗争的过程：先后完成了对封建统治阶级、资产阶级的斗争。而在长达半个世纪的时间里，新闻传播媒介实际上始终都是意识形态斗争的前沿阵地和现实工具。"[①] 1949年以前，中国报刊虽然经历了政党报刊时代、"新闻本位"时代、报纸大众化和新闻宣传并存等多个时期，但"从五四运动到20世纪30年代，伴随着中国市民社会的出现，新闻传播媒介也曾短暂地扮演过'公共领域'的角色，但是随着国共两党政治斗争的加剧，保持中间立场的报刊无可选择地被卷进革命之中。新闻传播媒介在这一历史阶段表现出'阶级斗争工具'的色彩尤为浓厚"[②]。因此，新闻作为斗争的"武器"或"工具"的观念在20世纪的中国一直存在。张友渔的"阶级斗争武器说"观念正是源于这样的思想资源、社会条件和历史语境，反过来一定程度上又影响了报人对新闻性质与任务的认识与看法。

"阶级斗争武器说"强调报刊的阶级斗争功能，无产阶级利用这一报刊观念开展阶级斗争。中国共产党在成立之初便开始注重运用报刊传播自己的政治主张和革命观念，他们还通过一系列的报刊活动鼓动工人和农民展开斗争，实质上表现出比较明确的阶级意识。但是，中共一直没有对报刊的阶级斗争武器性质展开较为明确的定义和论述。第一次国共合作的破裂，使当时的中国共产党人明白了武装斗争的必要性，报刊则被认为是动员群众力量进行阶级斗争的有力武器。在当时的社会背景之下，张友渔运用阶级观念观察和研究新闻现象，较为系统地阐述了报

---

① 赵云泽. 作为政治的传播——中国新闻传播解释史[M]. 北京：中国人民大学出版社，2017：279.
② 赵云泽. 作为政治的传播——中国新闻传播解释史[M]. 北京：中国人民大学出版社，2017：279.

纸的阶级斗争性质。张友渔的观念由于强调了报刊的阶级属性和阶级斗争任务，契合了彼时中国共产党人开展革命斗争的现实需求，以及迫切寻求一种大众化武器的心理。有研究还指出："他的思想理论对中国共产党和毛泽东新闻思想起到了关键性影响，其后来的发展和极端化也与张友渔的新闻思想有极大的关系。而从理论上讲，张友渔新闻思想在中国被中国共产党普遍接受则宣告了中国自由传播思想的暂时终结和失败的命运。"[①] 同时，张友渔通过考察或研究日本、德国、苏联等国的新闻事业状况，将资产阶级与无产阶级新闻事业进行对比研究，认为阶级对立和阶级斗争的社会现实是无产阶级新闻事业的本质，从而论述了无产阶级新闻事业的性质。因此，张友渔对"阶级斗争武器说"的阐释明确了无产阶级新闻的本质，该观念"在阶级斗争激烈的时刻，对于进行阶级斗争的政党的报纸来说，有利于为了自身利益而自觉地斗争"[②]。

与之相对的是，新闻学理没有得到进一步的重视与延伸。如果说张友渔对"阶级斗争武器说"观念的阐释某种程度上有利于无产阶级新闻学的发展和中共阶级斗争的开展，那么，单就张友渔个人对新闻性质的相关论述来看，他的"阶级斗争武器说"也存在一定的时代局限性。张友渔"将报纸和新闻的'性质'简单地说成是'阶级斗争的武器'，并不足够的严谨科学，这是无产阶级新闻学不够成熟和完善的反映，正如他后来所反思到的，'这种反映必然不能真实地表达事情的真相'"[③]。事实上，张友渔对新闻本质的认识存在片面的成分，他对阶级的分析也较为笼统，因为"新闻的属性绝非仅仅是阶级性，它还有其社会性的一面。马克思和恩格斯谈的是舆论工具，更能全面反映出新闻的特性，而张友渔的观点缩小了新闻性质的内涵"[④]。正是这一原因，张友渔新闻

---

① 金冠军，戴元光，主编；戴元光，著. 中国传播思想史（现当代卷）[M]. 上海：上海交通大学出版社，2005：153.
② 陈力丹. 马克思主义新闻观思想体系[M]. 北京：中国人民大学出版社，2006：686.
③ 徐培汀，裘正义. 中国新闻传播学说史[M]. 重庆：重庆出版社，1994：345.
④ 李映方. 多学科视野的马克思主义中国化研究[M]. 西安：陕西人民出版社，2007：371-372.

学研究的论域也变得窄化,"他将'阶级斗争武器说'套用到对很多事物的认识作为对新闻的唯一认识,容易造成对新闻基本职能的认识偏差"①。不仅如此,建立在"阶级斗争武器说"观念基础上的张友渔的新闻思想,也被局限在阶级斗争性质显著、社会性和学理性较弱的框架范围内。正如有研究所指出的:"张友渔提出社论应具有指导性,这显然根源于他的'报纸是阶级斗争的武器'的观点,而以此来理解,无疑损害了社论作为独立、公正、自由、权威的言论的本意。"②

二、"阶级性"作为考察起点:研究路径的选择与构建

20 世纪 30 年代以后,张友渔赴日进修了研究生的新闻学专业课程,并在燕京大学教授社论等新闻学课程,加之应邀长期固定在北平《新闻学周刊》上发表新闻学论文,他与新闻学研究之间的联系也变得更加紧密。有别于此前看待新闻问题的"就事论事"层面,张友渔观察现象和研究问题开始具有一定的理论支撑,形成了一定的研究路径。通过表述和阐释"阶级斗争武器说"观念,张友渔形成了自己的研究路径:看待问题和事件以"阶级"先行,将研究对象是否具有"阶级性"作为考察的起点,继而分析对象本体。

在表述和阐释"阶级斗争武器说"之后,在后续论作中张友渔不仅将"报刊是阶级斗争的武器"作为基本的立场前提,面对研究对象都是先考察其是否具有阶级性,再分析研究对象的本体,关注研究的问题。比如,他在《报纸与舆论之构成》中表明:"舆论是受着社会的阶级关系所制约、所规定的。"③ 在《报纸何以煽动群众?》中讨论报纸的功能时认为:"报纸作为社会感觉的机关,是站在阶级斗争前线的,因而具

---

① 陈力丹. 马克思主义新闻观思想体系 [M]. 北京:中国人民大学出版社,2006:686.
② 戴元光,等主编;单波,著. 20 世纪中国新闻学与传播学(应用新闻学卷)[M]. 上海:复旦大学出版社,2001:95.
③ 张友渔. 报纸与舆论之构成 [J]. 世界日报·新闻学周刊,1933(2).

有煽动的机能，煽动群众实行一种行动。"[1] 张友渔不仅探究各种新闻原理，在研究新闻学的诸多具体问题时，也都以"阶级"为研究的方法论，如他强调社论要指导读者，指出"这种指导性实际上代表的是阶级关系之下报社背后的势力"[2]。在提及新闻资料（报纸）的运用时他说："任何新闻资料（报纸）都是通过报道事实和对事实的分析、评论来进行宣传，就是在政治思想方面，对敌对阶级、敌对集团、敌对分子进行斗争的。因此取材应当慎重。"[3] 此外，张友渔还通过剖析历史脉络和社会演化的方式把握新闻（报纸）的基本功能。如在论及新闻发达与社会条件之时，张友渔认为新闻发达与阶级斗争具有绝对性的关联，提出社会的发达是以阶级对立和阶级斗争的出现为标志的，新闻的发达是随着资本主义社会的发达而发达的。

事实上，阶级斗争的激化固然是驱使资本主义社会初具雏形的原因之一，也为新闻业的规模壮大创造了一定的基础条件，但剥掉诸多影响因素后可以看到，商业的勃兴、交通的便利、技术的进步更是促发新闻发达的直接因素。如此，尽管张友渔较早地以马克思主义来分析问题，也进入了一定深度的历史语境，但他"还没有建立起自洽而完备的马克思主义新闻学理论（theory of the press），因为他还没有对何以无产阶级新闻事业必然具有内在的优越性给出周全解释"[4]。张友渔这种强调"阶级"先行，以"阶级"为学科研究的基本方法论，以马克思主义批判与分析问题，并尝试建立"阶级斗争新闻学"体系的研究路径和思维模式并不是个案，袁殊、陶良鹤、郭箴一等一批 20 世纪 30 年代的新闻人皆以此构造新的新闻学理。[5] 不过，这种研究思路使得新闻学研究的

---

[1] 张友渔. 报纸何以煽动群众？（一）[J]. 世界日报·新闻学周刊，1934（20）.
[2] 张忧虞. 新闻之理论与现象（上）[M]. 太原：太原中外语文学会，1936：83.
[3] 张友渔，著；王迪，整理. 张友渔新闻学论文选[M]. 北京：新华出版社，1988：134—136.
[4] 朱至刚. 作为方法论的"阶级"：试论 1930 年代初中国"新的新闻学"的缘起和展开[J]. 国际新闻界，2019，41（10）.
[5] 参见袁殊《新闻学论》（《现代司法》1931 年第 2 期第 131 页），陶良鹤《最新应用新闻学》第 13 页，郭箴一《上海报纸改革论》第 38 页、118~120 页。

中心产生了位移。那些原本以新闻原理为圆心，进而探讨论域范围内的其他新闻学问题的研究者转向了优先关注解决阶级对立、革命斗争等政治性问题，并以此寻求报刊活动和新闻事业中的阶级斗争性质。这样的转变多多少少改变了新闻学科应有的个性与旨趣。"在这样的框架下，要阐明当下的中国报业有'阶级性'，不仅在逻辑上不难，还可举出太多例证，却并不等于在逻辑上阐明了'阶级性'就是报刊的首要属性。以此为起点，视野为其限定的路径事实上放弃了马克思主义作为方法论的特有之长。"① 实际上，"阶级斗争武器说"所倡导的先"阶级"后"问题"的研究路径部分脱离和模糊了对研究对象本体的关注与定义，如此除了带着寻找"阶级"的意识去看待问题，很大程度上只能得出研究对象具有"阶级性"的结论，却难以对论域内的其他问题具有相当的解释能力。

先考察"阶级性"再关注问题本身的研究思路，还让张友渔围绕"阶级斗争武器说"所展开的一系列新闻学话语实践也较为明显地突出了报刊的政治性功用，适应了所在阶级运用报刊展开阶级斗争的需求。其中，"苏联新闻学话语和统制新闻学话语是张友渔常用的新闻学表述话语，这在《世界日报·新闻学周刊》上表现较为突出"②。一方面，张友渔模仿苏联新闻学的分析研究路径和话语表述方式，他观察现象和探讨问题时大多以西方资本主义新闻为参照和对比的对象，并借助于苏联报刊理念和马列主义思想资源来展开对中国新闻学的历史想象，在此过程中，"阶级对立"和"阶级斗争"便自然而然成为一种惯用的分析路径；另一方面，基于对当时新闻统制现实情况的批判和对其他国家新闻统制状况的评述，张友渔在看待相关问题时亦形成了一套统制新闻学话语，"并尝试运用阶级分析的方式为此提供某种合理性，却也模糊了

---

① 朱至刚. 作为方法论的"阶级"：试论1930年代初中国"新的新闻学"的缘起和展开 [J]. 国际新闻界，2019，41 (10).
② 唐海江，廖勇凤. 论1930年代北平新闻学话语的逻辑构成与纠葛——以《世界日报·新闻学周刊》为文本个案 [J]. 国际新闻界，2009 (2).

统制新闻学话语在此间的特殊意义"①。张友渔通过阶级分析的方法，批判当时中国的新闻统制状况并比较各国的新闻统制制度，进一步将新闻（报纸）纳入"阶级对立"和"阶级斗争"的论域加以探讨。张友渔认为："自有新闻，便同时有了统制新闻"，"新闻是阶级斗争之武器，新闻统制就是支配阶级斗争"。但实际上，张友渔对新闻传受群体的阶级分析并没有明确细化，只是将其简单理解为"支配阶级""统治者""被支配阶级""公众""劳苦大众"，对各个阶级的内部构成也没有足够清晰的认识和分析。他自己后来也反省道："当时我写文章的认识基本正确，但还不够成熟和完善，对任何阶级没有具体的分析和区别，笼统地认为报纸是阶级意识的反映，这种反映必然不能真实地表达事情的真相。"②

由此可见，张友渔通过阐释"阶级斗争武器说"观念构建了自己的研究路径，他强调观察事物以"阶级"先行，将研究对象是否具有"阶级性"作为考察的起点，继而再分析对象本体，如此较为明显地突出报刊的政治性功用，有利于所在阶级运用报刊展开阶级斗争。然而张友渔对阶级的分析存在笼统而宽泛的问题，"阶级斗争武器说"的研究路径部分脱离和模糊了对研究对象本体的关注与定义，如此除了带着寻找"阶级"的意识去看待问题，很大程度上只能得出研究对象具有"阶级性"的结论，却难以对论域内的其他问题具有相当的解释能力。

小　结

本章重点关注"阶级斗争武器说"作为一种观念的语境基础和意图动机，探究"阶级斗争武器说"观念的生成发展过程，厘清"阶级斗争

---

① 唐海江，廖勇凤. 论 1930 年代北平新闻学话语的逻辑构成与纠葛——以《世界日报·新闻学周刊》为文本个案 [J]. 国际新闻界，2009（2）.
② 张友渔. 报人生涯三十年 [M]. 重庆：重庆出版社，1982：33.

武器说"传播与衍变的线索脉络，最后对观念展开一定程度的检视与反思。

第一，我们有必要探析"阶级斗争武器说"的历史语境基础。其中，进化论和阶级斗争学说的引介与传播为张友渔的"阶级斗争武器说"提供了基本的时代话语词汇和直接的思想资源，营造了观念的生成语境；苏联的新闻模式传入中国影响了张友渔对新闻基本观点的看法，为"阶级斗争武器说"的生成提供了主要的理论依据；在国民党的新闻统制下，报业发展受阻也让张友渔的新闻实践受到限制，让他切身意识到运用报刊作为阶级斗争武器的重要性；日本新闻学偏重研究新闻本质论的分析和研究报纸的社会起源与发展，则为张友渔提供了研究方向、研究对象和理论演绎的个案范本。

第二，探讨张友渔阐述"阶级斗争武器说"生成的逻辑理路，试图还原张友渔表述和阐释"阶级斗争武器说"的动机与观念意涵亦是研究的重要目标。其一，早期的张友渔坚信报纸"超阶级性"的观点，但是长期的报刊实践加之在日本学习马克思主义和新闻理论的经历让他彻底改变了这一观点，产生了"阶级"意识，开始认识到新闻与"阶级"之间的联系。其二，张友渔从阶级分析视角来考辨报纸与政治的关系，并通过考察新闻统制建构新闻的"斗争"功能。在张友渔看来，阶级社会出现以后，人类社会上形成了统治阶级和被统治阶级，新闻便成为代表各自政治势力的斗争武器，因此报纸与政治关系密切。其三，在报刊实践和革命活动中，张友渔全面接受了列宁的利用报刊建党、强化报刊功能等新闻观点，列宁的党报思想为"阶级斗争武器说"提供了根本的理论支撑。其四，张友渔对"阶级斗争武器说"观念的把握，其言说逻辑主要是从阶级关系的具体历史入手来推演新闻（报纸）成为阶级斗争武器的内在理由和历史结果，也以此诠释和传递了他提出与表达"阶级斗争武器说"观念的意涵。在他看来，只要阶级关系存在，新闻就是阶级斗争的武器。

第三，考察"阶级斗争武器说"传播与衍变过程中的线索脉络，从而讨论"阶级斗争武器说"观念产生影响力的原因是本章的必要工作之一。首先，张友渔围绕"阶级斗争武器说"观念的表述和阐释顺应了第一次国共合作失败后中国共产党与日俱增的革命斗争需求。在近代革命进程和语境之下，一些报人在此基础上提出报纸是舆论宣传、政治统治和教育动员的"喉舌""工具""武器"，由此扩延了报刊的政治性功能。其次，关于报刊的主要性质是偏向于"阶级性"还是"商品性"的问题，近代中国的新闻界存在不同的看法与阐释。由于政治宣传的现实需要和民族主义的主流阐释取向，张友渔的"阶级斗争武器说"观念得到了所在阶级报人的进一步阐释，相较于"商品性"，"阶级性"被更多地作为报纸的主要性质来看待。抗日战争则为"阶级斗争武器说"提供了更多的意义阐释空间。战时的新闻学人继承了"阶级斗争武器说"的基本价值取向，他们以"阶级斗争武器说"为思想资源和话语线索，试图将报刊的任务从"斗争"转向"战斗"。这种学术话语的转换配合着民族主义情绪，偏向于民族主义的主流阐释方式，在阐释共享中获得了民族主义共同体的认同。

第四，我们需要重返历史语境对"阶级斗争武器说"展开回顾与反思，通过解释与再解释的过程中来更新其意义。首先，"阶级斗争武器说"侧重于强调报纸在现实社会中的斗争功能，对"术"的重视自然弱化了新闻中"学"的成分，因而呈现出重"术"弱"学"的特征。如此，"阶级斗争武器说"强调报刊的阶级斗争功能，无产阶级利用这一报刊观念开展阶级斗争。与之相对的是，新闻学理没有得到进一步的重视与延伸。其次，通过表述和阐释"阶级斗争武器说"观念，张友渔形成了自己的研究路径：看待问题和事件以"阶级"先行，将研究对象是否具有"阶级性"作为考察的起点，继而分析对象本体。以"阶级"为考察起点的研究路径较为明显地突出了报刊的政治性功用，适应了所在阶级运用报刊展开阶级斗争的需求，也部分脱离并模糊了对研究对象本体的关注与定义，如此难以对论域内的其他问题产生相当的解释能力。

第五章　张友渔新闻思想的价值重估与意义检视

在梳理了张友渔新闻思想的具体内容，探究了张友渔新闻思想观念的生成、传播与衍变的关键问题之后，如何在此基础上看待和评估张友渔的新闻思想成为必不可少的研究内容。事实上，作为新闻人的张友渔，在中国新闻史研究领域一直是难以忽略却又争议不断的存在，学界对他的评价莫衷一是。因此，围绕张友渔新闻思想的评价工作应当借鉴思想史和观念史研究中的"去熟悉化"情境来展开，特别是要避免"后见之明"为人物思想观念评价制造的藩篱，同时还要有意识地祛除"后观意义"（retrospective significance），警惕"预期神话"（the mythology of prolepsis）的陷阱。对此，重返特定的历史语境对张友渔的新闻思想展开价值重估与意义检视就显得至关重要。

本章主要对张友渔的新闻思想进行价值重估和意义检视。首先，分讨张友渔围绕"报刊是阶级斗争的武器"的新闻理论探索所呈现的特征，追问张友渔以"阶级"为研究方法论的价值和局限性。其次，讨论张友渔对无产阶级新闻事业观念的反映和对新闻法制问题研究的意义。

第一节　张友渔新闻思想的价值重估

目前，学界对张友渔新闻思想的评价存在着争议，已有研究既肯定了他对后来中国马克思主义新闻学研究的影响，也不乏批判性的评价，各种看法莫衷一是。由此，本节关于张友渔新闻思想学术价值的重估将从新闻理论的建构和方法论的选择两个方面展开。

一、围绕"阶级斗争武器说"的初步的新闻理论建构

张友渔从1931年开始进行新闻学研究。围绕"报刊是阶级斗争的武器"，张友渔探讨了新闻的性质与任务等基本问题，分析了中国新闻事业中的实际问题，研究了新闻的发生、发展和发达的过程，论述了新闻自由权利的保障和界限，在新闻理论的探索过程中呈现了自己的特征。

首先，张友渔初步提出了自己的新闻理论，并具备一定程度的逻辑推演过程和学理性的理论搭建思路。张友渔最早系统地表述和阐释了"报刊是阶级斗争的武器"的观点。事实上，新闻作为阶级斗争的"武器"或"工具"的观念意识并不是张友渔本人的发明，而是20世纪的中国社会中一直存在的看法。在张友渔之前曾有一些报人学者将报刊与"阶级""斗争"联系起来并加以表述和运用，但某些原因导致一直没有人对此展开过详细的分析与论述。因此，张友渔关于新闻阶级性和斗争武器功能的论述，在20世纪30年代的无产阶级新闻学研究领域具有一定的代表性，亦有研究指出他"是我国第一个运用马克思主义观点系统研究新闻工作理论与实践的新闻学者，而张友渔的《新闻之理论与现象》则是我国早期无产阶级新闻学的代表作"[①]。具体来看，张友渔之前的报人学者对马列主义新闻理念大多进行了翻译、概括和论述工作，很多语句都是直接照搬引用。而张友渔在《新闻的性质与任务》《论统制新闻》等多篇文章中对阶级斗争学说和列宁的党报思想进行了更为全面细致的引用与阐释。他并没有直接照搬阶级斗争学说和列宁党报思想来分析问题和构筑学理，而是注意到了马克思、恩格斯在《共产党宣

---

① 徐培汀，裘正义. 中国新闻传播学说史[M]. 重庆：重庆出版社，1994：345.

言》中对"至今一切社会的历史都是阶级斗争的历史"的梳理与推演的过程,并着手就人类社会发展史和阶级关系的具体历史脉络来思考新闻的本质,同时结合列宁关于党报的性质与功能的主张进一步剖析报刊作为阶级斗争的武器的主要缘由和内在理路。由此,张友渔初步提出了新闻理论,"他对历史唯物主义的掌握高出不少,在马克思主义新闻理论(theory about the press)上取得了建树"[①],围绕"阶级斗争武器说"初步建构了新闻理论。

不仅如此,张友渔对其他新闻理论的提出也注重逻辑推演过程和学理性的理论搭建,他对报纸的功能、舆论的构成、新闻自由等问题进行了理论探索。比如,张友渔认为报纸具有影响群众心理进而引导群众进行阶级斗争的功能,他详细阐述了影响的过程并列举实例说明了自己的观点;提出新闻事业的本质在于表现阶级对立和阶级斗争的社会现实,他通过实地考察日本新闻事业的历史与现状,并结合相关书刊了解德国、苏联等国家的新闻事业来进行总结与探讨;舆论是社会阶级关系下报纸与大众的统一,他通过列举事例并建构舆论"创造—扩散"模型来加以说明;他还基于对不同法律条例的参照和对现实政治问题的考察,主张新闻自由权利是一种基本的人权,也是争取民主政治的阶级斗争的武器。"张友渔的理解虽算不上是严格意义上的理论建构,但为后来的马克思主义新闻学研究提供了研究起点和研究对象。"[②] 张友渔分析新闻事业主要是在归纳报刊从业经验的同时,融入自己对新闻事业的本质和历史发展的思考,再结合马克思主义理论加以论证。关于现代新闻事业的情况与性质,张友渔则通过考察日本、德国、苏联等国家的新闻事业进行总结与探讨,试图为无产阶级新闻事业提供经验借鉴与反思,这为马列主义思想在中国的传播奠定了理论基础。因此,"张友渔对新闻的定义、性质及类别的理论探索,对新闻自由问题予以马克思主义的阐

---

① 朱至刚. 作为方法论的"阶级":试论 1930 年代初中国"新的新闻学"的缘起和展开[J]. 国际新闻界,2019,41(10).
② 周俊. 马克思主义新闻学研究 70 年(1949—2019)[J]. 新闻与传播研究,2019,26(8).

释，对马克思主义新闻思想与中国新闻实际相结合方面有所推进"①。

受环境的制约和条件的限制，张友渔的理论探索未能更进一步，他也未将自己的新闻思想观念有效地问题化和理论化，进而实现严格意义上的新闻学理论建构，这具有一定的"反思性"意义和价值。安东尼·吉登斯在《现代性的后果》中谈及现代社会科学的反思性问题时认为，现代性的出现让学科的反思性具有不同以往的特征："在社会科学中，所有建立在经验之上的知识的不稳定特征，我们必须加上'破坏性'的标签，而'破坏性'的根源在于：社会科学的论断都要重新进入到它所分析的情境中去。社会科学是对这种反思性的形式化。"②

事实上，张友渔"阶级斗争新闻学"思想的形成很大程度上源于他的报刊实践经验，以及对苏联报刊中列宁主义的接受，但在当时的语境下，他的学说却呈现出一定的不完备性和局限性。一方面，尽管张友渔对新闻性质与任务的理解与解释显示出他围绕"阶级斗争武器说"形成了初步的新闻理论建构，但是在此之后，他都以"阶级斗争武器说"为基础来看待和解决新闻学中的各类问题。他的"阶级斗争武器说"与其说是一种新闻思想观念，不如说成为一种以解决问题为目标的通用的新闻理论体系。因此，"他还没建立起自洽而完备的马克思主义新闻学理论（the theory of the press）"③。究其原因，在于在特定的社会环境下，"他把新闻传播看成当时政治斗争、阶级斗争的武器是情理之中，他的思想适应了所在阶级从事阶级斗争的需要。他的目标较为集中，视野较为狭窄也是必然的，他也就没有条件对新闻的科学规律做更深层次的探索"④。

另一方面，张友渔观察和研究问题的视野也存在局限性，他将"阶

---

① 吴汉全. 马克思主义新闻思想中国化的早期探索 [J]. 新闻与传播研究，2011，18（6）.
② 安东尼·吉登斯. 现代性的后果 [M]. 田禾，译. 南京：译林出版社，2011：35.
③ 朱至刚. 作为方法论的"阶级"：试论 1930 年代初中国"新的新闻学"的缘起和展开 [J]. 国际新闻界，2019，41（10）.
④ 戴元光，等. 20 世纪中国新闻学与传播学（传播学卷）[M]. 上海：复旦大学出版社，2001：75.

级斗争武器说"扩展到新闻学研究的各个层面,并将之作为认识问题的一般性标准,这种思维方式和认识判断部分脱离并模糊了对研究对象本身的关注,也难以对论域内的其他问题产生相当的解释能力,有不小的局限性。张友渔的"阶级斗争武器说"也与后来激进的新闻思潮和政治文化存在一定的关联。尤其是随之产生的"阶级斗争文化"为中国新闻学研究带来了一定的学科焦虑,在很长一段时间内,"研究者们激进和斗争的心理惯性,以及沉默和遵从的政治无意识,使得中国新闻学界处于价值理性与工具理性、主体性与服从性、理性与经验、人文主义与权力主义的内在紧张之中"[1]。因此,如何对"阶级斗争新闻学"思想以及随之产生的历史结果进行总结和反思,从理论和实践层面探究新闻学发展过程中的自我反省、自我意识和理论实践等要素之间的相互反映和相互作用,同时通过建立新闻学科的反思性来认识"学术场域"与"权力场域"的联系、互斥与差异,消解阶级斗争文化所带来的学科焦虑就显得很有必要。

总的来说,张友渔围绕"阶级斗争武器说"展开了新闻理论探索,在新闻理论的提出方面注重逻辑推演过程和学理性的理论搭建,形成了初步的新闻理论建构,但受制于环境和条件,张友渔的理论探索未能更进一步,他并未将自己的新闻思想观念有效地问题化和理论化,进而实现严格意义上的新闻学理论建构。在特殊的历史语境和社会条件下,这适应于所在阶级的阶级斗争的需要,但未必适用于后来的新闻学研究。

二、以"阶级"为方法论的尝试与局限性

在围绕"阶级斗争武器说"初步建构新闻理论的同时,张友渔强调了新闻与政治的关系,坚持以"阶级"为基本方法论和分析事件的一般性标准来看待和解决新闻学中的各类问题。他一方面注重构造新闻学

---

[1] 唐海江. 政治文化与中国当代新闻学 [J]. 现代传播(中国传媒大学学报), 2007 (3).

理,另一方面将政治问题与新闻学研究捆绑在一起。无论有意还是无意,张友渔的新闻思想都反映了在近代政治转型与新闻报刊的碰撞、交织与互动中,"报人救国""政治救国"的时代心态与新闻学理探索之间的内在矛盾,以及"政治新闻人"在处理政治问题和学术研究的关系时的复杂心态。

20世纪30年代前后,"阶级"一时间成了中国新闻学研究的关键词之一,"阶级"被作为认识世界的尺度和看待问题的标准之一,这一逻辑理路被一批以张友渔为代表的新闻人所接受并发展。从学科层面来讲,中国新闻学正式建立的标志是1918年北京大学新闻学研究会的成立,而中国新闻学建立的目的很大程度是"导正"中国的报业,让新闻学成为一门具有独立品格的学科。其中,徐宝璜[①]、任白涛[②]、邵飘萍[③]、戈公振[④]等新闻学建立初期的学者都着重强调保持新闻学独立的学术品格,希望新闻(报纸)能与政治保持距离。

在五四新文化运动中,一些新闻学人开始注意并运用此观念革新当时的新闻学,他们试图从"知识到方法,乃至方法论"的层面建构一种"新的新闻学"。1931年10月,中国新闻学研究会在上海成立。该研究会成立之初在《文艺新闻》上发表了《中国新闻学研究会成立宣言——新闻学运动之新的开展》一文,反思了新闻学发展十数年的既往情况,认为它"没有何种具体的成效","逗留在幼稚状态的初期"。[⑤]该文还通过强调"被压迫的广大的万万千千的社会群众","最大多数人的利益",使之与"黄金的美国","纯资本主义化"对立[⑥],这已经显示出它以阶级对立、阶级斗争为新闻学科研究的基本立场,尤其指出此次新闻学运动的根本任务在于"全力致力于以社会主义为根据的科学的新闻

---

① 徐宝璜. 新闻学·自序 [M]. 长春:时代文艺出版社,2009.
② 任白涛. 应用新闻学·再版的话 [M]. 上海:上海书店出版社,2011:3.
③ 邵飘萍. 邵飘萍新闻学论集 [M]. 北京:北京大学出版社,2008:15.
④ 戈公振. 中国报学史 [M]. 台北:台湾学生书局,1983:1.
⑤ 中国新闻学研究会成立宣言 [N]. 文艺新闻,1931-10-26 (33).
⑥ 中国新闻学研究会成立宣言 [N]. 文艺新闻,1931-10-26 (33).

学之理论的阐扬",凸显向无产阶级新闻学发展的趋向。可以看到,在《中国新闻学研究会成立宣言——新闻学运动之新的开展》刊出前后,"阶级斗争"已经逐渐成为新闻学研究的关键词之一,学界批判"资本主义""报业托辣斯"的风气盛行一时。

不只是知识、方法和立场,《中国新闻学研究会成立宣言——新闻学运动之新的开展》还试图导入新的方法论。对持此立场的新闻学人来说,徐宝璜等人想要"导正"的是"资本主义式"的报业,希望新闻与政治保持距离;反观张友渔等人,他们主张建立社会主义之新闻学,因为新闻发生的根本是基于被压迫的"无产阶级"的社会群众,认为新闻与政治本就具有紧密的关系。"时代环境下'阶级斗争学说'在知识阶层几成共识,世代作用下的社会心态的面相,中国新闻学的家底浅薄等多重因素使方法论的转向成为潮流。"[1] 一批以"阶级"为方法论来参与这场运动的新闻人陆续出现,他们都为了建构"社会主义新闻学理论"这一目标而努力。

其中,张友渔是兼具中共地下党员和大学新闻学教授双重身份的"政治新闻人"。作为学者,张友渔着重新闻学的学理研究,他注意到了"阶级斗争"的历史源流,试图从阶级关系的具体历史入手来论证以"阶级"为基本方法论的合理性,因此他在分析问题时所进入的历史语境有所不同,尤其是围绕"报刊是阶级斗争的武器"的由来和意涵所作的理解与阐释的逻辑也更为自洽,呈现了一定的学理性,这是张友渔与同时代学者的不同之处,也是他早期探索马克思主义新闻学最为显著的特征。当时,不少学者受马克思主义的影响都对新闻阶级性进行了讨论,袁殊当属其中的代表之一。袁殊认为:"News 的来源,一是被压迫群众所遭遇的一切不幸的苦痛,以及其为他们底利益而作广大的宣传的活动;一是资本家在法律,政治,军事,经济等等手段上对最大多数

---

[1] 朱至刚. 作为方法论的"阶级":试论 1930 年代初中国"新的新闻学"的缘起和展开[J]. 国际新闻界,2019,41(10).

人民剥削的阴谋之宣布。"对于资本家经营的现代新闻业，袁殊仅仅就其现状指出它们或"接受津贴"，或"依赖广告"，而被资本主义所控制的报纸自然倾向于资本家方面，由此得出现代新闻是"资本家的压迫的武器"。[①] 实际上，袁殊对新闻阶级性的分析方式缺少了历史唯物主义的支撑，对资本主义新闻事业的论述也多流于形式，其理论说服力自然大打折扣。相比袁殊，张友渔遵从的是马克思主义的阶级分析路径。他在《新闻的性质和任务》中开宗明义地指出，"人类社会，是采取着阶级对立之形态的；人类历史，是演着阶级斗争之进程的"；紧接着，他又完整引用了《共产党宣言》正文的前六个自然段，该段落由马克思通过历史唯物主义的方式阐明了"一切从来的社会的历史，是阶级斗争"这一核心论断。[②] 张友渔正是在历史唯物主义而非抽象的理论概念阐释的分析路径下（多数人只引用此论断）对新闻的阶级性进行了更为充分的论述；他在《日本新闻发达史》中则摆脱了单纯地"引用"方式，开始从历史演变的过程中剖析新闻事业，进而讨论新闻的阶级性，其认识一定程度上"上升到历史规律的高度"。[③]

另外，作为中共党员的张友渔认为新闻与政治始终关系紧密，他尝试以"阶级"为新闻学研究的基本方法论，试图以"阶级"为一般性原则来分析和解决新闻学中的各类问题，他对舆论、社论、新闻事业、新闻自由权利、新闻史等方面问题的考察皆是如此。张友渔认为新闻最根本的性质就是阶级性，新闻的主要功能是作为武器参与斗争，因为新闻表现的是社会对立的事实。新闻的性质决定了其任务就是解放无产阶级大众的思想，培养无产阶级意识，并将之作为对抗资产阶级的一种武器。因为张友渔对新闻持这样的基本认识，他将阶级性延伸到自己学说的各个方面。通过阶级这一视角，新闻事业不再是徐宝璜等人眼中纯粹的资本主义化的事业，而是与资本主义相联系，具备了阶级对立与阶级

---

① 袁殊. 新闻学论 [J]. 现代学术，1931，1（2）：1—6.
② 张忧虞. 新闻之理论与现象 [M]. 太原：太原中外语文学会，1936：1—3.
③ 姜红. 进化论与现代中国新闻史书写 [J]. 新闻与传播研究，2008（5）.

第五章 张友渔新闻思想的价值重估与意义检视

斗争的社会现实;报纸不光能够传播新闻,也成为组织群众甚至具备"煽动性"的社会感觉机关。为了证明新闻阶级性的合法来源,张友渔通过历史考察的方式回溯了新闻的演变过程,重点考察新闻阶级性的发生和发展问题。在张友渔看来,新闻是不可能出现在没有阶级的原始社会的,它的雏形完全是基于被统治阶级反抗政治压迫,表达对社会黑暗的不满,抒发情怀和释放压抑的基础上;它的发达则是以现代印刷新闻为标志,批量化可复制的新闻成为真正意义上的阶级斗争的武器。除了探察新闻发生、发展和发达的历史,张友渔还在阶级关系下用阶级分析的方法来看待和分析其他方面的问题,由此得出"新闻事业的本质在于表现阶级对立和阶级斗争这一社会现实""舆论是在社会阶级关系之下报纸与大众的统一""新闻自由权利争取民主政治的阶级斗争武器"等结论,同时他的社论观、编辑工作思想等都与"阶级"联系紧密。因此,从对人类社会历史的考察,到报刊实践的经验感悟,再到对新闻学基本问题的思考,张友渔以"阶级"为研究的基本方法论,建立了一套自己的"历史—现实"问题分析路径,试图以"阶级"为一般性原则来分析和解决新闻学中的各类问题。他的"阶级斗争武器说"与其说是一种新闻思想观念,不如说成了一种以解决问题为目标的通用的新闻理论体系。这种思维方式和认识判断不仅部分脱离并模糊了对研究对象本身的关注,也难以对论域内的其他问题产生相当的解释能力,同时也偏离了新闻学建立初期学者们希望新闻保持独立的学术品格的初衷,将对政治问题的研究拉回新闻学研究,也将二者紧密地捆绑在一起,具有一定的局限性。

由此可见,作为具有双重身份的"政治新闻人",张友渔一方面重视新闻学的学术研究,在新闻理论的提出方面注重逻辑推演过程和学理性的理论搭建,初步建构了自己的新闻理论;另一方面,强调报纸与政治的关系,坚持以"阶级"为基本方法论和分析事件的一般性标准来看待和解决各类问题,受此限制而未能进一步实现完整意义上的新闻学理论建构。张友渔的新闻思想反映了在近代政治转型与新闻报刊的碰撞、交织与互动中,"报人救国""政治救国"的时代心态与新闻学理探索之间的内在矛盾,以及"政治新闻人"在处理政治问题和学术研究的关系时的复杂心态。

第二节 张友渔新闻思想的意义检视

据张友渔自述,"报刊是阶级斗争的武器"是他的新闻思想的中心观念,其新闻论作都是以此为前提而写成的,由此,张友渔的新闻思想可以概括为"阶级斗争新闻学"。这就要求我们对张友渔新闻思想的意义检视工作应该在"阶级斗争武器说"的观念框架之下展开。

一、对无产阶级新闻事业观念的反映与表征

在《新闻之理论与现象》一书中,张友渔特别摘译了日本学者长谷川如是闲在《日本评论》第十卷第十二号上发表的一段话,并起名为《集纳利基姆之本质》:"是故,在发展的社会,对立的事实和意识,成为互相周知,而且相互批判,以及互相协力,而形成全体之推进力的。从而集纳利基姆,便是如实地表现这种对立现象的组织的方法。只要对立的事实,是社会的动体,则表现这种对立的事实之真实的状态一事,便是集纳利基姆之本质。"[①] 在张友渔看来,新闻事业要表现阶级社会对立的真实状态,报刊则是阶级斗争的武器。他之所以提出"阶级斗争武器说",最根本的意图在于改变当时一些报人学者对"新闻超阶级"的认同状态。事实上,张友渔多次表示他并不认同当时的报纸大众化理念和资产阶级新闻业的经营模式,而是希望塑造一种能够表现阶级社会对立事实的无产阶级新闻业,并在多篇文章中运用马克思主义观点表述

---

① 张忧虞. 新闻之理论与现象(上)[M]. 太原:太原中外语文学会,1936:22.

自己对新闻事业的理解与看法。

在近代复杂的社会形势和历史语境中，张友渔的新闻思想观念为无产阶级新闻事业的基本观念和中共党报宣传理念的发展提供了一定的观念线索和可参考的言说逻辑。事实上，马克思主义新闻学在中国的生成、传播与发展并非一帆风顺，中国新闻界对马列主义和苏联报刊的理念经历了排斥、怀疑、接受再倡导的过程。尽管布尔什维克革命的胜利、苏维埃的友好示意和民族主义情绪的高涨，让部分中国知识分子开始进一步关注马克思主义和从苏联传入的党报理念，尤其是五四新文化运动以后，在多种思潮的交锋下，由于马克思主义带有一套解决当下现实问题的理论，使得它在中国也较之以往走得更远了一些。但是，马克思主义在中国仍然受到多重因素的影响与限制，它的传播范围和普及程度仍比较有限，一部分报人对马克思主义和苏联报刊理念持怀疑和观望的态度。学者黄天鹏对苏联新闻事业和报刊理念的考察较早，他在1925年的《苏俄新闻事业》一文中谈到苏俄的宣传和新闻纸，"彼素以善于宣传著名于世，新闻纸为宣传之利器"，他评价苏联新闻事业"诚如其政治制度一般，自创一新局面"，却也对其报刊理念持怀疑态度，"在吾曹以新闻眼光论之，颇非正当之设施，有如葫芦，只见一道烦闷耳。所谓舆论，所谓自由，更不用言也"。[1]黄天鹏的言论反映了当时新闻界的部分报人学者对马克思主义和苏联报刊理念的矛盾态度。

不同于知识界，在共产国际的直接影响下，"中国共产党成立后马上利用报纸宣传马克思主义，灌输明确的阶级意识，鼓动工人农民展开阶级斗争，通过在报纸上开设杂评等多种栏目，提升了报纸的战斗力和鼓动性"[2]。然而，早期中国共产党力量薄弱，较为依赖共产国际的指导，因此较为生硬地照搬马列主义，这造成了当时的新闻工作思想观念

---

[1] 黄天鹏. 新闻学刊全集[M]. 上海：光华书局，1930：129-133.
[2] 王晓梅. 1956年《人民日报》改版探源[D]. 上海：复旦大学，2005.

比较混乱、报刊实践经验不足、宣传重点模糊不清等问题。同时，第一次国共合作失败的经验教训让中共意识到了报纸仅有"鼓动性"是远远不够的，必须要加强和重视报纸的革命斗争性，报刊宣传则被视为武器和工具纳入中共革命体系。张友渔"报刊是阶级斗争的武器"的观念主要是在20世纪二三十年代"苏联热"的背景下接受了列宁的党报思想产生的，正契合了中共当时不断增长的革命斗争需求和对报刊宣传功能的认识。在张友渔表述和阐释"阶级斗争武器说"之后，新闻的功能、性质与任务等基本问题进一步获得了部分学者、报人的关注、理解与认同，得到了进一步的讨论、阐释、补充与延伸，也让中国共产党进一步明确了党报的阶级斗争指向性。20世纪30年代，张友渔还牵头发起了一场以"廓清蒙昧，发扬理性"为主题的"新启蒙运动"。他再次强调了报刊的阶级斗争性质，倡导马列主义的阶级分析方法。到了延安整风时期，毛泽东在此基础上扩展了"阶级斗争武器说"的内涵："（报刊是）组织一切工作的一个武器，反映政治、军事、经济并且又指导政治、军事、经济的一个武器，组织群众和教育群众的一个武器。"[①] 中共的党报模式和党报理论也自此形成、确立。在1978年之前，"中国共产党办报工作基本沿着'报刊是阶级斗争的工具（武器）'的逻辑展开，'阶级斗争武器说'在中共党报模式中处于核心地位"[②]。

张友渔的"阶级斗争新闻学"思想接受和延续了列宁的党报理论，进一步明确表征和传播了"报刊是阶级斗争的武器"的观念，中国共产党在接纳此观念的基础上，在无产阶级新闻业的塑造、建设与革命宣传的过程中也产生了一些较为具体的效果。一方面，在苏联理念的影响下，张友渔的"阶级斗争武器说"延续了列宁对报刊功能的论述，中共开始注重报刊宣传的组织化建设与群众动员功能。因为"俄共的宣传与

[①] 毛泽东. 报纸是指导工作教育群众的武器[A]//中央文献研究室, 新华通讯社. 毛泽东新闻工作文选[C]. 北京：新华出版社, 2014：156.

[②] 陈龙. 超越"工具论"：中国共产党办报事业发展逻辑的历史考察[J]. 暨南学报（哲学社会科学版），2019，41（9）.

第五章　张友渔新闻思想的价值重估与意义检视

组织相结合的观念,以及宣传面对全民的作法,迥异于近代中国的立宪和革命团体"①。受此观念影响,中共开始重视报刊宣传和组织人员培训,在内容建设与表现形式方面则进一步向无产阶级靠拢,特别是农民阶层,还延伸出"指导群众行动的武器"的观念,他们"从现实的当务之急构思出有力易懂的口号、明确的宣传内容,到细节的注意,显示出中共对报刊宣传斗争的用心与重视"②。此外,中共还将报纸视为组织建设和教育群众的武器,力图通过报纸的发行网络,建立和巩固中共在各个地方的党支部组织,让他们保持长久的联络,加强革命活动的组织力量。另一方面,以"阶级斗争武器说"观念为思想基础,中共的报刊宣传斗争重视提前计划,呈现出未雨绸缪的时刻"备战"状态,而且考虑到群众文化水平的欠缺,中共的宣传斗争注重一元化的思想内容建设,"明确指出什么可以宣传,什么不宜多宣传,可以让人员有所遵循,知道底线在哪里"③。他们的宣传文字口号通俗鲜明,内容实在,反复解释,强调阶级斗争和思想觉悟,让群众运动成为自觉自愿,时刻准备着进行革命斗争。到了土地革命时期,在此观念的基础上还延伸出了"口号是指导群众行动的武器"的说法,"用以基层乡村社会的治理与群众动员,成为政治和革命运作中的一种'权力技术',通过运用这种'权力技术',有利于将乡村群众纳入国家权力体系的运行轨道,重塑国家与乡村社会之间的关系。"④

可见在近代复杂的社会形势和历史语境中,张友渔的相关论述一定程度上反映和表征了当时中国共产党无产阶级新闻事业的基本观念,即报刊工作基本沿着"报刊是阶级斗争的工具(武器)"的逻辑展开。张

---

① 张玉法. 清季的立宪团体 [M]. 台北:"中央"研究院近代史研究所,1971:188-189.
② 余敏玲. 形塑"新人":中共宣传与苏联经验 [M]. 台北:"中央"研究院近代史研究所,2015:35.
③ 余敏玲. 形塑"新人":中共宣传与苏联经验 [M]. 台北:"中央"研究院近代史研究所,2015:34-35.
④ 李里峰. 群众运动与乡村治理——1945—1976年中国基层政治的一个解释框架 [J]. 江苏社会科学,2014(1).

友渔的"阶级斗争新闻学"思想接受和延续了列宁的党报理念,进一步表征和传播了"报刊是阶级斗争的武器"的观念。他的新闻思想适应了中国共产党的阶级斗争和政治宣传的需要,然而未必适用于后来的新闻学研究。

二、在"调适"与"限制"之间:对新闻法制的思考

在张友渔看来,新闻法制就是新闻的法律制度,包括新闻的立法、司法、守法等各个方面、环节。具体来看,新闻法制是指所有国家机关、社会团体以及全体公职人员和公民都必须严格地、平等地遵守建立在民主基础上的统一的新闻法律制度。作为研究法律和宪政问题的学者、专家,张友渔长久地关注和考察近代中国社会的新闻法制与民主、人权和宪政之间的关系及发展进程。作为报人,从初涉新闻业开始,张友渔便注意观察新闻检查和新闻统制现象,从民主法治的视角来分析和解释新闻政策、出版法规,并就制定新闻法的问题提出了自己的设想和意见。张友渔认为,任何法律都是用以调整、适应而非限制社会阶级关系的,这是他对法律的基本认识。法律保障新闻自由权利的行使,但新闻自由绝不是无限制的,在行使新闻自由权利过程中所产生的违法行为应予以严厉制裁,这是他对新闻法制内涵的主要看法。一方面以宪法为核心制定法律来"限制"新闻自由的影响范围,制裁相关可能产生的违法行为;另一方面"调适"阶级关系,指出新闻法制的实施范围和包含的内容应当随着社会阶级的发展变化而发展变化。张友渔对新闻法制的思考具有一定的参考和借鉴意义。

新闻自由一直是近现代中国关注和讨论的重点议题,张友渔将新闻自由权利视为人权的重要组成部分,也是建构新闻法制的基本要素。"张友渔的人权观念有别于西方的人权思想,是在综合本土资源,借鉴外来经验的基础上形成的,并根据国情对国外人权进行选择和改

造的结果，具有很强的时代性、针对性和实践操作性。"[①] 因此，张友渔围绕新闻自由权利和言论自由权利的实施范围及具体保障展开的论述也兼具时代性、针对性和实践操作性。在张友渔看来，出版自由和身体自由作为人的自由权利中最基本的权利，在民主政权之下个人就理应享有此种自由权利。法律只不过是承认既存的事实，绝不是凭空创造出哪些自由权利而赋予人民。张友渔强调新闻自由权利神圣不容侵犯，但必须在法律允许的范围内活动。值得一提的是，张友渔将新闻自由权利与宪法的制定和实施以及宪政运动的发展进程联系起来。他认为个人须在以宪法为根本大法的范围内权衡自己的权利与义务，充分估量自己的行为可能产生的后果再作出决策。据此，张友渔对新闻自由权利具体的行使范围和权限的界定提出了建议，即不可随意干涉甚至扼制人民的新闻出版行为，但针对行使新闻自由权利所产生的违法行为，法律应严厉制裁。

张友渔还从法律的角度出发，对人权的具体实施范围作了论述，新闻自由权利作为人权的重要组成部分，其实施范围也在此列。首先，宪法必须规定限制人民自由权利的具体条件，其派生的新闻法令法规不得违反此条件去加以限制。其次，只能由司法机关依据普通民刑法典，来判定人民行使新闻自由权利所产生的结果是否超出范围。不允许制定以限制新闻自由为目的的特别法。最后，在以上前提的基础上，对人民行使新闻自由权利超出范围的，只能事后制裁和追诉，不能事先限制预防。总的来说，张友渔是在考察宪政运动的实践基础上，以宪法的制定与实施为中心，结合法治理论，设想了新闻自由权利的限度、行使和保障问题。作为张友渔人权观念中的重要组成部分，新闻自由权利观念呈现出动态发展的特征，同时他将新闻自由权利与言论出版权利和宪政的实施发展联系在一起，认为新闻自由权利被保障的程度越高，意味着政府的民主程度越高、个人享有的自由权利越多。可见张友渔的新闻自由

---

① 魏昆. 张友渔法观念中的"人权"词义考［J］. 经营管理者，2013（31）.

权利相关论述对思考现代民主和自由权利范围的问题具有一定的借鉴意义。

除了保障新闻自由权利和限制新闻自由权利的范围，张友渔还试图通过新闻立法来"调适"社会阶级关系。事实上，国家一直在促进新闻领域内相关法规条文的制定与完善，对于新闻是否立法的问题也在进行研判。在当前的时代环境下，张友渔对新闻自由权利的探讨，对新闻立法等诸多问题的思考，能够从历史经验之中为现在的新闻立法问题提供参考。张友渔对新闻立法的设想与论述是在讨论新闻自由权利与宪法制定和实施的基础上逐渐形成的。张友渔对新闻立法的设想与论述体现了动态发展的法制观念，带有较强的阶级意识。张友渔认为，任何法律都是用以调整、适应而不是限制社会阶级关系的，新闻法也应该是动态发展的，其实施范围和包含的内容应当以宪法为中心，随着社会阶级的发展变化而发展变化。张友渔提出制定新闻法一定要以宪法为依托和基础，这显示了他的宪法至上的基本理念。在张友渔看来，新闻立法最重要的是要依照宪法规定，经过一定的民主程序，广泛征求大众的意见；新闻立法要遵循"先粗后细"、逐步完备的办法；要以法律为武器推动我国的新闻机构改革和体制改革；新闻立法需要从实际出发，以解决现实问题；新闻立法要坚持立法不苛、重在教育的原则。张友渔特别提出，新闻法不应当刻板地按照执政党的方针政策来管理新闻活动，而是应当以宪法为根本依据，结合实际情况来制定、推行和调整，这也显示出张友渔具有动态的新闻法制观念。张友渔对新闻立法的呼吁和他的新闻法制观念显著影响了当时的新闻立法导向，也影响了法学界和新闻界对新闻自由权利和新闻立法问题的普遍看法，引起了人们对新闻法制的重思和讨论。"他的相关论述，体现了自己独到的思想见解和对法价值的合理把握，为建构更为宏大、完善的法制体系提供了一个开端。"[①]

---

① 魏昆. 宪政视角下张友渔法治观的内涵及价值 [J]. 重庆社会科学，2008 (7).

第五章　张友渔新闻思想的价值重估与意义检视

小　结

作为新闻人的张友渔，在中国新闻史研究领域中一直难以被忽略，但也存在争议，学界对他的评价莫衷一是。因此，重返特定的历史语境对张友渔的新闻思想展开意义检视与价值重估就显得至关重要。

首先，张友渔围绕"阶级斗争武器说"展开了新闻理论探索，在新闻理论的提出方面注重逻辑推演过程和学理性的理论搭建，形成了初步的新闻理论建构，但受制于环境和条件，张友渔的理论探索未能更进一步，他也并未将自己的新闻思想观念有效地问题化和理论化，进而实现严格意义上的新闻学理论建构。另外，张友渔坚持以"阶级"为基本方法论和分析事件的一般性标准来看待和解决各类问题，受此限制而未能进一步实现完整意义上的新闻学理论建构。张友渔的新闻思想反映出在近代政治转型与新闻报刊的碰撞、交织与互动中，"报人救国""政治救国"的时代心态与新闻学理探索之间的内在矛盾，以及"政治新闻人"在处理政治问题和学术研究关系时的复杂心态。

其次，重估张友渔新闻思想的学术价值应在"阶级斗争武器说"的观念框架之下展开。第一，在近代复杂的社会形势和历史语境中，张友渔的相关论述一定程度上反映和表征了当时中国共产党无产阶级新闻事业的基本观念，即报刊工作基本沿着"报刊是阶级斗争的工具（武器）"的逻辑展开。张友渔的"阶级斗争新闻学"思想接受和延续了列宁的党报理念，进一步表征和传播了"报刊是阶级斗争的武器"的观念。第二，张友渔认为任何法律都是调整、适应而非限制社会阶级关系的。他一方面强调以宪法为核心制定法律来"限制"新闻自由的影响范围，制裁可能产生的相关违法行为；另一方面强调"调适"阶级关系，指出新闻法的实施范围和包含的内容应当随着社会阶级的发展变化而发展变化。这对当前的新闻法制具有一定的参考意义。

结　语

作为新闻人的张友渔，在中国新闻史研究领域中一直难以被忽略，但也存在争议。关于张友渔的新闻思想，已有研究主要集中于对他的"报刊是阶级斗争的武器"及部分新闻观念的探讨上，既有肯定，也有批判性的评价。目前，学界少有对张友渔新闻思想展开系统整理的研究，也没有足够的分析与解释，史料运用亦存在遗漏。基于此，本书以一手史料和已有文献为基础，对张友渔的新闻思想展开"打深井"的个案研究和分析工作，探析张友渔新闻思想的生成、传播与衍变、特征及局限性，以扩展中国新闻史人物思想个案的研究论域，拓宽张友渔新闻思想的评估空间；重点针对张友渔表述和阐释"阶级斗争武器说"的观念并以此建构新闻思想的意图动机、张友渔的新闻思想观念在传播与衍变过程中的阐释和延伸、张友渔的新闻思想的意义与价值三个问题展开了研究工作。

通过对张友渔新闻思想的内容整理和对"阶级斗争武器说"的历史分析，我们发现张友渔新闻思想的生成和衍变经历了从"犹疑"到"坚守"的过程。事实上，张友渔早年坚定地信奉"新闻超阶级"观念，经过长期的报刊实践和赴日学习，同时在"报人救国"和"政治报国"时代心态的影响之下，他的"以新闻为本位"的"新闻超阶级"观念逐渐动摇，这也成为张友渔表述"阶级斗争武器说"并建构"阶级斗争新闻学"思想的动机，最直接的依据源于张友渔在《新闻之理论与现象》序言中的一段话：

> 在我国，则连有名的新闻记者，新闻事业家乃至自命为新闻理

结　语

论家的人们，还都墨守着陈腐的见解，以为新闻是超乎阶级，超乎党派，只问是非，不计利害之社会的木铎！这对于从事新闻事业的人们，有志新闻事业的人们乃至社会上的一般人们，实在都是无益有害的。所以本书出版，不一定是没有必要罢？①

"任何思想都是具体的，都是为了回应或解决当时社会现实提出的问题。"② 在张友渔看来，当时他想要回应和解决的现实问题在于新闻界的人们"以为新闻是超乎阶级、超乎党派，只问是非，不计利害的"。20 世纪初，受西方思想影响，国内新闻界一时间对新闻作为"社会之公共机关""第四等级"的说法呼声渐高，部分报人希望报纸能够实现独立，与政治保持一定的距离。"邵飘萍把当时新闻业的发展趋势归结为'以新闻为本位'，新闻观念的演进也相应地延伸到'以新闻为本位'的时代。"③

而 20 世纪的中国社会氛围复杂多变，无论对外还是对内，中国人的思想行为都很难不受民族主义的影响。"在平民化的'新闻本位'的理想背后，也仍然掩藏着精英化的'政治报国'情结。"④ 彼时，苏联新闻模式传入中国，列宁的党报思想和苏联新闻事业的成果影响和满足了以张友渔为代表的一部分知识分子的文人论政精神传统和报人救国的需求，以及对历史和中国未来新闻业的普遍想象。而张友渔在《世界日报》等报纸的工作实践经历，让他难以认同报纸的商业化经营模式和报纸大众化理念。因此，在多重因素的影响下，张友渔反对"新闻本位"时代的部分新闻观念，将当时西方的"社会公器论"理解为新闻的"超阶级性"，斥之为"陈腐的见解"，是"无益有害的"，转而提倡、表述和坚守"报刊是阶级斗争的武器"的观念，实质上是当时的无产阶级新

---

① 张忧虞. 新闻之理论与现象 [M]. 太原：太原中外语文学会，1936：2.
② 郭双林. 流动的思想：中国近现代思想史研究方法刍议 [J]. 史学月刊，2019 (6).
③ 戴元光，等主编；单波，著. 20 世纪中国新闻学与传播学（应用新闻学卷）[M]. 上海：复旦大学出版社，2001：40.
④ 姜红. 现代中国自由主义新闻思潮的流变 [J]. 新闻与传播研究，2005 (2).

闻人对西方理论思想存在一定的对立批判意识，同时也带有对实现民族主义的期盼和建立强力国家的向往。在张友渔看来，只有改变"新闻超阶级"的观念，将政治问题拉回到新闻中来，才有可能实现真正的"报人救国"和"政治报国"。

随后，围绕"报刊是阶级斗争的武器"，不同的报人群体展开了观念互动和意义阐释，张友渔的新闻思想由此得到了进一步的阐释和延伸。对此，在以阐释学的视角来探析"阶级斗争武器说"的传播与衍变后，我们发现，由于顺应了所在阶级的阶级斗争和政治宣传的现实需求，也回应了抗战救亡的社会心理与民族主义的社会思潮，经过不同报人群体的观念互动与意义阐释，"阶级斗争武器说"一定程度上获得了接受、认同与延伸。首先，张友渔围绕"阶级斗争武器说"的表述和阐释顺应了第一次国共合作失败后中国共产党与日俱增的革命斗争需求。在近代的革命进程和语境之下，一些报人在认同"阶级斗争武器说"观念的基础上围绕报纸组织化和煽动性等功能展开阐释，提出报纸是舆论宣传、政治统治和教育动员的"喉舌""工具""武器"，由此扩展了报刊的政治性功能。其次，围绕报刊的主要性质是偏向于"阶级性"还是"商品性"的问题，近代中国的新闻界存在不同的看法与阐释。由于政治宣传的现实需要和民族主义的主流阐释取向，张友渔的"阶级斗争武器说"也得到了所在阶级报人的进一步阐释，相较于"商品性"，"阶级性"被更多地作为报纸的主要性质来看待和解释。

抗日战争的爆发为"阶级斗争武器说"提供了更广的意义阐释空间。战时新闻学人继承了"阶级斗争武器说"观念的基本价值取向，他们以"阶级斗争武器说"为思想资源和话语线索，将"阶级"改换为"民族"，由"斗争"转换为"战斗"，由"阶级斗争"的"武器"转换为"民族战争"的"文化武器"。这种学术话语的转换配合着民族主义情绪，偏向于民族主义的主流阐释方式，在观念的传播中获得了民族主义共同体的认同。因此，在"阶级斗争武器说"的传播与衍变过程中，张友渔的新闻思想观念在报刊的功能、主要性质和任务方面得到了进一

结 语

步的阐释和延伸，经过不同报人群体的观念互动与意义阐释，一定程度上获得了接受与认同。

作为新闻人的张友渔，他所显示的思想特征反映了他所处的历史语境、政治形势和时代词汇与其思想观念之间的复杂关系。目前，学界对张友渔新闻思想的评价存在着争议。在对大量一手史料进行分析并研究了相关文献之后，笔者认为，在现有评价的基础上，围绕张友渔新闻思想的理论意义与学术价值还可以延伸出新的评估空间。

首先，张友渔初步提出了自己的新闻理论，并具备一定程度的逻辑推演过程和学理性的理论搭建思路。事实上，新闻作为阶级斗争"武器"或"工具"的观念并不是张友渔本人的发明，而是20世纪的中国社会中一直存在的看法。在张友渔之前曾有一些报人学者将报刊与"阶级""斗争"联系起来并加以表述和运用，但某些原因导致一直没有人对此展开详细的分析与论述。张友渔并没有直接照搬阶级斗争学说和列宁党报思想来分析问题和构筑学理，他注意到了马克思、恩格斯在《共产党宣言》中对"至今一切社会的历史都是阶级斗争的历史"的梳理与推演过程，并借此在《日本新闻发达史》中尝试从人类社会发展史和阶级关系的具体的历史脉络来思考和把握新闻的本质，随后引用列宁关于党报的性质与功能的论述进一步剖析报刊作为阶级斗争的武器的主要缘由和内在理路。由此可见，张友渔围绕"阶级斗争武器说"形成了初步的新闻理论建构。

受制于环境和条件，张友渔的理论探索未能更进一步，他也并未将自己的新闻思想观念有效地问题化和理论化，进而实现严格意义上的新闻学理论建构。在建构新闻学理时，张友渔都是在"阶级斗争武器说"的框架之下，以"阶级"为基本方法论和分析事件的标准来看待和解决新闻学中的各类问题。他的"阶级斗争武器说"与其说是一种新闻思想观念，不如说是一种以解决问题为目标的通用的新闻理论体系。20世纪20年代后，国内的报纸大众化风气盛行，张友渔以批判行业现状为主要手段，并结合"阶级斗争武器说"来试图构造新闻学理，这让他在当时的新闻学研究群体中显示出一定的不同之处，但也让他观察和研究问题的视野受到限制，他将"阶级斗争武器说"拓展到新闻学研究的各个层面，并将之作为认识问题的一般性标准，这种思维方式和认识判断部分脱离并模糊了对研究对象本身的关注，也难以对论域内的其他问题产生相当的解释能力，有不小的局限性。

最后，笔者不欲将人物思想评价体系的历史语境拉得过长，而是从基础史料分析的角度出发，认为张友渔的新闻思想反映了在近代政治转型与新闻报刊的碰撞、交织与互动中，"报人救国""政治救国"的时代心态与新闻学理探索之间的内在矛盾，以及"政治新闻人"在处理政治问题和学术研究之间关系时的复杂心理。一方面，张友渔重视新闻学的学术研究，在新闻理论的提出方面注重逻辑推演过程和学理性的理论搭建，初步建构了自己的新闻理论。另一方面，张友渔强调报纸与政治的关系，坚持以"阶级"为基本方法论和分析事件的一般性标准来看待和解决各类问题，受此限制而未能进一步实现完整意义上的新闻学理论建构。总之，张友渔的新闻思想在特殊的历史语境和社会条件下，适应了所在阶级的阶级斗争和政治宣传的需要，然而未必适用于后来的新闻学研究，但当我们回看百年之间的中国新闻学人群像之时，却也无法略过1933年的张友渔。

参考文献

一、1949 年前的历史资料

（一）史料档案

《世界日报》数位典藏资料（1925 年 3 月 21 日—1937 年 12 月 30 日），成舍我报业数位典藏资料库，http：//newsmeta.shu.edu.tw/shewo/index.jsp.

《世界日报·新闻学周刊》影印版（1933 年 12 月 14 日—1937 年 6 月 10 日，共 182 期；其中张友渔的新闻专论刊载于前 31 期，即从 1933 年 12 月 14 日—1934 年 7 月 19 日）.

（二）专著

曹谷冰. 苏俄视察记 [M]. 天津：天津大公报馆，1941.

杜绍文. 中国报人之路 [M]. 杭州：浙江省战时新闻学会，1939.

戈公振. 报业商业化之前途 [A] //李锦华，李忠诚. 新闻言论集 [C]. 广州：新启明印务公司，1932.

郭箴一. 上海报纸改革论 [M]. 上海：复旦大学新闻学会，1931.

胡政之. 我理想中的新闻事业 [A] //燕京大学新闻学系. 新闻学研究 [C]. 上海：良友图书公司，1932.

黄天鹏. 新闻学刊全集 [M]. 上海：光华书局，1930.

梁士纯. 实用宣传学［M］. 北平：商务印书馆，1936.

梁士纯. 战时的舆论及其统制［M］. 北平：燕京大学新闻系，1936.

任白涛. 应用新闻学［M］. 上海：亚东图书馆，1937.

任毕明. 战时新闻学［M］. 汉口：光明书局，1938.

陶良鹤. 最新应用新闻学［M］. 上海：复旦大学新闻学会，1930.

谢六逸. 国外新闻事业［M］. 上海：上海市私立申报新闻函授学校讲义，1935.

徐宝璜. 新闻学［M］. 北京：北京大学出版社，1919.

燕京大学新闻学系. 新闻学研究［M］. 上海：良友图书公司，1932.

恽逸群. 新闻学讲话［M］. 武汉：华中新华书店，1948.

袁殊. 记者道［M］. 上海：上海群力书店，1936.

张申府. 什么是新启蒙运动［M］. 重庆：生活书店，1939.

张友彝. 日本新闻发达史（上）［M］. 北平：北平世界编译社，1937.

张忱虞. 新闻之理论与现象［M］. 太原：太原中外语文学会，1936.

邹韬奋. 事业管理与职业修养［M］. 重庆：生活书店，1945.

（三）期刊文章

陈独秀. 社会主义批评［J］. 新青年，1921（3）.

陈寄近. 今日苏联的新闻事业［J］. 清华周刊，1936（11－12）.

范长江. 战时报业之质的变化［J］. 战时记者，1939（8）.

范长江. 两年来的新闻事业［J］. 战时记者，1939（12）.

黄天鹏. 四十年来中国新闻学之演进［J］. 中国新闻学会年刊，1942（1）.

徐宝璜. 新闻事业之将来［J］. 报学月刊，1929（1）.

徐志摩. 我为什么来办我想怎么办［J］. 晨报副镌，1925（49）.

许新凯. 再论共产主义与基尔特社会主义［J］. 新青年，1922（6）.

袁殊. 新闻学论［J］. 现代学术，1931，1（2）.

袁殊. 新闻学论［J］. 现代司法，1931（2）.

张象鼎，徐志摩. 关于党化教育的讨论［J］. 晨报副镌，1926（60）.

张友渔. 由消息的真伪谈到天津《益世报》的失败［J］. 世界日报·新闻学周刊，1933（创刊号）.

张友渔. 报纸与舆论之构成［J］. 世界日报·新闻学周刊，1933（2）.

张友渔. 社会化的苏俄报纸［J］. 世界日报·新闻学周刊，1933（3）.

张友渔. 苏联新闻政策［J］. 民国新闻，1934（3）.

张友渔. 报纸何以不完全用白话［J］. 世界日报·新闻学周刊，1934（4、5、6）.

张友渔. 日本报纸的文艺栏［J］. 世界日报·新闻学周刊，1934（7）.

张友渔. 报纸评论之起源［J］. 世界日报·新闻学周刊，1934（9）.

张友渔. 关于"井户端会议"［J］. 世界日报·新闻学周刊，1931（10）

张友渔. 论统制新闻［J］. 世界日报·新闻学周刊，1931（11）.

张友渔. "井户端会议"问题的枝节［J］. 世界日报·新闻学周刊，1931（12）.

张友渔. 资本主义社会衰颓期的一个牺牲者——日本时事新报社长武藤山治［J］. 世界日报·新闻学周刊，1934（14、15）.

张友渔. 集纳利基姆（Journalism－新闻企业）之机关报化（一）、（二）［J］. 世界日报·新闻学周刊，1934（18）.

张友渔. 集纳利基姆（Journalism－新闻企业）之机关报化（三）、（四）、（五）［J］. 世界日报·新闻学周刊，1934（19）.

张友渔. 报纸何以煽动群众？（一）［J］. 世界日报·新闻学周刊，1934（20）.

张友渔. 报纸何以煽动群众？（二）［J］. 世界日报·新闻学周刊，1934（21）.

张友渔. 怎样取缔新闻？［J］. 世界日报·新闻学周刊，1934（24、25）.

张友渔. 论"机关报"［J］. 世界日报·新闻学周刊，1934（26）.

张友渔. 德国国社党专政下之新闻统制近况［J］. 世界日报·新闻学周

刊，1934（27、28）.

张友渔. 苏联的新闻和新闻政策［J］. 中苏文化·苏联十月革命廿三周年纪念特刊，1940－11－17.

张友渔. 我们需要怎样的民主政治［J］. 大众生活，1941（新4号）.

张友渔. 实施宪政与保证人民自由权利［J］. 国讯，1943（351）.

张友渔. 读报也是一门学问［J］. 萌芽，1946（3）.

张闻天. 关于党的宣传鼓动工作提纲［J］. 共产党人，1941（19）.

郑振铎. 本刊改革宣言［J］. 文学，1923（81）.

（四）报纸

成舍我. 中国报纸之将来［N］. 世界日报·新闻学研究副刊，1932.

成舍我. 报纸救国［N］. 世界日报，1935－11－14（13）.

胡适. 报纸文字应该完全用白话［N］. 大公报，1934－01－07（1）.

列宁. 关于出版问题的法令［N］. 真理报，1917－11－10（171）.

张友渔. 明珠体是圆润光亮的［N］. 世界日报，1925－12－28.

张友渔. 明珠光耀中之新年景物［N］. 世界日报，1926－01－01.

张友渔. 一年来《明珠》的文体［N］. 世界日报，1926－02－10.

张友渔. 明珠是疯狗［N］. 世界日报，1926－02－11.

张友渔. 小编辑之取稿标准［N］. 世界日报，1926－07－12.

张友渔. 抄袭问题［N］. 世界日报，1926－07－28.

张友渔. 弄手心理［N］. 世界日报，1926－09－04.

张友渔. 资本主义化的日本新闻事业［N］. 世界日报，1931－05－02.

张友渔. 真个是别来有恙！［N］. 世界日报，1931－12－03.

张友渔. 彭成讼案与统制新闻［N］. 世界日报，1933－12－09.

张友渔. 如何取缔"反动出版物"？［N］. 世界日报，1934－06－21.

张友渔. 读报·研究报［N］. 新华日报，1943－12－12（70）.

张友渔. 保卫新闻自由——保卫独立、和平、民主事业［N］. 新华日报，1946－09－01.

中国新闻学研究会成立宣言［N］．文艺新闻，1931－10－26（33）．

二、1949 年后的文献资料

（一）中文专著

曹立新．在统制与自由之间：战时重庆新闻史研究（1937—1945）［M］．桂林：广西师范大学出版社，2012．

陈长松．陈独秀前期报刊实践与传播思想研究1897—1921［M］．北京：中国社会科学出版社，2015．

陈独秀．独秀文存［M］．合肥：安徽人民出版社，1987．

陈力丹．马克思主义新闻观思想体系［M］．北京：中国人民大学出版社，2006．

陈根发．司法与传媒［M］．北京：知识产权出版社，2015．

陈荷夫．张友渔回忆录［M］．北京：北京大学出版社，1990．

陈龙．媒介批评论［M］．苏州：苏州大学出版社，2005．

杨雪梅．报人时代：陈铭德、邓季惺与《新民报》［M］．北京：中华书局，2008．

陈永发．中国共产革命七十年：修订版（上册）［M］．台北：联经出版事业股份有限公司，2010．

程曼丽，乔云霞．中国新闻传媒人物志（5辑）［M］．北京：长城出版社，2014．

诸彦含．社会科学研究方法［M］．重庆：西南师范大学出版社，2016．

戴元光．传播学研究理论与方法［M］．上海：复旦大学出版社，2003．

戴元光，等．20世纪中国新闻学与传播学（传播学卷）［M］．上海：复旦大学出版社，2001．

戴元光，等主编；单波，著．20世纪中国新闻学与传播学（应用新闻学卷）［M］．上海：复旦大学出版社，2001．

戴元光，等主编；童兵，林涵，著. 20世纪中国新闻学与传播学（理论新闻学卷）[M]. 上海：复旦大学出版社，2001.

丁柏铨. 马克思主义新闻观：理论与实践[M]. 南京：江苏人民出版社，2016.

丁淦林. 中国新闻事业史[M]. 北京：高等教育出版社，2002.

丁淦林. 中国新闻图史[M]. 广州：南方日报出版社，2002.

丁耘，陈新. 思想史研究 第1卷 思想史的元问题[M]. 桂林：广西师范大学出版社，2005.

丁耘. 什么是思想史[M]. 上海：上海人民出版社，2006.

丁天顺. 风云人物传奇[M]. 太原：山西古籍出版社，1999.

方汉奇，李矗. 中国新闻学之最[M]. 北京：新华出版社，2005.

范长江. 通讯与论文[M]. 北京：新华出版社，1981.

傅国涌. 追寻失去的传统[M]. 长沙：湖南文艺出版社，2004.

傅国涌. 文人的底气：百年中国言论史剪影[M]. 昆明：云南人民出版社，2007.

樊亚平. 中国新闻从业者职业认同研究（1815—1927）[M]. 北京：人民出版社，2011.

方红. 马克思主义在中国的早期翻译与传播（从19世纪晚期至1920年）[M]. 上海：上海三联书店，2016.

方红. 《共产党宣言》陈望道译本考[M]. 沈阳：辽宁人民出版社，2019.

方敏. "五四"后三十年民主思想研究[M]. 北京：商务印书馆，2004.

冯并. 中国文艺副刊史[M]. 北京：华文出版社，2001.

高华. 红太阳是怎样升起的——延安整风运动的来龙去脉[M]. 香港：香港中文大学出版社，2000.

葛兆光. 中国思想史导论：思想史的写法[M]. 上海：复旦大学出版社，2001.

郭燕平，贾桂梓. 张友渔法学思想与灵石县法治建设［M］. 北京：中国社会出版社，2008.

韩辛茹. 新华日报史（1938—1947）［M］. 重庆：重庆出版社，1990.

贺心颖. 报人曹聚仁1900—1972的报刊活动与思想研究［M］. 北京：中国社会科学出版社，2021.

胡正强. 中国现代媒介批评研究［M］. 北京：中国传媒大学出版社，2010.

胡太春. 中国近代新闻思想史：增订本（上、下）［M］. 北京：东方出版社，2015.

黄建新. 传媒：自由与责任：西方"报刊的社会责任理论"解读［M］. 上海：上海交通大学出版社，2010.

黄瑚. 中国新闻事业发展史（2版）［M］. 上海：复旦大学出版社，2009.

金观涛. 观念史研究：中国现代重要政治术语的形成［M］. 北京：法律出版社，2009.

金冠军，戴元光，主编；戴元光，著. 中国传播思想史（现当代卷）［M］. 上海：上海交通大学出版社，2005.

蒋廷黻. 中国近代史［M］. 上海：上海古籍出版社，2009.

康有为. 大同书［M］. 长春：吉林出版集团有限责任公司，2012.

蓝鸿文. 范长江记者生涯研究［M］. 北京：中国人民公安大学出版社，2009.

李大钊. 李大钊选集［M］. 北京：人民出版社，1978.

李磊. 报人成舍我研究［M］. 北京：中国传媒大学出版社，2011.

李金铨. 文人论政——知识分子与报刊［M］. 桂林：广西师范大学出版社，2008.

李金铨. 报人报国：中国新闻史的另一种读法［M］. 香港：香港中文大学出版社，2013.

李卫华. 报刊传媒与清末立宪思潮［M］. 北京：中国社会科学出版

社，2013.

李伟. 被扭曲的民国报人史：张季鸾、范长江们的笔下人生 [M]. 台北：独立作家出版社，2016.

李秀云. 留学生与中国新闻学 [M]. 天津：南开大学出版社，2009.

李秀云. 中国新闻学术史（1834—1949）[M]. 北京：新华出版社，2004.

李秀云. 中国现代新闻思想史 [M]. 北京：中国社会科学出版社，2007.

李映方. 多学科视野的马克思主义中国化研究 [M]. 西安：陕西人民出版社，2007.

李尚志. 建造通天塔的人们 [M]. 北京：新华出版社，1985.

李泽厚. 中国现代思想史论 [M]. 天津：天津社会科学院出版社，2003.

李泽厚. 马克思主义在中国 [M]. 北京：生活·读书·新知三联书店，1998.

李泽厚. 康有为谭嗣同思想研究 [M]. 上海：上海人民出版社，1958.

李仁渊. 晚清的新式传播媒体与知识分子：以报刊出版为中心的讨论 [M]. 台北：稻乡出版社，2013.

李时新. 上海《立报》史研究（1935—1937）[M]. 广州：暨南大学出版社，2012.

李岩. 媒体批评：立场 范畴 命题 方式 [M]. 杭州：浙江大学出版社，2005.

林溪声，张耐冬. 报人时代：邵飘萍与《京报》[M]. 北京：中华书局，2008.

联共（布）中央特设委员会，编；中共中央马克思恩格斯列宁斯大林著作编译局，译. 联共（布）党史简明教程 [M]. 北京：人民出版社，1975.

梁启超. 饮冰室合集 [M]. 北京：中华书局，1989.

梁启超. 清代学术概论［M］. 北京：中华书局，2016.

梁士纯. 梁士纯文存［M］. 南京：江苏人民出版社，2017.

林枫. 马克思主义新闻观：中国视角的系统阐释［M］. 北京：新华出版社，2005.

刘禾. 跨语际实践：文学、民族文化与被译介的现代性（中国，1900—1937）［M］. 北京：生活·读书·新知三联书店，2008.

刘见初. 毛泽东新闻思想研究［M］. 北京：新华出版社，2010.

刘家林，王明亮，陈龙，等. 成舍我新闻学术论集［M］. 广州：暨南大学出版社，2012

刘宪阁. 报人张季鸾研究［M］. 长春：吉林大学出版社，2011.

刘兴豪. 报刊舆论与中国近代化进程［M］. 北京：光明日报出版社，2016.

罗荣渠. 现代化新论：世界与中国的现代化进程［M］. 北京：商务印书馆，2009.

罗志田. 权势转移：近代中国的思想、社会与学术［M］. 武汉：湖北人民出版社，1999.

马光仁. 上海新闻史（1850—1949）［M］. 上海：复旦大学出版社，2014.

马之骕. 新闻界三老兵：曾虚白·成舍我·马星野奋斗历程［M］. 台北：经世书局，1986.

毛泽东. 毛泽东新闻工作文选［M］. 北京：新华出版社，1983.

彭明，程啸. 近代中国的思想历程1840—1949［M］. 北京：中国人民大学出版社，1999.

钱穆. 中国历史研究法［M］. 北京：生活·读书·新知三联书店，2001.

钱穆. 文化与教育［M］. 桂林：广西师范大学出版社，2004.

邵培仁. 媒介舆论学［M］. 北京：中国传媒大学出版社，2009.

邵志择. 近代中国报刊思想的起源与转折［M］. 杭州：浙江大学出版

社，2011.

桑兵. 孙中山的活动与思想 [M]. 北京：北京师范大学出版社，2015.

孙旭培. 新闻学新论 [M]. 北京：当代中国出版社，1994.

孙旭培. 自由与法框架下的新闻改革 [M]. 武汉：华中科技大学出版社，2010.

唐海江. 清末政论报刊与民众动员：一种政治文化的视角 [M]. 北京：清华大学出版社，2007.

唐志宏. 成舍我先生文集——港台篇 1951—1991 [M]. 台北：世新大学舍我纪念馆暨新闻史研究中心，2007.

天津人民出版社，编，张友渔，等著. 当我年轻的时候 [M]. 天津：天津人民出版社，1982.

涂凌波. 现代中国新闻观念的兴起 [M]. 北京：中国传媒大学出版社，2016.

汪晖. 现代中国思想的兴起 [M]. 北京：生活·读书·新知三联书店，2008.

王磊. 章太炎报刊实践与传播思想研究 [M]. 北京：中国社会科学出版社，2018.

王柯. 民族主义与近代中日关系："民族国家"、"边疆"与历史认识 [M]. 香港：香港中文大学出版社，2015.

王君超. 媒介批评：起源·标准·方法 [M]. 北京：北京广播学院出版社，2001.

王迪. 张友渔传 [M]. 北京：北京出版社，1989.

王奇生. 党员、党权与党争：1924—1949 年中国国民党的组织形态 [M]. 北京：华文出版社，2010.

王润泽. 报人时代：张季鸾与《大公报》 [M]. 北京：中华书局，2008.

王凌霄. 中国国民党新闻政策之研究（1928—1945）[M]. 台北：国民党党史会，1996.

王人博. 宪政文化与近代中国 [M]. 北京：法律出版社，1997.

王人博. 中国近代的宪政思潮 [M]. 北京：法律出版社，2003.

魏剑美，骆一歌. 中国报纸副刊史 [M]. 北京：新华出版社，2015.

韦政通. 中国思想史方法论文选集 [M]. 上海：上海人民出版社，2009.

吴飞. 新闻专业主义研究 [M]. 北京：中国人民大学出版社，2009.

吴廷俊. 马列新闻活动与新闻思想史 [M]. 武汉：华中理工大学出版社，1992.

吴廷俊. 中国新闻史新修 [M]. 上海：复旦大学出版社，2008.

吴廷俊. 新记《大公报》史稿（2 版）[M]. 武汉：武汉出版社，2002.

吴冷西. 忆毛主席：我亲自经历的若干重大历史事件片断 [M]. 北京：新华出版社，1995.

夏勇. 人权概念起源：权利的历史哲学 [M]. 北京：中国政法大学出版社，2001.

萧永宏. 王韬与《循环日报》：王韬主持循环日报笔政史事考辨 [M]. 北京：学习出版社，2015.

肖小穗. 传媒批评：揭开公开中立的面纱 [M]. 哈尔滨：黑龙江人民出版社，2002.

向芬. 国民党新闻传播制度研究 [M]. 北京：中国社会科学出版社，2012.

现代中国思想家（3 辑）：康有为、梁启超 [M]. 台北：巨人出版社，1978.

熊月之. 中国近代民主思想史 [M]. 上海：上海社会科学院出版社，2002.

徐华东. 毛泽东新闻思想研究 [M]. 沈阳：东北大学出版社，2017.

徐培汀，裘正义. 中国新闻传播学说史 [M]. 重庆：重庆出版社，1994.

徐耀魁. 西方新闻理论评析 [M]. 北京：新华出版社，1998.

徐中约. 中国近代史 [M]. 计秋枫，朱庆葆，郑会欣，译. 香港：香港中文大学出版社，2001.

许纪霖. 二十世纪中国思想史论 [M]. 上海：东方出版中心，2000.

杨保军. 新闻观念论 [M]. 上海：复旦大学出版社，2014.

杨念群. 中层理论：东西方思想会通下的中国史研究 [M]. 南昌：江西教育出版社，2001.

杨钟岫，文世昌. 风雨传媒 [M]. 重庆：重庆出版社，2006.

杨先农. 马克思主义中国化与民族精神的升华研究 [M]. 成都：四川人民出版社，2008.

杨永兴. 张闻天的新闻实践研究 [M]. 北京：光明日报出版社，2017.

姚君喜. 媒介批评：理论与方法 [M]. 北京：北京师范大学出版社，2014.

尹韵公. 中国新闻界人物 [M]. 北京：中国人事出版社，2002.

殷啸虎. 近代中国宪政史 [M]. 上海：上海人民出版社，1997.

余敏玲. 形塑"新人"中共宣传与苏联经验 [M]. 台北："中央"研究院近代史研究所，2015.

余英时. 中国文化的重建 [M]. 北京：中信出版社，2011.

袁新洁. 近现代报刊"文人论政"传统研究 [M]. 南昌：江西人民出版社，2009.

邹谠，著；甘阳，编. 中国革命再阐释 [M]. 香港：牛津大学出版社，2002.

中央人民广播电台理论政法部. 思想方法和工作方法漫谈 [M]. 北京：广播出版社，1982.

赵云泽. 作为政治的传播——中国新闻传播解释史 [M]. 北京：中国人民大学出版社，2017.

张保安. 新闻学概论 [M]. 北京：北京广播学院出版社，1985.

张昆. 传播观念的历史考察 [M]. 武汉：武汉大学出版社，2015.

张灏. 幽暗意识与民主传统 [M]. 北京：新星出版社，2010.

张汝伦. 现代中国思想研究 [M]. 上海：上海人民出版社，2014.

张品良. 马克思主义新闻思想中国化研究 1927—1948 [M]. 南昌：江西人民出版社，2018.

张涛甫. 报纸副刊与中国知识分子的现代转型：以《晨报副刊》为例 [M]. 桂林：广西师范大学出版社，2007.

张闻天选集编辑组. 张闻天文集（1卷）[M]. 北京：中共党史出版社，1990.

张小军. 马克思主义法学理论在中国的传播与发展（1919—1966）[M]. 北京：中国人民大学出版社，2016.

张育仁. 自由的历险：中国自由主义新闻思想史 [M]. 昆明：云南人民出版社，2002.

张玉法. 清季的立宪团体 [M]. 台北："中央"研究院近代史研究所，1971.

张玉法. 清季的革命团体 [M]. 台北："中央"研究院近代史研究所，1975.

张友鸾. 世界日报兴衰史 [M]. 重庆：重庆出版社，1982.

张友渔. 中国宪政论 [M]. 北京：生活·读书·新知三联书店，2012.

张友渔. 宪政论丛（上、下）[M]. 北京：群众出版社，1986.

张友渔. 新闻之理论与现象 [M]. 北京：中国传媒大学出版社，2018.

张友渔. 报刊杂文、通讯和社论 [M]. 重庆：重庆出版社，1987.

张友渔，著；程文，编. 日本问题与国际问题（张友渔文选）[M]. 重庆：重庆出版社，1988.

张友渔. 张友渔学术论著自选集 [M]. 北京：北京师范学院出版社，1992.

张友渔. 报人生涯三十年 [M]. 重庆：重庆出版社，1982.

张友渔. 张友渔文选（上、下卷）[M]. 北京：法律出版社，1997.

张友渔，著；王迪，整理. 张友渔新闻学论文选 [M]. 北京：新华出版社，1988.

张友渔. 张友渔学术精华录 [M]. 北京：北京师范学院出版社，1988.

张友渔，著；马良春，刘福春，编. 张友渔诗文集 [M]. 北京：北京出版社，1992.

张朋园. 梁启超与清季革命 [M]. 长春：吉林出版集团有限责任公司，2007.

张玉法. 中国近代现代史 [M]. 台北：台湾东华书局股份有限公司，1978.

郑保卫. 中国共产党新闻思想史 [M]. 福州：福建人民出版社，2004.

郑大华，邹小站. 中国近代史上的民族主义 [M]. 北京：社会科学文献出版社，2008.

郑大华，邹小站. 中国近代史上的社会主义 [M]. 北京：社会科学文献出版社，2011.

庄廷江. "战时新闻学"研究（1936—1945）[M]. 武汉：湖北人民出版社，2014.

朱义禄，张劲. 中国近现代政治思潮研究 [M]. 上海：上海社会科学院出版社，1998.

周为筠. 杂志民国：刊物里的时代风云 [M]. 北京：金城出版社，2009.

周传斌. 概念与范式：中国民族理论一百年 [M]. 北京：民族出版社，2008.

周建超. 近代中国"人的现代化思想"研究 [M]. 北京：社会科学文献出版社，2010.

中共中央马克思恩格斯列宁斯大林著作编译局. 马克思恩格斯选集（2卷）[M]. 北京：人民出版社，1972.

中共中央马克思恩格斯列宁斯大林著作编译局. 列宁全集 第2版 增订版 第5卷 [M]. 北京：人民出版社，2013.

中共中央马克思恩格斯列宁斯大林著作编译局. 列宁全集（第34卷）

[M]．北京：人民出版社，2017．

中共中央马克思恩格斯列宁斯大林著作编译局．列宁全集（35卷）
　　[M]．北京：人民出版社，1985．

中国社会科学院新闻研究所．中国共产党新闻工作文件汇编（上）
　　（1921—1949）[M]．北京：新华出版社，1980．

中国人民大学港澳台新闻研究所．报海生涯：成舍我百年诞辰纪念文
　　集[M]．北京：新华出版社，1998．

（二）中文译著

阿瑟·O.洛夫乔伊．存在巨链：对一个观念的历史的研究[M]．张传
　　友，高秉江，译．北京：商务印书馆，2015．

阿瑟·伯格．媒介分析技巧（3版）[M]．李德刚，等译．北京：清华
　　大学出版社，2011．

安东尼·吉登斯．现代性的后果[M]．田禾，译．南京：译林出版社，
　　2011．

本尼迪克特·安德森．想象的共同体：民族主义的起源与散布[M]．
　　吴叡人，译．上海：上海人民出版社，2005．

伯林．反潮流：观念史论文集[M]．冯克利，译．南京：译林出版社，
　　2002．

厄内斯特·盖尔纳．民族与民族主义[M]．韩红，译．北京：中央编
　　译出版社，2002．

费正清．剑桥中华民国史（1912—1949）（上）[M]．杨品泉，等译．
　　北京：中国社会科学出版社，1994．

费正清，等．剑桥中国晚清史[M]．中国社会科学院历史研究所编译
　　室，译．北京：中国社会科学出版社，2006．

弗雷德里克·S.西伯特，西奥多·彼得森，威尔伯·施拉姆．传媒的
　　四种理论[M]．戴鑫，译；展江，校．北京：中国人民大学出版社，
　　2008．

弗洛里安·兹纳涅茨基. 知识人的社会角色［M］. 郏斌祥，译；郑也夫，校. 南京：译林出版社，2012.

汉斯—格奥尔格·加达默尔. 哲学解释学［M］. 夏镇平，宋建平，译. 上海：上海译文出版社，2004

汉斯—格奥尔格·伽达默尔. 真理与方法：哲学诠释学的基本特征［M］. 洪汉鼎，译. 北京：商务印书馆，2010.

海德格尔. 时间概念史导论［M］. 欧东明，译. 北京：商务印书馆，2014.

卡尔·曼海姆. 意识形态与乌托邦［M］. 黎鸣，李书崇，译. 上海：上海三联书店，2011.

柯保安. 美国的中国近代史研究：回顾与前瞻［M］. 李荣泰，等译. 台北：联经出版事业股份有限公司，1991.

柯林武德. 历史的观念［M］. 何兆武，张文杰，译. 北京：商务印书馆，2017.

昆廷·斯金纳. 现代政治思想的基础［M］. 段胜武，等译. 北京：求实出版社，1989.

昆廷·斯金纳. 政治价值的系谱［M］. 萧高彦，编. 台北：联经出版事业股份有限公司，2014.

李博. 汉语中的马克思主义术语的起源与作用：从词汇—概念角度看日本和中国对马克思主义的接受［M］. 赵倩，等译. 北京：中国社会科学出版社，2003.

李怀印. 重构近代中国：中国历史写作中的想象与真实［M］. 岁有生，王传奇，译. 北京：中华书局，2013.

李普曼. 幻影公众［M］. 林牧茵，译. 上海：复旦大学出版社，2013.

卢卡奇. 历史与阶级意识：关于马克思主义辩证法的研究［M］. 北京：商务印书馆，2009.

林毓生. 中国意识的危机："五四"时期激烈的反传统主义（增订再版）本［M］. 穆善培，译. 贵阳：贵州人民出版社，1988.

列宁. 列宁论报刊与新闻写作［M］. 杨春华，星华，译. 北京：新华出版社，1983.

马克思，恩格斯. 共产党宣言［M］. 北京：中央编译出版社，2005.

马克斯·舍勒. 知识社会学问题［M］. 艾彦，译. 北京：北京联合出版公司，2014.

马泰·卡林内斯库. 现代性的五副面孔：现代主义、先锋派、颓废、媚俗艺术、后现代主义［M］. 顾爱彬，李瑞华，译. 南京：译林出版社，2015.

米歇尔·福柯. 知识考古学［M］. 谢强，马月，译. 北京：生活·读书·新知三联书店，2003.

米歇尔·福柯. 规训与惩罚：监狱的诞生［M］. 刘北成，杨远婴，译. 北京：生活·读书·新知三联书店，2003.

摩尔根. 古代社会［M］. 杨东莼，马雍，马巨，译. 北京：中央编译出版社，2007.

沃尔特·李普曼. 公众舆论［M］. 阎克文，江红，译. 上海：上海人民出版社，2006.

让-雅克·卢梭. 社会契约论（3版）［M］. 何兆武，译. 北京：商务印书馆，2003.

史华慈，殷海光. 近代中国思想人物论：自由主义［M］. 台北：时报文化出版事业有限公司，1982.

石川祯浩. 中国共产党成立史［M］. 袁广泉，译. 北京：中国社会科学出版社，2006.

丸山真男. 福泽谕吉与日本近代化［M］. 北京：北京师范大学出版社，2018.

小野秀雄. 各国报业简史［M］. 陈固亭，译. 南京：正中书局，1959.

约翰·费兹杰拉德. 唤醒中国：国民革命中的政治、文化与阶级［M］. 李恭忠，等译. 北京：生活·读书·新知三联书店，2004.

约翰·洛克. 政府论［M］. 刘丹，等译. 长沙：湖南文艺出版社，

2011.

张灏. 梁启超与中国思想的过渡（1890—1907）［M］. 崔志海，葛夫平，译. 北京：中央编译出版社，2016.

（三）外文专著

Bernal, Martin. Chinese Socialism to 1907 ［M］. Ithaca & London: Cornell University Press, 1976.

Li Yu-ning.. The Introduction of Socialism into China ［M］. New York: Columbia University Press, 1971.

McMahon Darrin M., and Samuel Moyn eds., Rethinking Modern European Intellectual History ［M］. Oxford: Oxford University Press, 2014.

Meisner, Maurice. Li Ta-chao and the Origins of Chinese Marxism ［M］. Cambridge: Harvard University Press, 1967.

Martin Bernal, Chinese Socialism to 1907（Utica, 1976), 111, 137; Mauruce Meisner, Li Ta-chao and the Origins of Chinese Marxism（Cambridge, Mass., 1976), 100.

Norman J. Wilson, History in Crisis Recent Directions in Historiography ［M］. London: Prentice Hall, 1999.

Robert Darnton, The Great Cat Massacre: and Other Episodes in French Cultural History ［M］. New York: Vintage Books, 1985.

Richard Whatmore and Brian Young eds., A Companion to Intellectual History ［M］. New Jersey: Wiley Blackwell Companions To World History, 2016.

Ono Hideo, Nihon shinbun hattatsushi ［M］. Tokyo: Gogatsu Shobo, 1982.

Ono Hideo, Shinbun nishikie ［M］. Tokyo: Mainichi Sinbun, Shobo, 1971.

（四）期刊论文

蔡罕．一个战时报人的新闻观察与思考——杜绍文《战时报学讲话》对战时新闻学的贡献［J］．浙江传媒学院学报，2017（3）．

曹立新．重读一段新闻史争论：兼议新闻史研究中的"政治史化"问题［J］．中华文化与传播研究，2018（1）．

程梦婧．中国第一代马克思主义法学家的理论开创［J］．法学研究，2020，42（5）．

陈荷夫．张友渔和他的书［J］．中国图书评论，1995（3）．

陈力丹．新启蒙与陆定一的《我们对于新闻学的基本观点》［J］．现代传播，2004（1）．

陈力丹．从三次新闻商品性的讨论看中国的新闻学研究［J］．西南民族大学学报（人文社会科学版），2013，34（8）．

陈力丹．张闻天对马克思主义新闻观的贡献［J］．新闻界，2014（21）．

陈力丹．意义与局限：论列宁的苏维埃报刊思想［J］．新闻记者，2020（4）．

陈龙．超越"工具论"：中国共产党办报事业发展逻辑的历史考察［J］．暨南学报（哲学社会科学版），2019，41（9）．

邓绍根，张文婷．改革开放40年中国新闻史研究回顾与展望［J］．新闻春秋，2019（1）．

邓绍根，张文婷．马克思主义在华早期传播与马克思主义新闻观中国化萌芽［J］．新闻与传播评论，2018，71（3）．

邓绍根，丁丽琼．列宁主义在华初步传播及中国共产党新闻事业兴起［J］．国际新闻界，2020，42（4）．

丁柏铨．论列宁新闻思想的特色、内涵及启迪意义［J］．现代传播（中国传媒大学学报），2020，42（7）．

董浩，骆正林．我国新闻学研究的百年历史回顾与当代发展阐释——兼论我国新闻学研究的三种传统［J］．新闻界，2019（6）．

董天策. 20世纪中国报刊工具理念的历史进程［J］. 西南民族学院学报（哲学社会科学版），2001（11）.

方汉奇，曹立新. 多打深井多作个案研究——与方汉奇教授谈新闻史研究［J］. 新闻大学，2007（3）.

樊亚平，王婷婷. 挽救国运为"体"，职业选择为"用"——范长江步入记者生涯的心路与动力因素探析［J］. 兰州大学学报（社会科学版），2018（4）.

樊亚平，李向辉. 从"超然""独立"到"新闻参战"——抗战初期范长江职业身份与新闻思想的转变［J］. 甘肃社会科学，2018（2）.

樊亚平，李向辉. 抗日民族统一战线下的特殊话语表达——抗战时期范长江在国统区的公开言说与话语策略［J］. 国际新闻界，2018（10）.

傅其林. 究竟什么是公共阐释——与周宪教授对话［J］. 探索与争鸣，2020（3）.

甘惜分. 报纸的性质和作用，是相互联系而又相互区别的两个概念［J］. 新闻研究资料，1980（2）.

高士振. 张友渔在天津［J］. 党史文汇，2007（1）.

顾昕. 无政府主义与中国马克思主义的起源［J］. 哲学与文化，1997（9）.

官伟勋. 张友渔机智应对石友三［J］. 红岩春秋，2006（1）.

官伟勋. 张友渔在严峻的日子里［J］. 红岩春秋，2005（2）.

官伟勋. 张友渔秘密会见刘文辉［J］. 红岩春秋，2004（6）.

官伟勋. 张友渔同志早期的新闻生活［J］. 新闻研究资料，1980（3）.

郭双林. 流动的思想：中国近现代思想史研究方法刍议［J］. 史学月刊，2019（6）.

郭镇之. 评"阶级斗争工具"说——兼论报纸的根本属性［J］. 现代传播，1981（3）3.

葛兆光. 再谈思想史在当代中国的重要性［J］. 书城，2019（1）.

胡婉庭. 近代中国"民族主义"一词的兴起与演变——以1901至1935

为限［J］. 东亚观念史集刊，2012（6）.

胡正强，沙永梅. 张恨水报刊编辑实践及其思想述论［J］. 湘潭大学社会科学学报，1999（6）.

胡正强. 张友渔的媒介批评实践与思想论略［J］. 淮阴师范学院学报（哲学社会科学版），2016，38（4）.

黄旦. 耳目喉舌：旧知识与新交往——基于戊戌变法前后报刊的考察［J］. 学术月刊，2012，44（11）.

侯萌萌. 浅析抗战时期中共报刊的新闻宣传策略——以香港《华商报》为例［J］. 新西部，2017（9）.

金观涛，刘青峰. 反右运动与延安整风［J］. 香港二十一世纪，1997（4）.

金观涛. 观念起源的猜想与证明——兼评《"革命"的现代性——中国革命话语考论》［J］. "中央"研究院近代史研究所集刊，2003（12）.

蒋曙晨. 张友渔与新闻出版工作［J］. 新文化史料，1992（6）.

蒋晓丽，闻学峰. 报纸三"工具"论——1942年以前范长江对于报纸性质和作用的认识［J］. 西南民族大学学报（人文社科版），2009，30（10）.

蒋凌楠. 梁启超与20世纪前期社会阶级话语的流行［J］. 史林，2020（4）.

姜红. 现代中国自由主义新闻思潮的流变［J］. 新闻与传播研究，2005（2）.

姜红. 进化论与现代中国新闻史书写［J］. 新闻与传播研究，2008，15（5）.

江沛. 南京政府时期舆论管理评析［J］. 近代史研究，1995（3）.

康薇艾. 张友渔香港历险记［J］. 文史月刊，2001（8）.

雷漪. 张友鸾抗战时期的新闻写作理论与实践探微［J］. 西南农业大学学报（社会科学版），2012（1）.

罗志田. "天朝"怎样开始"崩溃"——鸦片战争的现代诠释［J］. 近

代史研究，1999（3）．

李本乾．日本新闻与传播研究述评［J］．新闻与传播研究，2000（1）．

李宏图．观念史研究的回归——观念史研究范式演进的考察［J］．史学集刊，2018（1）．

李宏图．作者、文本与历史性阐释——基于思想史研究的一种理解［J］．历史研究，2018（1）．

李汉松，刘林．语境中的观念——访昆廷·斯金纳教授［J］．哲学动态，2017（6）．

李红祥，刘兴豪．进化论与中国近代新闻历史书写［J］．编辑之友，2016（2）．

李龙，周叶中．宪法学基本范畴简论［J］．中国法学，1996（6）．

李磊．成舍我"二元化"办报思想初探：对上海《立报》发刊辞的解读［J］．现代传播，2009（5）．

李磊．一篇反映成舍我办报思想的重要文献：对成舍我《中国报纸之将来》的一个解读［J］．国际新闻界，2009（10）．

李里峰．群众运动与乡村治理——1945—1976年中国基层政治的一个解释框架［J］．江苏社会科学，2014（1）．

李兴博，邓绍根．从经典再出发：2020年中国的马克思主义新闻观研究综述［J］．国际新闻界，2021，43（1）．

李学梅．梁启超的新闻宣传思想浅析［J］．皖西学院学报，2005（6）．

李秀云．梁启超的新闻舆论监督思想［J］．南开学报，2003（5）．

李秀云．客观主义报道思想在中国的兴衰［J］．当代传播，2007（1）．

李秀云．试析杜绍文的新闻学理论建构［J］．新闻春秋，2016（2）．

李新颖．中国近代报刊"文人论政"的嬗变过程［J］．学术交流，2008（5）．

李泽厚．启蒙与救亡的双重变奏："五四"回想之一［J］．走向未来，1986（1）．

李杨．"救亡压倒启蒙"？——对八十年代一种历史"元叙事"的解构分析［J］．书屋，2002（5）．

刘超凡．浅析梁士纯的战时舆论观［J］．新闻研究导刊，2019（10）．

刘继忠．政治理念·自由主义·民族主义——孙中山新闻思想再评析［J］．国际新闻界，2012，34（1）．

刘涛．PM2.5、知识生产与意指概念的阶层性批判：通往观念史研究的一种修辞学方法路径［J］．国际新闻界，2017，39（6）．

林霞．论马克思主义在中国早期的选择性传播［J］．学术论坛，2010，33（10）．

吕一民．保罗·利科的研究取向与科学的历史阐释学的建构［J］．历史研究，2018（1）．

毛章清，潘岩岩．厦大新闻学茶座（3）曹立新博士谈苏联新闻模式与20世纪中国新闻事业［J］．国际新闻界，2014，36（12）．

孟庆鸿．中国早期马克思主义新闻学术范式试探［J］．湖南大众传媒职业技术学院学报，2003（2）．

孟永．近代救亡意识下的无产阶级革命观与民族主义——以梁启超、孙中山和李大钊为例［J］．重庆邮电大学学报（社会科学版），2008（5）．

倪延年．论孙中山先生的新闻民主和法制思想［J］．现代传播（中国传媒大学学报），2011（9）．

齐辉，秦润施，付红安．民国时期中国新闻界对苏联社会主义新闻事业的考察与态度［J］．新闻大学，2018（1）．

任剑涛．政治的声势：中国"斗争"话语嬗变［J］．南京大学学报（哲学·人文科学·社会科学），2020，57（6）．

任雅婧．试论梁士纯的战时宣传思想［J］．新闻研究导刊，2018（7）．

孙旭培．三十年新闻立法历程与思考［J］．炎黄春秋，2012（2）．

石艳红．张友渔新闻性杂文略论——写在张友渔百年诞辰之际［J］．新闻采编，1998（6）．

石云艳．梁启超流亡日本时期的办报活动及其新闻思想［J］．南开学报，2003（5）.

宋石男. 梁启超与中国早期新闻思想启蒙［J］. 社会科学研究，2009（5）.

陶德麟. 马克思主义中国化的两个前提性问题［J］. 武汉大学学报（人文科学版），2005（2）.

唐海江. 政治文化与中国当代新闻学［J］. 现代传播（中国传媒大学学报），2007（3）.

唐海江，廖勇凤. 论1930年代北平新闻学话语的逻辑构成与纠葛——以《世界日报·新闻学周刊》为文本个案［J］. 国际新闻界，2009（2）.

童兵，林涵. 中国理论新闻传播学研究百年回顾［J］. 新闻与传播研究，2001（1）.

童兵，徐玲英. 从"耳目喉舌"到"新闻信息"——百年来中国新闻理论核心观点演变［J］. 新闻爱好者，2016（2）.

涂鸣华. "去熟悉化"：中国新闻史研究方法论的探讨［J］. 新闻大学，2012（1）.

王明亮. 国民党新闻检查制度确立过程之考察——以北伐前后（1926—1930）的穗沙沪汉为中心［J］. 新闻界，2017（5）.

王永亮. 文人论政与新闻舆论监督［J］. 当代传播，2011（4）.

王贵仁. 20世纪早期中国社会的阶级观念论析［J］. 史学月刊，2011（7）.

王贵仁. 20世纪上半期唯物史观"阶级观点"中国化论析［J］. 史学理论研究，2015（4）.

王奇生. 从"泛阶级化"到"去阶级化"：阶级话语在中国的兴衰［J］. 苏区研究，2017（4）.

王晓梅. 反思与重构：对中国新闻史研究和书写的一种观察［J］. 新闻与传播研究，2017，24（9）.

王晓乐，赵波. 民国时期公共关系的布道者与践行者：梁士纯生平考述［J］. 新闻与传播研究，2019（7）.

王晓明. 西方进化论与近代中国社会［J］. 教学与研究，2005（10）.

王张雅. 浅论任毕明的战时新闻学理论［J］. 新闻研究导刊，2017（14）.

韦金艳. 文学创作中报人角色的凸显——张恨水以新闻思想编副刊［J］. 新闻爱好者，2010（1）.

翁海勤."耳目喉舌"说的历史沿革［J］. 新闻记者，2007（3）.

吴宁. 张恨水的副刊编辑思想及启示［J］. 青年记者，2015（1）.

吴廷俊. 对"学习苏联新闻工作经验"的历史考察［J］. 国际新闻界，2011，33（7）.

武志勇，王泽坤. 1970年中国新闻史研究述略［J］. 湖南大学学报（社会科学版），2019，33（5）.

魏昆. 论张友渔民国时期的民主宪政观［J］. 法制与社会，2010（23）.

魏昆. 宪政视角下张友渔法治观的内涵及价值［J］. 重庆社会科学，2008（7）.

魏昆. 张友渔法观念中的"人权"词义考［J］. 经营管理者，2013（31）.

吴汉全. 马克思主义新闻思想中国化的早期探索［J］. 新闻与传播研究，2011，18（6）.

吴艳玲. 单向度的学习：1949—1956年苏联新闻工作经验的移植［J］. 国际新闻界，2018，40（1）.

肖周录. 民主革命时期张友渔宪政人权思想研究［J］. 法律科学（西北政法学院学报），1993（4）.

向菊梅. 试论张友鸾的新闻实践及其新闻思想［J］. 东南传播，2012（2）.

徐培汀，谭启泰. 试论报纸的性质［J］. 新闻研究资料，1980（2）.

姚坦. 张友渔新闻思想浅析［J］. 河南工业大学学报（社会科学版），2007（3）.

杨阳，郗丽宁. 张友渔新闻思想探析［J］. 新闻世界，2009（2）.

叶俊. 新闻学的政治化、去政治化与再政治化——对中国特色新闻学政治逻辑的考察［J］. 厦门大学学报（哲学社会科学版），2019（3）.

尹丽萍. 论民主革命时期张友渔的马克思主义新闻观［J］. 新西部，2017（16）.

余望. 论成舍我的新闻人才观［J］. 出版科学，2006（2）.

余志恒. 报坛老将话春秋——访张友渔同志［J］. 传媒评论，1984（3）.

于沛. 阐释学与历史阐释［J］. 历史研究，2018（1）.

袁新洁. "文人论政"传统形成的原因及其主要表现［J］. 社会科学家，2010（1）.

袁映雪. "耳目喉舌"论的历史性变革与中国新闻思想观念的发展［J］. 新闻爱好者，2019（1）.

翟国强. 中国共产党的宪法观念史：超越事实论的变迁［J］. 法学评论，2016，34（1）.

张灏. 五四与中共革命：中国现代思想史上的激化［J］. "中央"研究院近代史研究所集刊，2012，77（9）.

张萌. 浅析任毕明的战时新闻业务观［J］. 新闻研究导刊，2019（15）.

张江. 公共阐释论纲［J］. 学术研究，2017（6）.

张朋. 梁士纯与20世纪30年代中国宣传学研究——兼论战时新闻学的两条路径［J］. 淮南师范学院学报，2014，16（6）.

张友渔. 我和新华日报［J］. 新闻研究资料，1980（3）.

张友渔. 我与世界日报［J］. 新闻研究资料，1981（1）.

张友渔. 我和实报［J］. 新闻研究资料，1981（4）.

张友渔. 我和时事新报［J］. 新闻研究资料，1981（5）.

张友渔. 我和《华商报》［J］. 新闻研究资料，1982（2）.

张友渔. 革命文化运动的堡垒［J］. 出版工作，1982（12）.

张友渔. 我在新闻战线上的战斗［J］. 新闻记者，1983（1）.

张友渔. 我在新闻战线上的战斗（下）[J]. 新闻记者，1983（2）.

张友渔. 何谓社论？——1932年任教于燕京大学新闻系之讲义[J]. 新闻研究资料，1981（3）.

张友渔. 报告文学涉及的法律问题[J]. 编创之友，1983（4）.

张友渔. 谈新闻记者的党性[J]. 新闻与写作，1984（1）.

张友渔. 追求真理 认真工作[J]. 出版工作，1984（9）.

张友渔. 希望大家关心新闻立法[J]. 新闻业务，1985（1）.

张友渔. 谈新闻立法[J]. 新闻与写作，1985（9）.

张友渔.《新华日报史》序[J]. 新闻战线，1990（4）.

张友渔. 张友渔同志当年写的社论选登[J]. 新闻研究资料，1981（3）.

张友渔. 张友渔谈书[J]. 名作欣赏，1993（6）.

张友渔. 我的治学经验——在学术活动70周年纪念会上的讲话[J]. 法学研究，1989（4）.

张涛甫，丁茜菡. 列宁与马克思主义新闻思想的苏俄化——基于思想建党的视角[J]. 当代传播，2020（3）.

张育仁. 论战时新闻学的核心理念及新闻武器论的特殊意义[J]. 长江师范学院学报，2009，25（3）.

张连国. 中国自由主义迟到的人权宣言——1929—1931年人权运动简评[J]. 南京社会科学，1999（4）.

张晓锋，程河清. 中国新闻史研究70年（1949—2019）[J]. 新闻与传播研究，2019，26（8）.

张严冰. 西方政治学中的"意识形态分析"研究方法评介[J]. 公共管理评论，2012，12（1）.

张允若. 对苏联新闻业的历史反思[J]. 国际新闻界，1997（5）.

赵云泽，涂凌波. "文人论政"与"新闻专业主义"：精神的区隔与认同[J]. 现代传播（中国传媒大学学报），2010（10）.

赵云泽. "传播"即"政治"——"政治传播"视角下的中国传播史研

究框架［J］. 兰州大学学报（社会科学版），2017，45（4）.

赵永华. 苏维埃建设初期列宁有关新闻事业的观点——以俄共（布）代表大会的决议为中心［J］. 文化与传播，2020，9（3）.

郑保卫. 论列宁新闻思想的历史贡献及当代价值——写在列宁诞辰150周年之际［J］. 国际新闻界，2020，42（4）.

郑贤君. 论我国宪政模式的走向［J］. 中国法学，2003（1）.

周宪. 作为阐释学根据的公共理性［J］. 探索与争鸣，2020（1）.

仲秋元. 张友渔与重庆生活书店［J］. 新文化史料，1992（6）.

朱孝远. 宗教改革史研究中的公共阐释学［J］. 历史研究，2018（1）.

朱至刚. 试论"文人论政"的流变——以报人的自我期许为中心［J］. 新闻与传播研究，2010，17（3）.

朱至刚. 作为方法论的"阶级"：试论1930年代初中国"新的新闻学"的缘起和展开［J］. 国际新闻界，2019，41（10）.

朱清河，邓玘铭. 马克思主义新闻观中国化话语体系的百年建构与时代转型［J］. 郑州大学学报（哲学社会科学版），2019，52（6）.

周俊. 马克思主义新闻学研究70年（1949—2019）［J］. 新闻与传播研究，2019，26（8）.

左笑鸿. 世界日报和世界晚报的副刊［J］. 新闻研究资料，1983（3）.

（五）报纸资料

葛兆光. 思想史为何在当代中国如此重要——葛兆光教授在美国普林斯顿大学的讲演［N］. 文汇报，2010－05－22（006）.

《文汇报》在一个时间内的资产阶级方向［N］. 人民日报，1957－06－14.

杨琳. 公共阐释视域下的文学经典化路径［N］. 中国社会科学报，2019－12－16（004）.

中共中央关于在报纸刊物上展开批评和自我批评的决定［N］. 人民日报，1950－04－19.

（六）学位论文

程从林. 20 世纪 80 年代张友渔的立宪思想研究［D］. 重庆：西南政法大学，2013.

陈栗忠. 张友渔早期民主思想研究［D］. 长沙：湖南大学，2010.

黄河. 张友渔新闻活动研究［D］. 北京：中国人民大学，2006

刘占奎. 张闻天与马克思主义中国化研究［D］. 天津：南开大学，2012.

胡睿. 现代中国激进新闻观念中的革命话语（1899—1942）［D］. 合肥：安徽大学，2011.

李宗建. 建国以来中国共产党宣传思想工作转变研究［D］. 天津：南开大学，2013.

毛奎. 民国时期张友渔人权思想刍探［D］. 重庆：西南政法大学，2014.

孟鹏. 一代报业巨擘成舍我［D］. 北京：中国人民大学，2010.

齐廉允. 中国知识界对"苏俄道路"的认知（1917—1937）［D］. 济南：山东大学，2019.

孙健. 民国时期报刊客观性思想研究［D］. 上海：上海大学，2012.

唐志宏. 尝试与突围：成舍我与中国近代报业（1919—1949）［D］. 台北：台湾政治大学，2010.

王晓梅. 1956 年《人民日报》改版探源［D］. 上海：复旦大学，2005.

魏昆. 论民国时期张友渔的民主宪政思想［D］. 重庆：重庆大学，2007.

叶韦君. 读者想象与文化实践：上海《立报》研究（1935—1937）［D］. 台北：世新大学，2014.

（七）档案资料汇编

巴盟政协文史资料委员会办公室. 文史资料工作学习材料（3 辑）

[C]. 1988.

北京市老新闻工作者协会. 一次难忘的采访：88位资深记者亲历记[C]. 北京：同心出版社，2001.

冰心等，著；中国人民抗日战争纪念馆，编. 抗战纪事[C]. 北京：中国友谊出版公司，1989.

常连霆，主编；中共山东省委党史研究室，编. 山东抗战口述史（下）[C]. 济南：山东人民出版社，2015.

重庆现代革命史资料丛书编委会. 回忆南方局[C]. 重庆：重庆出版社，1983.

傅宝君，等. 抗日烽火忆当年[C]. 济南：齐鲁书社，1997.

共青团中央青运史工作指导委员会，等. 中国青年运动历史资料（17）（1947－01—1948－02）[C]. 北京：中国青年出版社，2002.

广西日报新闻研究室. 国际新闻社回忆[C]. 长沙：湖南人民出版社，1987.

李德平，主编；中共北京市宣武区委组织部党史办公室，编. 中共宣武地区地下组织和革命活动[C]. 中共北京市宣武区委组织部，2001.

山西省史志研究院. 山西通志（48卷）（人物志）[C]. 北京：中华书局，2001.

生活书店史稿编辑委员会. 生活书店史稿[C]. 北京：生活·读书·新知三联书店，1995.

魏华龄，李建平，主编；桂林市政协文史资料委员会，编. 抗战时期文化名人在桂林[C]. 桂林：漓江出版社，2000.

张颖. 刀锋上的行走：亲历（1911—1949）[C]. 天津：天津教育出版社，2013.

中共北京市委党史研究室. 北京地区抗日运动史料汇编（3辑）（1935.9—1945.8）[C]. 北京：中国文史出版社，1996.

中国人民政治协商会议天津市委员会文史资料研究委员会. 天津文史资料选辑（10辑）[C]. 天津：天津人民出版社，1980.

中国人民政治协商会议四川省重庆市委员会文史资料研究委员会. 重庆文史资料选辑（9辑）[C]. 重庆：中国人民政治协商会议四川省重庆市委员会文史资料研究委员会，1980.

中国人民政治协商会议四川省重庆市委员会文史资料研究委员会. 重庆文史资料选辑（15辑）[C]. 重庆：中国人民政治协商会议四川省重庆市委员会文史资料研究委员会，1980.

中国人民政治协商会议全国委员会文史资料研究委员会. 革命史资料（16）[C]. 北京：文史资料出版社，1986.

中共中央党史研究室科研管理部，中共重庆市委党史研究室. 见证红岩：回忆南方局（上）[C]. 重庆：重庆出版社，2004.

附　录

一、张友渔新闻学论作概览

论著名称	发表（出版）时间	发表刊物或出版社
《资本主义化的日本新闻事业》	1931-05-02	北平《世界日报》
《何为社论》	1932	在燕京大学新闻系的讲义
《新闻的性质与任务》	1933-11-13	北平民国学院新闻学会《民国新闻》
《彭成讼案与统制新闻》	1933-12-09	北平《世界日报》社论
《由消息的真伪谈到天津〈益世报〉的失败》	1933-12-14	北平《世界日报·新闻学周刊》创刊号
《报纸与舆论之构成》	1933-12-21	北平《世界日报·新闻学周刊》第二期
《社会化的苏俄报纸》	1933-12-28	北平《世界日报·新闻学周刊》第三期
《报纸何以不完全用白话？》	1934-01-11、01-18、01-25	北平《世界日报·新闻学周刊》第4、5、6期连载
《日本报纸的文艺栏》	1934-02-01	北平《世界日报·新闻学周刊》第7期
《报纸评论之起源》	1934-02-15	北平《世界日报·新闻学周刊》第9期
《关于"井户端会议"》	1934-02-20	北平《世界日报·新闻学周刊》第10期

续表

论著名称	发表（出版）时间	发表刊物或出版社
《论统制新闻》	1934－03－01、1934－03－08	北平《世界日报·新闻学周刊》第11和12期
《"井户端会议"问题的枝节》	1934－03－08	北平《世界日报·新闻学周刊》第12期
《资本主义社会衰颓期的一个牺牲者——日本时事新报社长武藤山治》	1934－03－22、03－29	北平《世界日报·新闻学周刊》第14和15期
《集纳利基姆（Journalism－新闻企业）之机关报化》	1934－04－12、04－19	北平《世界日报·新闻学周刊》第18和19期
《报纸何以能煽动群众？》	1934－05－03、05－10	北平《世界日报·新闻学周刊》第20、21期连载
《怎样取缔新闻？》	1934－05－31、06－7	北平《世界日报·新闻学周刊》第24、25期连载
《论"机关报"》	1934－06－14	北平《世界日报·新闻学周刊》第26期
《如何取缔"反动出版物"？》	1934－06－21	北平《世界日报》社论
《德国国社党专政下之新闻统制近况》	1934－06－21、06－28	北平《世界日报·新闻学周刊》第27、28期连载
《政治与报纸》	1934年夏	在民国学院讲演辞，载于北平《世界日报》
《苏联新闻政策》	1934年	北平民国学院新闻学会出版《民国新闻》第三期
《新闻之理论与现象》	1936年	太原中外语文学会
《日本新闻发达史（上）》	1937年	北平世界编译社
《苏联的新闻和新闻政策》	1940－11－17	《中苏文化》苏联十月革命廿三周年纪念特刊
《读报·研究报》	1943－12－12	《新华日报》《青年生活》第70期
《改善言论出版管理》	1944年	《国讯》1944年第356期
《言论自由的初步收获》	1945－10－01	《新华日报》社论
《人民要求言论自由的兑现》	1945－10－26	《新华日报》社论
《读报也是一门学问》	1946年	重庆《萌芽》第一卷第三期
《新闻界的责任》	1946－03－16	《新华日报》专论

续表

论著名称	发表（出版）时间	发表刊物或出版社
《打碎法西斯式的出版法》	1946－06－29	《新华日报》社论
《保卫新闻自由——保卫独立、和平、民主事业》	1946－09－01	《新华日报》社论
《报告文学涉及的法律问题》	1983－04	《编创之友》
《谈新闻记者的党性》	1984－01	《新闻与写作》
《谈新闻资料》	1984－09	《新闻研究资料》（现名《新闻与传播研究》）
《谈新闻立法》	1985－09	《新闻与写作》

二、北平《世界日报》数位典藏资料照片

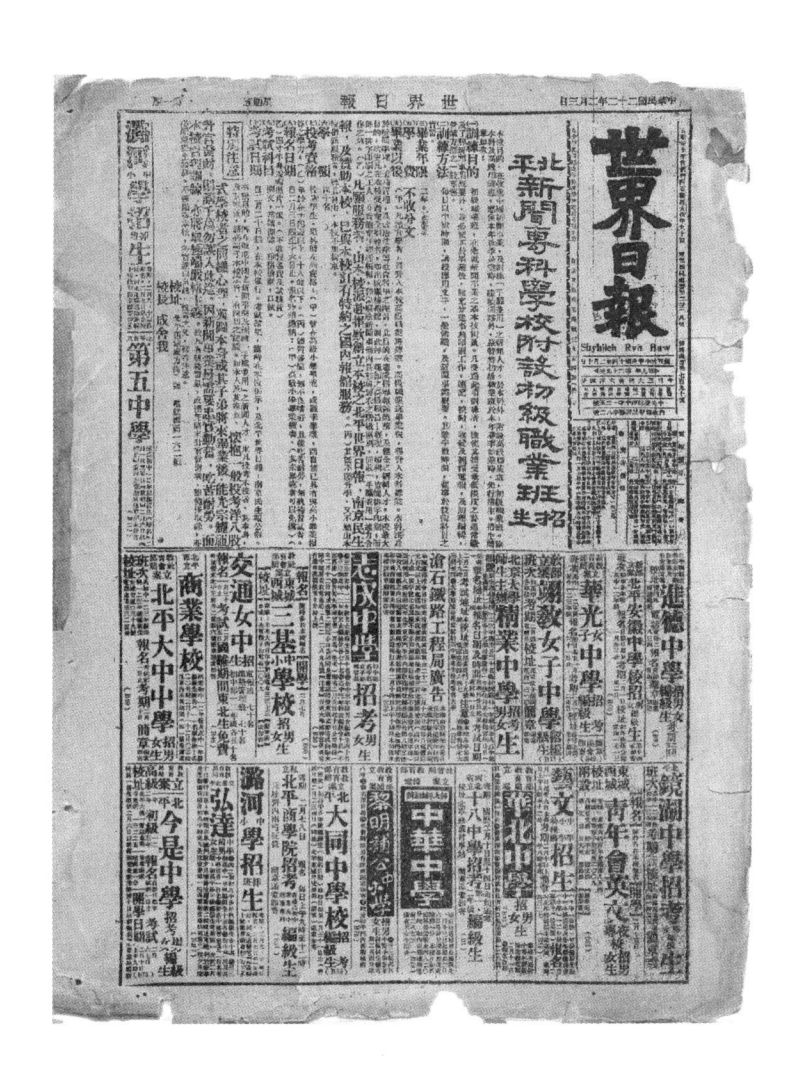

三、北平《世界日报·新闻学周刊》创刊号影

后　记

本书得以出版，首先要衷心感谢我博士阶段的导师戴元光先生。缘分使然得以成为戴老师的关门弟子，跟着老师学读书、学做人，荣幸之至。四年来，我从没听到过老师的一句批评之语，有的皆是鼓励之辞，戴老师宽厚待人的原则和治学严谨的态度必将使我受益终身。

感恩郝一民教授长期以来的关怀、鼓励与帮助，也感谢郑涵教授、沈荟教授、孙藜教授、黄瑚教授、吕尚彬教授、程金福教授、陈龙教授对本书的指导。此外，蔡敏教授、杨玉英教授、邵培仁教授、谢清果教授、师兄韦文杰老师和戴榆老师的关爱与帮助我亦铭记于心。

特别感谢四川大学出版社的徐凯老师为本书的出版工作所做出的努力，也感谢重庆理工大学新闻与传播专业的研究生袁丹婷、陈星雨、龙美灵、周洪宇、胡文静、罗雨竹为本书的完善所做的校对勘误工作。

感谢自己的努力与坚持。在成书的四年中虽然一直精神压力很大，但总体而言快乐自由占据上风，所得所获也难以计量。另，不后悔选择了思想史和近代史研究方向，虽然在面试工作时单位都会疑惑你为什么不搞新媒体，不搞量化，不搞大数据挖掘？思辨的东西早已不那么时兴了。叔本华曾说："世界上最大的监狱，是人的思想意识。"研究思想和思想关联的过程，让我也一直得以关注自我思想意识的"流动"和"立体"。"读书"的历程可能即将结束，但是书会一直读下去，思考也会继续。

谨以此书献给我的母亲杨玉英女士，父亲廖进先生，以及丈夫黎书先生，愿我的亲人健康快乐。